RESEARCH ON THE AUTONOMY AND RULE OF
LAW IN THE FIELD OF

私法视野下的足球行业自治与法治

FOOTBALL THROUGH
THE VIEW OF PRIVATE LAW

赵毅 著

社会科学文献出版社
SOCIAL SCIENCES ACADEMIC PRESS (CHINA)

司法部

法治建设与法学理论研究部级科研项目成果

（项目名称：足球改革背景下的足球行业自治研究；编号：15SFB3004）

目 录

第一章 引论 … 1
第一节 研究背景 … 1
第二节 问题意识与国内外研究现状 … 8
第三节 研究框架与研究方法 … 28

第二章 主体定位：私法视野下中国足协的法律地位 … 31
第一节 中国足协法律地位的解释问题 … 31
第二节 中国足协法律地位的解释路径 … 42

第三章 内部治理：中国足协的内生机制建设 … 51
第一节 中国足协的内部治理体制 … 51
第二节 独立于劳动法规制模式的足球行业自治 … 58
第三节 中国足协内部纠纷解决机制的法治化评估 … 95
第四节 职业足球的内部治理 … 118

第四章 外部保障：足球行业自治的私法保障机制 … 130
第一节 足球产业的私法保障机制 … 130
第二节 足球赞助合同的私法保障机制 … 136

第三节　足球赛事直播节目的私法保障机制 …………… 153

第四节　足球伤害的私法保障机制 …………………………… 166

第五章　结论 ……………………………………………… 189

参考文献 …………………………………………………… 193

后　记 ……………………………………………………… 228

第一章 引论

第一节 研究背景

一 研究价值

本书主要基于私法视野研究足球行业的自治与法治问题。显然，足球与法律既有相当的共性，也存在密切联系。它们的共性表现在，足球与法律都是讲规则的，它们皆追求通过平等和公正适用规则，实现公平竞争。[①] 它们的联系则表现在，法律为足球活动的有序开展提供了强有力的保障和支持。所以，有学者说："英式足球之所以很快传播到世界各地，主要原因还在于其原始的野蛮性和规则的严明性的高度统一……强大而先进的契约法构成了大英帝国的法系的主体，而这样的法系成为传输其足球文化的法理依据，因此，英式足球在全世界的传播自始至终都较为顺利，英式足球规则精明而合理，到处闪现着人性的光芒，接受者和传输者在获得其游戏性的愉悦感同时，还可以自然而然地接受其中严明的法制思想。"[②]

从行业法或者作为行业法分支之一的体育法视角看[③]，足球法具有相当大之特殊性。比如，在行业自治与法治之关系问题上，足球行业具有

[①] 参见郭树理、周青山《体坛说法——体育运动中的法律问题》，湖南大学出版社，2009，第1页。谢晖教授则谈道："体育游戏规则具有高度的自治性和自足性，体育界严格执法的理念值得在建设法治国家中借鉴，对国家的法律治理具有启示意义。"参见姜世波《游戏规则与法律治理——谢晖教授学术访谈录》，《体育与科学》2017年第1期。
[②] 路云亭：《文明的冲突：足球在中国的传播》，上海人民出版社，2016，第69页。
[③] 参见孙笑侠《论行业法》，《中国法学》2013年第1期。

浓重的"特别权力关系"色彩,力求排斥国家法之介入。《国际足联章程》(FIFA Statutes, 2016 edition)第59条第2款规定:"除非国际足联有特别规定,禁止向普通法院提起诉讼,也禁止向普通法院寻求任何形式的救济(包括临时措施)。"[1]显然,这种对国家司法的排斥在其他行业是罕见的,即使在别的体育组织章程中,也很难找到类似规定。在现代足球的发源地英格兰,根据在英格兰联赛协会有限公司诉英足总案(R v. Football Association Ltd. ex p. Football League Ltd.)中确立的原则,足球协会不受司法审查的约束,在行政法上,足协是不可诉的。[2]

足球法特殊性之形成也许与足球在政治、经济、社会文化和体育本身扮演的重要角色有关。足球是世界第一运动,具有其他体育项目难以企及的影响力和深邃的人文内涵,"在所有的竞技项目中,足球是最富有自然天趣的品种"[3]。足球在世界的传播与展示过程中越来越体现出一种超越体育自身的价值和功能,具有强大的社会号召力。足球承载了巨大的商业价值[4],在意大利,足球产业位列国民经济十大支柱产业之一。足球是国际政治经济博弈的舞台,在博斯曼法案出台后,"民族国家的体育法效力边界受到极大消解,为跨国资本主义争取实现全球体育人力资源最大化(运动员、教练员、科研人员等)扫清了制度障碍,后资本主义职业体育全球市场秩序基本形成"[5]。当然,以上皆不必然成为证明足球行业需要获得法律特别优待之理由,但显然,足球法具有独立且独特之研究价值。

二 研究肇因

本书研究之直接肇因是2015年开始的一场席卷神州大地、自上而下

---

[1] "Recourse to ordinary courts of law is prohibited unless specifically provided for in the FIFA regulations. Recourse to ordinary courts of law for all types of provisional measures is also prohibited."
[2] See [1993] 2 ALL ER 833.
[3] 路云亭:《现代足球:人类动作镜像的终极美学》,上海人民出版社,2015,第166页。
[4] 参见〔英〕史蒂芬·多布森、约翰·戈达德《足球经济》,樊小平、张继业译,机械工业出版社,2004,第329页。
[5] 黄璐:《博斯曼法案的国际政治经济本质》,《天津体育学院学报》2010年第5期。

的足球改革浪潮。2015年2月27日，中央全面深化改革领导小组第十次会议审议通过了《中国足球改革发展总体方案》（以下简称《足改方案》），使得足球这项世界第一运动在中国的受重视程度达到了前所未有的高度。《人民日报》评道："在此前改革几乎停滞不前的情况下，《中国足球改革总体方案》的通过，给中国足球带来了春风……将足球改革纳入到中央全面深化改革的大格局中，如此高的规格也与足球之于中国体育乃至全社会的巨大影响息息相关。"[1] 更有媒体认为："中国足球的改革与发展已经上升至国家战略层面的高度。"[2] 2015年8月17日，国务院足球改革发展部际联席会议办公室印发了《中国足球协会调整改革方案》。2016年2月，"国家体育总局足球运动管理中心"被撤销，标志着中国足协与国家体育总局的"脱钩"基本完成，既往饱受批评的"两块牌子，一套班子"现象成为历史。在学术界，研究者对本次足球改革寄予了很高期望[3]，"国家战略说"获得了高度认同。[4] 有学者论证了足球运动发展倒逼中国社会全面改革的功能和作用[5]；黄璐则解读道，《足改方案》体现了"推进国家经济结构调整和转型升级的战略思想，完善和发展中国特色社会主义制度的战略思想，推进国家治理体系和治理能力现代化的战略思想"[6]。在路云亭看来，《足改方案》具有文化学、社会学和民族学意义上的超体育属性，"足球将再度成为世界范围内国家的文化符号，其隐形的价值蕴含有多民族国家精神凝聚力意味"[7]。孙科甚至认为，这场足球改革是新中国成立以来力度最大、思想最深刻、变动最彻底、

---

[1] 马剑、刘硕阳：《中国足球 从头开始从根改起》，《人民日报》2015年3月2日。
[2] 高峰：《足球改革：上升为国家战略》，《新产经》2015年第5期。
[3] 体育学界知名刊物《体育与科学》杂志为此专门召开了主题为"足球改革与社会变革"的学术论坛，参见刘米娜《"足球梦"与"中国梦"——〈体育与科学〉学术工作坊"足球改革与社会变革"论坛综述》，《体育与科学》2015年第4期。
[4] 一些学者论证道："足球改革是国家转型战略中的重要一环，其改革成果和经验对接下来的国家发展具有重要意义。"（张琪、龚正伟：《国家改革背景下的足球改革价值》，《体育学刊》2016年第5期。）
[5] 参见郑萌《足球运动发展倒逼中国社会全面改革意义探析》，《沈阳体育学院学报》2016年第1期。
[6] 黄璐：《〈中国足球改革发展总体方案〉中的国家战略思想》，《体育成人教育学刊》2015年第2期。
[7] 路云亭：《国家战略：中国足球文化的纵深维度》，《体育与科学》2015年第4期。

最具创新意义的综合性的体育与社会变革行为。① 毫无疑问，本次足球改革是党的十八大以来我国全面深化改革的重要一环，不仅具备体育学、社会学、文化学、政治学上的研究价值，也值得我们法律学者高度重视。

我们必须注意，党的十八大以来，以习近平同志为核心的党中央高举改革开放旗帜，以更大的政治勇气和政治智慧推进改革，用全局观念和系统思维谋划改革，推动新一轮改革大潮涌起。党的十八届三中全会审议通过了《中共中央关于全面深化改革若干重大问题的决定》，提出了"全面深化改革的总目标是完善和发展中国特色社会主义制度，推进国家治理体系和治理能力现代化"这一时代命题，对全面深化改革进行了总体部署，吹响了改革开放新的进军号。"各领域改革不断提速，改革举措出台的数量之多、力度之大前所未有，一些多年来难啃的硬骨头啃下来了，呈现全面发力、多点突破、蹄疾步稳、纵深推进的良好态势。"② 在足球领域，根据国务院足球改革发展部际联席会议办公室副主任李毓毅在足球改革两周年之际的总结，中国足球出现了五个比较明显的进步：顶层设计逐步完善，足球改革近期目标逐步实现，足球改革部级联席会议制度建立，青训体系开始厘清，国家队冲进世界杯亚洲区12强赛。③ 尤为重要的是，随着改革不断推进，顶层设计和总体规划在提高改革的科学性、增强改革措施的协调性上扮演了重要角色。④ 可以发现，除了《足改方案》和《中国足球协会调整改革方案》，高规格的有关中国足球改革发展的顶层设计纷纷出台，如发改委联合国务院足球改革发展部际联席会议办公室、体育总局、教育部编制了《中国足球中长期发展规划（2016—2050年）》《全国足球场地设施建设规划（2016—2020年）》，教育部则联合国家发改委、财政部、新闻出版广电总局、体育总局、共青

---

① 参见孙科《中国足球改革诠释——对〈中国足球改革发展总体方案〉的思考》，《体育与科学》2015年第3期。
② 中共中央宣传部编《习近平总书记系列重要讲话读本（2016年版）》，学习出版社，2016，第67页。
③ 参见刘素楠《李毓毅详解中国足球改革：近两年有5个明显进步》，《界面新闻》2017年1月16日。
④ 参见中共中央宣传部编《习近平总书记系列重要讲话读本（2016年版）》，学习出版社，2016，第80页。

团中央出台了《关于加快发展青少年校园足球的实施意见》，另外还有国家体育总局有关事权分割、政府财务管理、购买服务的文件，有关中国足协人事、机构、薪水、外事自主权的文件，民政部、国家体育总局和中国足协关于党的建设和协会干部管理的文件。"总体来说，中国足协怎么走的思路已经非常明白。"[1]

然而，作为本书的一大重要研究背景，我们仍然需要发问，为何在众多体育项目和行业领域中首先选择足球作为其中之重点与突破口？本书认为，原因主要有以下三点。

第一，足球文明孕育于中华悠久文明之中。

中国具有悠久的足球传统。尽管现代足球产生于英国，但足球运动本身起源于中国却是不争的事实。[2] 原国际足联主席布拉特曾说："足球起源于中国，并从那里传给了埃及，而后又从埃及传到了希腊、罗马、法国，最后才传到英国。"1953 年，考古学家在西安半坡村的考古挖掘中发现了打制于新石器时期的石球，将足球出现的时间从黄帝时期向前推进到了距今约 1 万年前。[3] 中国古代将脚踢皮制的实心球称蹴鞠，《辞海》曰："蹴鞠一作'蹙鞠''蹋鞠''鞠鞠''蹴踘''蹴鞠'。中国古代的一种足球运动。"[4] 在《战国策·齐策》中记载的齐国首都临淄人民的娱乐项目中，就包括了吹竽、鼓瑟、击筑、弹琴、斗鸡、六博和蹋鞠。[5] 汉代有双球门的直接竞赛，具有军事练武性质；唐宋则流行单球门的间接竞赛，用在朝廷宴乐；汉代起还出现了音乐伴奏的蹴鞠舞，其后发展为双人白打以及多人的不用球门的场户表演，主要用于自娱。它们都全面具备了体育的本质属性。[6] 到了宋代，蹴鞠艺人开始有了自己的组织"圆社"，这应该是世界上最早的足球协会，还有了对外保密的内部

---

[1] 刘素楠:《李毓毅详解中国足球改革：近两年有 5 个明显进步》,《界面新闻》2017 年 1 月 16 日。
[2] See Bram Cohen, "Ancient Chinese Football", in A. Wild ed., *CAS and Football: Landmark Cases*, T. M. C. Asser Press, 2012, pp. 1 - 2.
[3] 参见常法宽《图说中国古代足球》，商务印书馆国际有限公司，2008，第 2~3 页。
[4] 辞海编辑委员会编《辞海》，上海辞书出版社，1979，第 2151 页。
[5] 参见刘秉果、赵明奇《中国古代足球》，齐鲁社，2008，第 2 页。
[6] 参见刘秉果、赵明奇《中国古代足球》，齐鲁社，2008，前言第 1 页。

"行话",有了专用的商品球。足球场上有许多礼仪规矩,体现了丰富的中华文明传统。① 正是在这个意义上,我们才可以理解,现代足球从清末与其他新式体育甫一传入中国,就显示出了旺盛的生命力和发展活力。②

第二,领导人高度重视。

新中国成立后,在毛主席"发展体育运动,增强人民体质"的号召下,在周总理的亲切关怀和贺龙副总理的直接领导下,我国足球运动获得了长足发展。毛主席曾是湖南省立一师足球代表队队员,他身材高大,出任足球队的守门员。1955年10月30日,毛主席亲临北京先农坛体育场观看了苏联列宁格勒"泽尼特"足球队与"中央体育与一机联队"的比赛,并在赛后接见了全体队员。③ 邓小平同志十分喜爱足球,有着普通球迷那种对足球运动所共有的热情和喜爱,他的一生处处和足球运动"结缘"。早年留学法国时,他不惜拿出生活费来购买1924年巴黎奥运会的足球比赛门票。④ 虽然邓小平未在政策层面上对足球作出过指示,但"青年邓小平所目睹的国际足球赛事无法隐藏其隐喻的价值,足球中所蕴含的自由竞争的价值在邓小平的治国理念中一直存在"⑤。

习近平同志对体育强国建设的思考是其治国理政思想的重要组成部分。⑥ 在习近平看来,三大球都搞上去,才是体育强国的标志。习近平曾说:"我对中国足球的最大期待,就是中国足球能跻身世界强队,使足球运动为增强人民体质、激励人们顽强奋斗精神发挥重要作用。"⑦ 习近平同志爱好足球运动,在国际外交舞台上时常通过"足球外交"展示大国领袖风范。⑧ 我国足球运动成绩不佳,一个重要原因就是体制机制问题。

---

① 参见刘秉果、赵明奇《中国古代足球》,齐鲁书社,2008,前言第2页。
② 参见陈晴主编《中国足球运动百余年发展史》,华中科技大学出版社,2017,第22页。
③ 参见陈晴主编《中国足球运动百余年发展史》,华中科技大学出版社,2017,第113~115页。
④ 参见董振瑞《邓小平的足球情怀》,《党史文汇》2008年第4期。
⑤ 路云亭:《文明的冲突:足球在中国的传播》,上海人民出版社,2016,第226页。
⑥ 参见李庚全、范博华《习近平体育强国思想研究》,《北京体育大学学报》2017年第4期。
⑦ 新华社:《共同开启中英全面战略伙伴关系的"黄金时代" 为中欧关系全面推进注入新动力》,《人民日报》2015年10月19日。
⑧ 参见陶克祥《习近平足球情怀浅述》,《浙江体育科学》2017年第1期。

在审议包括了《足改方案》的中央全面深化改革领导小组第十次会议上,习近平同志强调,发展振兴足球是建设体育强国的必然要求,也是全国人民的热切期盼。发展振兴足球,必须克服阻碍足球发展振兴的体制机制弊端,为足球发展振兴提供更好体制保障……体育界特别是足球界要抓住时机,大胆改革,大胆探索,不仅要为我国足球发展振兴探索新体制,而且要蹚出一条深化体育管理体制改革的新路来。[1] 显然,习近平的意见为深化足球体制改革指明了方向,也对其他体育项目改革有探路启发作用。[2] 在会见国际足联主席因凡蒂诺时,习近平再次阐述道,足球运动的真谛不仅在于竞技,更在于增强人民体质,培养人们爱国主义、集体主义、顽强拼搏的精神;足球改革的目的不仅是逐步提高中国足球水平,更是要让积极向上的足球文化成为中国人民实现中国梦的正能量。[3] 足球史学家比尔·莫瑞曾说:"体育运动并不只是游戏,而具有训练个人领导能力的作用。"[4] 虽然我们不能认为,习近平热爱足球运动就意味着他拥有足球至上观念,相反,他更多表现为对足球极为冷静、中立、克制的态度,但仍然不可否认,习近平持续对中国足球改革的推动,"将足球及其文化的建设推衍到一种行政策略、政治符号和国家形象的高度"[5]。

第三,社会高度关注。

《人民日报》记者汪大昭曾说:"足球是受到大众广泛关注和喜爱的运动。虽然中国足球水平不高,但在社会改革开放的背景下,还是获得了令许多领域和运动项目羡慕不已的支持。"[6] 的确,社会之高度关注,也造就了足球异于其他体育项目的特殊地位,足球赛事成为社会治理的重要一环。1985年5月19日,中国足球队在世界杯预选赛中以1:2输给中国香港队后,北京爆发了中国历史上第一次"足球骚乱"。就此,原国

---

[1] 《习近平主持召开中央全面深化改革领导小组第十次会议强调 科学统筹突出重点对准焦距 让人民对改革有更多获得感》,《人民日报》2015年2月28日。
[2] 参见刘海飞《习近平体育思想的主要内涵》,《社会发展研究》2017年第3期。
[3] 新华社:《习近平会见国际足联主席》,《人民日报》2017年6月15日。
[4] 〔英〕比尔·莫瑞:《世界足球史话》,郑世涛译,光明日报出版社,1998,第15页。
[5] 路云亭:《文明的冲突:足球在中国的传播》,上海人民出版社,2016,第234页。
[6] 汪大昭:《中国足球改革反思录(下)》,《人民日报》2004年11月10日。

家体育总局局长袁伟民对于足球有了新的理解:"足球这个运动老百姓很喜欢,所以一看中国足球总输球,就拿它来发泄。有时是这样:底层的老百姓有很多怨气,像医疗问题、住房问题、就业问题、收入问题、腐败问题等等。心里本来就有火,你输了球,老百姓的情绪是一点就着,所以足球出事最多——有怨气、怨恨,借这个东西发泄。"[1] 我们还可以发现,在中国足球职业化初期,出现过"足球市长""足球书记"等时髦名词。搞好足球队,建造漂亮的草坪,成为一些地方政府官员你追我赶的要务。[2] 正如严强所问的那样:"如果足球是社会的一面镜子,那么通过中国足球,我们映射出来的是怎样一个社会?如果社会是一个大球场,如果中国社会也像中国足球一样,我们正生活在怎样一种环境中?"[3] 所以不难理解,当中国足球在2009年因反赌扫黑风暴堕入深渊之时,一场全社会的反省开始酝酿,本轮足球改革的种子亦开始萌芽。是年,国务院下派调研组陆续到沈阳、大连、青岛、武汉、广州、厦门和成都等地实地调查,《人民日报》则刊发了《刘延东在足球工作座谈会上强调:提高足球运动水平,开创足球工作新局面》的报道,传递出这样的信息:中国足球将积极探索"举国体制"与市场机制的结合,建立健全的管理、训练和竞赛体制,加强监管,规范行为。[4] 可以说,本轮足球改革,正是对长久以来社会上呼吁的出台制度化解决方案、一举消除制约中国足球发展痼疾之全面回应。

第二节 问题意识与国内外研究现状

一 问题意识

根据一些学者的概括,所谓问题意识,是发现现实中存在的问题(question),从中提炼出一个学术上的话题(problem),然后给出直接的

---

[1] 远山:《袁伟民与体坛风云》,江苏人民出版社,2009,第172页。
[2] 参见李承鹏、刘晓新、吴策力《中国足球内幕》,江苏人民出版社,2010,第17页。
[3] 严强:《足球是一面镜子》,载郑东兴、王剑涛《内幕:中国足球曾经发生的事》,新华出版社,2012,序二第12页。
[4] 参见郝洪军《中国足球窝案》,湖南文艺出版社,2011,第281页。

命题（thesis）并加以论证。① 本书亦有独到之问题意识。根据《足改方案》，改革的目标之一是"按照政社分开、权责明确、依法自治的原则调整组建中国足球协会，改变中国足球协会与体育总局足球运动管理中心两块牌子、一套人马的组织构架"。按照《中国足球协会调整改革方案》提出的指导思想，通过全面调整改革中国足协，"破除制约中国足球发展的体制机制障碍，创新中国足球管理体制，逐步形成依法自治、民主协商、行业自律的组织框架，建立符合中国社会发展要求和国际足球发展趋势的管理模式，为中国足球发展提供组织保障，为深化体育管理体制改革探索道路"。显然，把足协推向市场，使之成为一个与政府脱钩的、独立的、实体化的社团法人，是顶层设计者的初衷。

毫无疑问，无论官方还是民间，都已经敏锐认识到，政社不分构成了中国足球发展的症结；而要破除这一症结，就是要通过将中国足协实体化，实现真正的足球行业自治。然而，我们也明白，在批评问题曾经走向一个极端时，批评者不能走向另一个极端。那么，什么是"足球行业自治"，也即《中国足球协会调整改革方案》所说的"符合中国社会发展要求和国际足球发展趋势的管理模式"？这种行业自治或是足球管理模式在实现政社分开后，将绝对脱离国家行政和司法视野吗？答案显然是否定的。任何自治都非绝对，体育特别是足球行业的自治有其特殊性，但并不意味着它会脱离法治。在当今世界，没有任何一个领域是法外之地，哪怕是国际足联，当它在力求建立一个绝对自治、游离于各国法和国际法之外的垄断王国时，也将付出惨痛的教训。所以我们才会发现，在 2015 年第 65 届国际足联代表大会召开之际，瑞士警方应美国司法部门指控，突击逮捕了包括 3 名国际足联副主席和前副主席在内的 14 名高官，涉及洗钱、敲诈、受贿等 47 项罪名。② 学者更是指出，国际足联通过高度垄断的自治权实现了对外部干预的阻隔，它不仅利用足球的巨大影响力，以取消赛事主办权或参赛权等制裁手段，与试图挑战其自治地位的

---

① 参见尤陈俊《作为问题的"问题意识"——从法学论文写作中的命题缺失现象切入》，《探索与争鸣》2017 年第 5 期。
② 相关评论，参见姜世波等《国际体育组织自治的困境与出路——国际足联腐败丑闻的深层思考》，《体育与科学》2015 年第 4 期。

国家进行博弈，其自身透明度亦严重缺失，相关财务制度、日常事务决定和重大决策等都处于非公开状态。[①] 当然，中国足球改革所冀望建立的足球行业自治不能重蹈国际足联前车之覆。

正是在这个意义上，我们才能理解，《足改方案》和《中国足球协会调整改革方案》提出建立的足球行业自治是"依法"前提下的自治。《足改方案》第48项甚至专门强调应"加强足球行业作风和法治建设"，包括"适应足球发展需要和行业特点，完善国家相关法律法规和足球行业规范规则，打牢足球治理的制度基础。形成预防与惩处并重的足球法治教育体系、执法和监督体系，建立公正透明的法治环境"。事实上，"自治"与"法治"构成了本次足球改革的两大关键词，运用当前颇为流行的大数据分析模式，后者的地位远重于前者，因为在两个方案中，"自治"出现的频率只有3次，但"法治"（3次）、"法制健全"（2次）、"依法"（8次）、"执法"（2次）、"守法"（2次）、"依照有关法规"（1次）、"按照有关法律法规"（1次）、"完善国家相关法律法规"（1次）等出现的频率却总共有20次之多。可见，政社分开背景下的足球行业自治应当是法治下的自治，自治不但不应游离于法治视野之外，而恰恰应以法治为前提。

然而，要准确划清足球行业自治与法治的界限，谈何容易。特别是，中国足球长期以来严重的行政化干预模式与足球行业本身的捍卫自治传统似乎构成了一个悖论。在外国或者国际足联的语境下，现今的问题是如何通过法治反思足球行业自治的合法合规性，净化自治规则并提升其法治化程度；而在中国足球的语境下，首要问题是摆脱过去惯行的高度行政化干预模式，通过足协与政府机关脱钩，建立中国足协自己的行业自治模式，并在此基础上实现自治与法治之协调。更通俗地说，西方完善的足球行业自治已经存在了上百年历史，中国的足球行业自治方才上路，两者面临的与法治的关系问题并不相同。

我们需要思考的是，在当前中国足球改革的语境下，为何我们需

[①] 参见李智《国际足联腐败案冲击下体育自治的反思与完善》，《天津体育学院学报》2016年第4期。

要再次认真审视足球行业自治与法治的关系问题？法治与大力破除体制性障碍、建立行业自律的足球自治目标是否存在冲突？在过去，中国足协长久被认为是一个被法律法规授予了公权力的组织，但为何法院却拒绝受理对其提起的行政诉讼？足球改革与足球行业自治目标的实现将使足协法律地位发生怎样的改变？法院是否对足球行业内部的管理纠纷具备最终救济权？法治将在足球行业自治的内生机制建设中发挥何种有益作用？法治又如何从外部保障顶层设计推动的中国足球改革所获得的来之不易的自治局面？私法如何能就此发挥作用、提供进路？这些就是本书对现实问题提炼出的学术上的话题，它们显示出本书所要论证的无疑就是足球改革背景下中国足球行业自治与法治关系命题。

二 国内外研究现状梳理

从世界范围看，法治与行业自治关系研究已经积累了汗牛充栋的成果；但是，专门研究足球行业自治与法治关系，或者从法律视野出发研究足球问题，却只是晚近的事。尽管如此，在英语、意大利语和中文文献中，都已经积累了相当多的成果。

（一）英语文献

英语是世界性语言，研究足球法问题的英语文献不限于英语为母语的学者写就。事实上，更多的作品是欧洲大陆国家学者的贡献。

首先是著作的情况，代表性作品如下。（1）Jean‐Loup Chappelet 所著《欧洲的体育自治》。在该书中，作者以体育组织自治为重心，探讨了体育组织和公权力机构不同的体育自治概念，梳理了政府、政府间（跨国）组织、国家和欧盟法院以及其他体育组织可能对体育组织自治形成的干涉案例，提出国家法与全球体育法（Lex Sportiva）[1] 构成了体育组织自治限制的观点。[2]（2）Jens Alm 等主编的论文集《国际体育组织的善治

---

[1] Lex Sportiva 指国际体育组织为维护世界体育秩序以及实现全球体育行业自治而创建的超国家的体育法律体系，即全球体育法。专题研究参见谭小勇《Lex Sportiva 研究》，上海交通大学出版社，2016。

[2] Jean‐Loup Chappelet, *Autonomy of Sport in Europe*, Council of Europe Publishing, 2010.

举措》,其中包含《体育自治的界限:欧盟法》《体育组织、自治与善治》等多篇讨论体育自治的论文。[1] (3) Alexander Wild 等主编的案例集《CAS 与足球:典型案例》,涉及国际体育仲裁院(Court of Arbitration for Sport,缩写为 CAS)审理的与足球俱乐部所有权、球员合同、兴奋剂、足球流氓、加强、球员经纪等相关的案件。[2] (4) Katarina Pijetlovic 所著《欧盟体育法和足球领域的分离联盟》,其中特别关注了欧洲足球豪门俱乐部单组分离联盟的威胁,以及由此带来的足球治理紧张。[3] (5) Antoine Duval 和 Ben Van Rompuy 等主编的论文集《博斯曼的遗产:重新考察欧盟法与体育的关系》,专门探讨了国际足联在球员地位和转会规制中出现的法律问题。[4] (6) Frans de Weger 所著《国际足联争议解决委员会的判例》,对 2011 年国际足联争议解决委员会(DRC)成立以来裁决的有关球员地位和转会的所有案例进行了分类梳理和分析。[5] (7) Fausto Martin De Sanctis 所著《足球、赌博与洗钱:全球刑事司法视角》,讨论了足球领域的非法赌博(包括网络博彩)和洗钱的刑事法律问题。[6] (8) Leanne O'Leary 所著《英超联盟、NBA 和国际橄榄球联盟中的雇佣与劳动关系法》,对英超联盟中运动员的法律地位、雇佣关系的法律本质、劳动关系和工作条件的发展历史、组织与规章、球员的自由流动等议题进行了阐释。[7] 值得一提的是 Camille Boillat 和 Raffaele Poli 所著《跨足球协会和联盟的治理模式》及 Michele Colucci 主编《国际足联经纪人规则》两书,

---

[1] Jens Alm ed., *Action for Good Governance in International Sports Organizations*, Play the Game/Danish Institute for Sports Studies, 2013.
[2] Alexander Wild ed., *CAS and Football: Landmark Cases*, T. M. C. Asser Press, 2012.
[3] Katarina Pijetlovic, *EU Sports Law and Breakaway Leagues in Football*, T. M. C. Asser Press, 2013.
[4] Antoine Duval & Ben Van Rompuy ed., *The Legacy of Bosman, Revisiting the Relationship between EU Law and Sport*, T. M. C. Asser Press, 2016.
[5] Frans de Weger, *The Jurisprudence of the FIFA Dispute Resolution Chamber*, T. M. C. Asser Press, 2016.
[6] Fausto Martin De Sanctis, *Football, Gambling, and Money Laundering A Global Criminal Justice Perspective*, Springer International Publishing, 2014.
[7] Leanne O'Leary, *Employment and Labour Relations Law in the Premier League, NBA and International Rugby Union*, T. M. C. Asser Press, 2017.

通过《国际体育法杂志》上的书评，就可一览其要义。①

就论文而言，通过考察荷兰《国际体育法杂志》近年来发表的相关论文，即可了解此领域研究热点，包括《超越补偿：美国足球向培训补偿和联合机制补偿开战》②、《诺伊尔，胡梅尔斯，穆勒，格策与德甲联盟：规制德国职业足球劳资关系的法律框架》③、《职业球员合同中的赎身条款：合法性和公正性问题》④、《足球领域的固定期限合同与欧盟1999年第70号有关固定期限工作指令的兼容性：总体框架与 Heinz Müller 案》⑤、《职业足球劳动关系中的新议题：社会对话、克罗地亚和塞尔维亚首个自治协议之履行以及新的体育劳动法案例》⑥、《国际足球运动员赴德国转会要点》⑦、《激辩国际足联之第三方所有权禁令：Asser 国际体育法协会笔谈》⑧、《我可以拥有罗纳尔多的一部分吗？国际足联基于欧盟法禁止第三方所有权的合法性》⑨、《保护观众权利：世界杯立法之反思》⑩、《英国足

---

① See Oskar van Maren, "Camille Boillat and Raffaele Poli: Governance Models Across Football Associations and Leagues (2014)", *Int Sports Law J*, 15, 2015; Durante Rapacciuolo, "Michele Colucci (ed.): The FIFA Regulations on Working with Intermediaries", *Int Sports Law J*, 16, 2016.

② Terence D. Brennan, "Over compensation: the Battle for Training Compensation and Solidarity in United States Soccer", *Int Sports Law J*, 16, 2017.

③ Christian Frodl, "Neuer, Hummels, Müller, Götze & Co: the Legal Framework Governing Industrial Relations in German Professional Football", *Int Sports Law J*, 16, 2016.

④ Mark Giancaspro, "Buy-out Clauses in Professional Football Player Contracts: Questions of Legality and Integrity", *Int Sports Law J*, 16, 2016.

⑤ Piotr Drabik, "Compatibility of Fixed-Term Contracts in Football with Directive 1999/70/EC on Fixed-term work: the General Framework and the Heinz Müller Case", *Int Sports Law J*, 15, 2016.

⑥ Vanja Smokvina, "New Issues in the Labour Relationships in Professional Football: Social Dialogue, Implementation of the First Autonomous Agreement in Croatia and Serbia and the New Sports Labour Law Cases", *Int Sports Law J*, 15, 2016.

⑦ Johan-Michel Menke, "What to Know about International Football Player Transfers to Germany", *Int Sports Law J*, 14, 2014.

⑧ Oskar van Maren et al., "Debating FIFA's TPO ban: ASSER International Sports Law Blog Symposium", *Int Sports Law J*, 15, 2016.

⑨ Johan Lindholm, "Can I Please Have a Slice of Ronaldo? The Legality of FIFA's Ban on Third-party Ownership under European Union Law", *Int Sports Law J*, 15, 2016.

⑩ John T. Wendt & Peter C. Young, "Protecting Spectator Rights: Reflections on the General Law of the Cup", *Int Sports Law J*, 14, 2014.

球俱乐部的破产清偿：规则改进刻不容缓？》[1]、《怎样援助你的当地俱乐部：国家援助规则对陷入经济困境俱乐部的适用》[2]、《足球与国家援助：知易行难？》[3]、《2026年世界杯正在接受贿赂：国际足联世界杯申办程序的根本转向》[4]、《一项主办2017年联合会杯和2018年世界杯的俄罗斯联邦法令：总览，国家承诺及特别条款》[5]、《板球与足球中的假球和治理：困境何在？》[6]、《学术午餐会：国际足联及其争议解决委员会最近进展综述》[7]、《操纵足球比赛：芬兰面临的挑战》[8] 等。

除此之外，与足球法有关的英文代表性论文还有《欧洲足球的治理网络：欧盟在足球治理上的新路径》[9]、《欧洲足球的守护者：欧足联财政公平法案与行业中的社会问题》[10]、《英格兰足球联赛财政公平法案：国内联赛的规则》[11]、《善治与丹麦足协：在国际和国内体育治理之间》[12]、《英格兰职业足

---

[1] Tom Serby, "British Football Club Insolvency: Regulatory Reform Inevitable?", *Int Sports Law J*, 14, 2014.

[2] Oskar van Maren, "How to Bail Out Your Local Club: the Application of the State Aid Rules to Professional Football Clubs in Financial Difficulty", *Int Sports Law J*, 16, 2017.

[3] Richard Craven, "Football and State Aid: Too Important to Fail?", *Int Sports Law J*, 14, 2014.

[4] Ryan J. Becker, "World Cup 2026 Now Accepting Bribes: A Fundamental Transformation of FIFA's World Cup Bid Process", *Int Sports Law J*, 13, 2013.

[5] Alexander Lelyukhin, "A Federal Law on Hosting Confederation Cup 2017 and World Cup 2018 in Russia: An Overview, State Commitments and Specific Provisions", *Int Sports Law J*, 14, 2014.

[6] Alexandra Veuthey, "Match-fixing and Governance in Cricket and Football: What Is the Fix?", *Int Sports Law J*, 14, 2014.

[7] Tim Wilms, "Lunch and Learn: FIFA and Dispute Resolution Chamber Update Summary and Comment", *Int Sports Law J*, 13, 2013.

[8] Johanna Peurala, "Match-manipulation in Football – the Challenges Faced in Finland", *Int Sports Law J*, 13, 2013.

[9] Arnout Geeraert, Jeroen Scheerder & Hans Bruyninckx, "The Governance Network of European Football: Introducing New Governance Approaches to Steer Football at the EU Level", *International Journal of Sport Policy and Politics*, 5, 2013.

[10] Mathias Schubert, Thomas Könecke & Hermann Pitthan, "The Guardians of European Football: UEFA Financial Fair Play and the Career of Social Problems", *European Journal for Sport and Society*, 13, 2016.

[11] Daniel Geey, "Football League Financial Fair Play: Domestic League Regulation", *ESLJ*, 10, 2012.

[12] H. Thomas & R. Persson, "Good Governance and the Danish Football Association: between International and Domestic Sport Governance", *European Journal for Sport and Society*, 3, 2011.

球俱乐部的公司治理》①、《利物浦足球俱乐部的所有权战争》②、《拟议中的荷兰足球法案及英国足球流氓规制反思》③、《欧盟职业足球运动员的法律地位：差异中的统一？统一与差异并存？统一还是差异？》④、《欧洲职业足球中的劳动法、服务期条款、转会权和社会对话》⑤、《欧洲职业足球中的社会对话》⑥、《博斯曼返场：欧盟体育政策中球员配额的合法性》⑦、《巴西的体育观众法案：向英国观众的介绍》⑧、《禁止球迷入场令：法院的应用分析》⑨、《足球和基本权利：电视进入大型赛事的规制》⑩、《足球对美式橄榄球：法甲与美国职业橄榄球大联盟的球员经纪人规则比较》⑪、《足球流氓》⑫等。学者们还探讨了世界杯申办过程中的腐败问题及司法管辖可能。⑬

---

① Jonathan Michie & Christine Oughton, "The Corporate Governance of Professional Football Clubs in England", *Corporate Governance An International Review*, 13, 2005.

② Daniel Geey, "The Battle for the Ownership of Liverpool Football Club", *Entertainment and Sports Lawyer*, 28, 2011.

③ Peter T. M. Coenen, "The Proposed Dutch Football Law and Lessons Learned from the English Approach to Spectator Violence Associated with Football", *European Journal for Sport and Society*, 1, 2009.

④ Duval, Antoine & Oskar van Maren, "The Labour Status of Professional Football Players in the European Union: Unity in/and/or Diversity?", *European Labour Law Journal*, 8, 2017.

⑤ Robert Siekmann, "Labour Law, the Provision of the Services, Transfer Rights and Social Dialogue in Professional Football in Europe", *ESLJ*, 4, 2006.

⑥ Michele Colucci & Arnout Geeraert, "The Social Dialogue in European Professional Football", *Comp. Lab. L. & Pol'y J.*, 33, 2011.

⑦ Simon Gardiner & Roger Welch, "Bosman – There and Back Again: the Legitimacy of Playing Quotas under European Union Sports Policy", *European Law Journal*, 17, 2011.

⑧ Pedro R. Fortes, "The Law Relating to Brazilian Sports Fans: An Introduction for a British Audience", *ESLJ*, 11, 2013.

⑨ Mark James & Geoff Pearson, "Banning Orders: Analysing their Use in Court", *Journal of Criminal Law*, 70, 2006.

⑩ R. Craufurd & B. Böttcher, "Football and Fundamental Rights: Regulating Access to Major Sporting Events on Television", *European Public Law*, 8, 2002.

⑪ Thomas A. Baker et al., "Football v. Football: A Comparison of Agent Regulation in France's Ligue 1 and the National Football League", *Pace Intell. Prop. Sports & Ent. L. F.*, 2, 2012.

⑫ Sylvia Elwes, "Football Hooliganism", *Business Law Review*, 23, 2002.

⑬ See Roger Pielke Jr., "How Can FIFA Be Held Accountable?", *Sport Management Review*, 16, 2013; Kate Youd, "The Winter's Tale of Corruption: The 2022 FIFA World Cup in Qatar, the Impending Shift to Winter, and Potential Legal Actions against FIFA", *Nw. J. Int'l L. & Bus.*, 35, 2014; Manase Kudzai Chiweshe, "The Problem with African Football: Corruption and the (under) Development of the Game on the Continent", *African Sports Law and Business Bulletin*, 2, 2014.

与球星肖像权、俱乐部商标权、足球赛事转播权相关的足球知识产权和竞争法内容也是学者们近年来研究之热点。① 另值得一提的是，法国瑟农的 droitdusport. com 公司从 2014 年开始定期出版《足球法》（Football Legal）杂志，每半年一期，成为足球法研究不可或缺的资料。

（二）意大利语文献

意大利是足球强国，国家队曾四次捧得世界杯，意甲联赛曾被誉为世界第一联赛。根植于罗马法以来深厚的大陆法系传统，意大利语学者在足球法研究领域也出现了丰硕的成果。

首先看著作的情况，重要作品如下。（1）Gaetano Aita 主编的《足球法的司法与实务手册》，内容相当详细，包括：第一章，总论；第二章，足球法律体系；第三章，机构与协会；第四章，职业足球联盟与意大利足协青少年与社会活动部；第五章，足球法主体；第六章，意大利奥委会的体育法庭；第七章，国际足联的体育法庭；第八章，意大利足协的体育法庭；第九章，足球行业竞争法；第十章，11 人制足球赛规则；第

---

① See Michele Giannino, "Unincorporated Sport Associations Can Seek Trade Mark Protection for the Names of Non – professional Football Clubs", *Journal of Intellectual Property Law & Practice*, 9, 2014; Sarah Van Nevel, "No protection of Image Rights Afforded to the Belgian National Football Team", *Journal of Intellectual Property Law & Practice*, 9, 2014; Pat Treacy & David George, "Football broadcasting: Advocate General Opines that Internal Market Freedoms Trump Copyright", *Journal of Intellectual Property Law & Practice*, 6, 2011; Martín Martínez Navarro & Martín Martínez Navarro, "The Ombudsman Decision on the State – aid Complaint Concerning Certain Spanish Football Clubs: The Ombudsman as an Alternative Route for State – aid and Anti – Trust Complainants?", *Journal of European Competition Law & Practice*, 6, 2015; Sara Moya Izquierdo & Miguel Troncoso Ferrer, "Football Broadcasting Business in the EU: Towards Fairer Competition?", *Journal of European Competition Law & Practice*, 5, 2014; Ruud van der Velden, "Image Rights in The Netherlands—injunction Prohibiting Use of Football Player's Image and Name", *Journal of Intellectual Property Law & Practice*, 1, 2006; Noam Shemtov, "'Trade Mark Use' in Europe: Revisiting Arsenal in the Light of Opel and Picasso", *Journal of Intellectual Property Law & Practice*, 2, 2007; Joel Smith et al., "The Premier League and the Pub Landlady", *Journal of Intellectual Property Law & Practice*, 7, 2012; Birgit Clark, "World Cup Trade Mark Dispute: 1 – 0 says the German Federal Supreme Court", *Journal of Intellectual Property Law & Practice*, 5, 2010; Darren Meale, "Premier League 1, Internet Pirates 0: Sports Streaming Website the Latest to Be Blocked", *Journal of Intellectual Property Law & Practice*, 8, 2013; Tom Evens & Katrien Lefever, "Watching the Football Game: Broadcasting Rights for the European Digital Television Market", *Journal of Sport and Social Issues*, 35, 2011.

十一章，反兴奋剂规则；第十二和十三章：球员经纪人考试。[1]（2）Enrico Lubrano 所著《足球法制》，内容包括体育法与国家法的关系、职业球员地位的变迁、足球法的国际规范与国内规范，特别详细介绍了意大利足协的定位、足协的体育法庭规则、内部组织规范、球员注册与转会规定、球员与俱乐部之间的集体合同制度及球员经纪人规则。[2]（3）Lorenzo Gelmini 所著《职业足球社团的企业经济前景：预算模型与经济价值》。[3] 虽然这是一本从经济学视角研究足球社团的专著，但也提供了职业足球社团内部治理的诸多分析，特别是阐述了欧足联财政公平法案对意大利职业足球的影响。（4）Andrea Greco 所著《改革以后足球领域的体育法庭状况》，聚焦于2015年意大利奥委会推行的旨在每一个国家体育协会中统一程序性标准适用的努力，介绍了改革后意大利奥委会的体育法庭规则和意大利足协体育法庭规则，对足球法的法源、会员义务、赌博与体育不法行为、纪律处罚、球员经纪人等内容也进行了阐述。[4]（5）Roberta Lombardi 等编辑的论文集《体育体制与职业足球：在法与经济之间》，涉及职业足球国际管理体制、国内管理体制、国际和国内司法体制、商业体制等多个主题。[5] 值得注意的是，《私法自治与体育自治：意大利奥委会及体育规章》[6] 与《体育现象与国家法制关系的进化》[7] 两书虽然重点不在讨论足球问题，但显然涉及的是国家法治与行业自治这一

---

[1] Gaetano Aita a cura di, Manuale Giuridico – Pratico di Diritto Calcistico, Castello: Edizioni Nuova Prhomos, 2006.

[2] Enrico Lubrano, L'ordinamento Giuridico del Giuoco Calcio, Roma: Istituto Editoriale Regioni Italiane S. R. L., 2004.

[3] Lorenzo Gelmini, Le Società di Calcio Professionistiche nella Prospettiva Dell'economia D'Azienda Modelli di Bilancio e Valore Economico, Milano: Dott. A. Giuffrè Editore S. p. A., 2014.

[4] Andrea Greco, La Giustizia Sportiva nel Calcio dopo la Riforma, Milano: Edizioni FAG, 2016.

[5] Roberta Lombardi, Salvatore Rizzello, Franco Gaetano Scoca & Mario R. Spasiano a cura di, Ordinamento Sportivo e Calcio Professionistico: tra Diritto ed Economia, Milano: Dott. A. Giuffrè Editore S. p. A., 2009.

[6] Chiara Alvisi, Autonomia Private e Autodisciplina Sportive, il C. O. N. I. e la Regolamentazione dello Sport, Milano: A. Giuffre, 2000.

[7] Remo Morzenti Pellegrini, L'evoluzione dei Rapporti tra Fenomeno Sportivo e Ordinamento Statale, Milano: Dott. A. Giuffrè Editore S. p. A., 2007.

核心命题。

就论文而言，Raffaele Caprjoli 所著《自治在一国体育法源中的内涵》一文颇值参考，涉及一国体育规范相对于国家法制的自治性与独立性、一国体育法源的自治与他治和国家法治与体育自治的协调等重要理论问题。[1] 足球法专家 Enrico Lubrano 写作的《体育规范和国家规范关系的现实表现》一文在历史视野下探讨了体育与国家关系的发展。[2] Giuseppe Manfredi 所著《国家规范与体育规范：在法律多元与全球法之间》则从法律多元主义的视角出发，试图融合国家规范与体育规范的二元对立。[3]《国家法制与体育关系发展中的契约自治角色》一文则试图重新构建体育规范与国家规范的关系。该文认为，体育组织实质上是由体育工作者基于自身意愿组成的私人性质的社会组织，结社的合同自由使得组织内部的立法活动和纪律机构设置具备了合法性，并由此处于国家规范控制之下。[4]

就与足球相关的法律研究而言，意大利学界也有非常悠久的历史。早在1967年，专业的《体育法杂志》就发表了《职业足球运动员约束机制的实体法与程序法研究》一文。[5] 目前的主流体育法期刊《体育法与体育经济评论》经常刊登与足球法相关的选题，比如《职业足球运动员转会合同：法律规范的统一与效力判断》[6]、《律师作为足球经纪人：竞业禁

---

[1] Raffaele Caprjoli, Il Significato Dell'Autonomia nel Sistema delle Fonti del Diritto Sportivo Nazionale, Nuova Giurisprudenza Civile Commentate, 2007, pp. 283 – 289.
[2] Enrico Lubrano, I Rapporti tra Ordinamento Sportivo ed Ordinamento Statale nella Loro Attuale Configurazione, Lineamenti di Diritto Sportivo, 2008.
[3] Giuseppe Manfredi, Ordinamento Statale e Ordinamento Sportivo. Tra Pluralismo Giuridico e Diritto Globale, Diritto Amministrativo, 2012, (3): 299 – 327.
[4] Giovanni Berti de Marinis, Ruolo dell'autonomia Negoziale nell'evoluzione dei Rapport fra Ordinamento Statale e Fenomeno Sportive, Rassegna di Diritto ed Economia dello Sport, 2012, (1 – 2): 328 – 344. 其他一些作品还包括 Filippo Zatti, Ordinamento Sportive e Ordinamento Giuridico Statuale tra Autonomia e Riserva di Giurisdizione; Dal Diritto dei Privati all'Ordinamento Settoriale: verso la Lex Sportive, Rassegna di Diritto ed Economia dello Sport, 2007, (2 – 3): 316 – 343; Giovanni di Giandomenico, Sport e Ordinamento Giuridico, Rassegna di Diritto ed Economia dello Sport, 2007, (2 – 3): 346 – 352。
[5] Federico Pochini Frediani, Aspetti Sostanziali e Processuali del Vincolo del Calciatori Professionisti, Rivista di Diritto Sportivo, 1967, pp. 175 – 191.
[6] Andrea Lepore, Il Contratto di Cession di Calciatori Professionisti: Unità dell'ordinamento Giuridico e Giudizio di Validità, Rassegna di Diritto ed Economia dello Sport, 2011, (1): 168 – 193.

止与活动纪律》①、《足球经纪人：性质与原理》②、《国际足联的管理规则与足球经纪人活动》③、《足球俱乐部的商标权保护》④、《企业与体制危机中的职业足球俱乐部》⑤、《足球俱乐部的严格责任：注意义务、比例原则和体育法庭规则的改革展望》⑥、《在全球化和欧洲一体化进程中的足球电视转播权销售问题：等待 Murphy 案的判决》⑦。2011 年卷第 3 期还刊发了有关球迷协会法律问题的一组论文。⑧

从各类学术期刊中透露出来的近年来意大利学界足球法研究热点选题还有《道德规则、组织模型和管理责任：2001 年第 231 号法令在职业足球俱乐部中的适用》⑨、《在地方背景与全球机会中的足球：巴塞罗那俱乐部

---

① Camilla Rivani Farolfi, L'avvocato – Agente di Calciatori: Incompatibilità e Disciplina dell'Attività, Rassegna di Diritto ed Economia dello Sport, 2007, (2 – 3): 382 – 393.

② Mario Stella Richter Jr., L'agente di Calciatori: Natura e Ragioni, Rassegna di Diritto ed Economia dello Sport, 2008, (1): 1 – 10.

③ Luca di Nella, Potere Regolamentare della F. I. F. A. e Attività degli Agenti di Calciatori, Rassegna di Diritto ed Economia dello Sport, 2008, (1): 50 – 77.

④ Mauro Sferrazza, La Tutela del Marchio delle Societa'di Calico, Rassegna di Diritto ed Economia dello Sport, 2012, (1 – 2): 203 – 223.

⑤ Francesco Fimmanò, Le Società di Calico Professionistico tra Crisi D'impresa e Crisi di Sistema, Rassegna di Diritto ed Economia dello Sport, 2008, (1): 11 – 49.

⑥ Lorenzo Ripa, La Responsabilità Oggettiva delle Società Calcistiche: Meritevolezza, Proporzionalità e Prospettive di Riforma delle Regole del Codice di Giustizia Sportive, Rassegna di Diritto ed Economia dello Sport, 2013, (1 – 2): 151 – 177.

⑦ Luca Longhi, La Questione della Vendita dei Diritti Televisivi nel Calico di Fronte ai Processi di Globalizzazione e Integrazione Europea. Aspettando la Sentenza Murphy, 2011, (2): 270 – 279.

⑧ Giuseppe Manfredi, Le Situazioni Giuridiche Soggettive delle Associazioni di Tifosi di Calico: Interessi Legittimi?, 2011, (3): 517 – 530; Vittorio Santoro, La Responsabilià degli Amministratori ex art. 2395 c. c. nei Confronti delle Associazioni di Tifosi di Calico, in caso di Iscrizione Fraudolenta di una Società Sportive al Campionato, 2011, (3): 531 – 539; Luca di Nella, Il Tifoso e lo Sport: Tutele Giusconsumeristiche e Rapport Istituzionali, 2011, (3): 540 – 601; Massimo Coccia, Società di Calico Participate da Associazioni di Tifosi, 2011, (3): 602 – 614; Chiara Alvisi, Associazioni di Tifosi di Calico e Autodisciplina, 2011, (3): 615 – 621; Massimo Zaccheo, Gli Enti Esponenziali degli Interessi dei Tifosi di Calico e i Requisiti Minimali Dell'associazionismo per L'accesso alla Tutela Giurisdizionale, 2011, (3): 622 – 627.

⑨ Francesco Bof & Pietro Previtali, Codice Etico, Modelli Organizzativi e Responsabilità Amministrativa: L'applicazione del D. Lgs 231/2001 alle Società di Calcio Professionistiche, 4 Rivista di Diritto ed Economia dello Sport 2008, 4 (1): 89 – 103.

的个案分析——不只是一家俱乐部》[1]、《职业足球行业中体育劳动合同的提前解约问题》[2]、《足球锦标赛的许可与体育称号问题：一个需要检讨的体系》[3]、《意大利和欧洲的足球视听权研究》[4]、《职业足球运动员的劳动关系》[5]、《体育劳动合同概览并特别论述职业足球运动员与俱乐部的关系》[6]、《足球运动与危险活动》[7]、《国家与国际层面足球运动员的地位与转会》[8] 等。

（三）中文文献

在中文文献中，黎军较早对法治与行业自治关系进行了系统研究，其中也部分涉及足球行业。[9] 张成元则在其博士论文中较早论述了法治与体育行业自治问题。[10] 专门从中国足协视角开展自治与法治、规制和政府

---

[1] Francesco Bof, Fabrizio Montanari & Simone Baglioni, Il Calcio tra Contesto Locale ed Opportunità Globali. il caso del Barcellona FC, Mès que un Club, Rivista di Diritto ed Economia dello Sport 2007, 3（2）：27－44.

[2] Matteo Di Francesco, Il Recesso *ante tempus* dal Contratto di Lavoro Sportive nel Settore del Calico Professionistico, Rivista di Diritto ed Economia dello Sport, 2007, 3（3）：47－71.

[3] Enrico Lubrano, Ammissione ai Campionati di Calico e Titolo Sportive: un Sistema da Rivedere?, Analisi Giuridica Dell'economia, 2005, 4（2）：449－502.

[4] Walter Bressi, I Diritti Audiovisivi del Calcio in Italia e in Europa, Università LUISS Guido Carli, 2012/2013.

[5] Roberto Bentani, I Rapporto di Lavoro del Calciatore Professionista, Alma Mater Studiorum Universita' di Bologna, 2004/2005.

[6] Michele Cannistraci, Il Contratto di Lavoro Sportivo in Generale e con Particolare Riferimento al Rapporto tra Calciatori Professionistici e Società Sportive, Università LUISS Guido Carli, 2006/2007.

[7] Guido Vidiri, Lo Sport del Calico è una Attività Pericolosa?, n. 4 Corriere Giuridic, 2007, (4)：488－496.

[8] Sabino Gisonda, Lo status i trasferimenti del calciatori a livello nazionale e internazionale, Università LUISS Guido Carli, 2012/2013.

[9] 黎军：《行业组织的行政法问题研究》，北京大学出版社，2002；《行业自治与国家监督：行业协会实证研究》，法律出版社，2006；《基于法治的自治——行业自治规范的实证研究》，《法商研究》2006年第4期；《论司法对行业自治的介入》，《中国法学》2006年第4期。

[10] 张成元：《法治观念下的体育行业自治研究》，博士学位论文，吉林大学，2007。其他研究体育行业自治的代表性作品还有谭小勇、罗逆：《我国体育行业协会自治研究论纲》，《体育科研》2017年第3期；谭小勇：《依法治体语境下的体育行业自治路径》，《上海体育学院学报》2016年第1期；殷泽锋：《中国体育社会团体自治权的法理研究》，《北京体育大学学报》2011年第12期；彭昕：《体育自治原则的法理解读》，《天津体育学院学报》2010年第6期；彭昕：《体育行业自律困境的立法学释疑》，《武汉体育学院学报》2011年第5期；王显荣：《关于确立我国竞技体育纠纷解决有限自治原则的思考》，《天津体育学院学报》2012年第1期；王志威：《英国非营利组织体系下的体育自治》，《上海体育学院学报》2013年第2期；赵毅：《自治的黄昏？——从我国法院裁判考察司法介入体育的边界》，《体育与科学》2015年第5期。

关系的作品近来也逐渐增多。① 几次足球改革，都不乏从法律视角出发予以分析的作品。② 国际足联腐败丑闻发生后，也有相当多作品对国际体育组织的自治与善治问题开展了关注③，肖江涛博士的博士论文即讨论了国际足联法治改革。④

国内学术界在足球法方面的研究热点主要表现在以下几个方面。

第一，足球的管理（监管）体制问题。陈浩等分析了我国职业足球监管存在的结构性缺陷，提出应准确定位中国足球协会行政监管的功能，成立中国职业足球联盟，发挥自律监管的作用，完善法律在职业足球监管中的作用。⑤

第二，足球行业规范与法律的关系问题。韦志明分析了中国足协行业规范的法源地位，提出应把正式法源优位地位思维与行业自治规范等非正式法源的辅助性功用统一于语境化运用中。⑥ 贾文彤等则提出，法律与行业规范应实现良性互动，在现代法制的至上性不容置疑的前提下，给予行业规范一定的空间。⑦

---

① 韦志明：《论体育行业自治与法治的反思性合作——以中国足球协会为中心》，《体育科学》2016年第4期；张丽：《中国足球协会自治及规制的研究——兼论监督机制的构建》，硕士学位论文，山东大学，2007；李梓：《组织外形化：行业协会与政府关系分析——以中国足球协会为例》，硕士学位论文，吉林大学，2007。

② 沈军、海刚：《我国足球改革进程中的法律学思考》，《山西师大体育学院学报》2004年第1期；王方玉：《论善治指标在足球改革中的应用》，《体育与科学》2015年第4期。

③ 姜世波、姜熙、赵毅等：《国际体育组织自治的困境与出路——国际足联腐败丑闻的深层思考》，《体育与科学》2015年第4期；姜世波：《国际体育组织法律问责机制之缺失与对策——基于国际足联官员腐败案的思考》，《西安体育学院学报》2016年第2期；陈晓东：《从国际足联腐败看商业化大潮下国际体育单项组织的监督》，《广州体育学院学报》2016年第2期；李智：《国际足联腐败案冲击下体育自治的反思与完善》，《天津体育学院学报》2016年第4期；黄世席：《国际足联善治的法律解读》，《体育科学》2016年第1期；黄璐：《权力旋涡与民主的价值——国际足联腐败丑闻的深层思考》，《武汉体育学院学报》2015年第10期；吕伟：《从国际足联受贿案看司法长臂管辖权》，《检察日报》2015年6月9日，第3版。

④ 肖江涛：《国际足联治理改革法律问题研究》，博士学位论文，武汉大学，2017。

⑤ 陈浩、焦现伟、杨一民：《我国职业足球监管制度改革方向研究》，《中国体育科技》2008年第1期。还可参见曾文、王鹏《关于中国足球管理体制建设的探讨》，《黑龙江科技信息》2008年第2期。

⑥ 韦志明：《论中国足协行业规范的法源地位》，《天津体育学院学报》2015年第3期。

⑦ 贾文彤、张华君：《我国职业足球行业规范若干问题研究》，《上海体育学院学报》2005年第3期。

第三，中国足协的性质和法律地位问题。刘彬探讨了中国足协"半官半民"畸形法律地位形成的原因并尝试对中国足协法律地位进行重新设计。[1] 郭成岗认为，中国足协经《体育法》授权，拥有全面管理全国足球运动发展的行政职能。[2] 李赞乐认为，当前体制揭示了不同维度的中国足协作为法律主体在规范与事实之间存在的矛盾，也就揭示了中国足协的法律地位。[3] 高磊则从公共服务理论视角，剖析了中国足协的行政主体地位。[4] 在粤超公司诉广东省足协和珠超公司垄断案宣判后，还有学者展开了中国足协是否具有反垄断法主体地位的研究。[5]

第四，足球立法问题。有学者讨论了意大利、巴西和欧洲整体的足球立法，由此提出之于中国的借鉴意义。[6] 有学者明确提出，有必要制定和颁布《足球法》或《足球产业法》，推动我国足球事业健康持续和稳定发展。[7] 有学者从足球环境、其他国家立法例和实践经验等方面探讨了足球立法的可行性及困境。[8] 还有学者论述了反球场观众暴力的立法情况。[9]

第五，司法介入足球行业，特别是介入足球行业内部社团罚的可能

---

[1] 刘彬：《中国足球协会法律地位研究》，硕士学位论文，西南财经大学，2005。
[2] 郭成岗：《中国足球协会的性质界定》，《南京体育学院学报》2003年第2期。
[3] 李赞乐：《中国足球协会法律主体地位研究》，硕士学位论文，中国政法大学，2011。
[4] 高磊：《试论中国足球协会的性质及法律地位》，硕士学位论文，中央民族大学，2013。
[5] 焦海涛：《行业协会的反垄断法主体地位——基于中国体育反垄断第一案的分析》，《法学》2016年第7期；姜熙：《开启中国体育产业发展法治保障的破局之路——基于中国体育反垄断第一案的思考》，《上海体育学院学报》2017年第2期。
[6] 张慧德：《走上法制轨道的足球——评意大利足球法》，《足球世界》1998年第23期；郑家鲲、金卓：《论中国足球法治化建设——以意大利足球"电话门"事件为视点》，《西安体育学院学报》2009年第3期；孙喜峰：《当代巴西足球法律规制介评》，《北京体育大学学报》2005年第5期；谢新胜：《巴西体育法的发展及对我国职业足球管理制度的启示》，《河北法学》2005年第11期；贾文彤、郝永朝：《欧洲职业足球中的法律制度对我国职业足球法制建设的启示》，《天津体育学院学报》2004年第3期。
[7] 翁建锋：《我国职业足球竞赛市场秩序研究》，《体育文化导刊》2011年第5期。
[8] 武俊昊：《中国足球立法可行性及困境》，《体育科技文献通报》2011年第10期。
[9] 尚成、石岩：《国内外反球场观众暴力的立法》，《体育学刊》2004年第2期；黄世席：《足球暴力法律规制之比较研究——以英意西为例》，《体育与科学》2008年第1期。

性问题。有学者较早讨论了司法介入假球黑哨的问题。① 长春亚泰足球俱乐部诉中国足协案发生后,学界开始聚焦于中国足协的行政可诉性问题,整体而言,学者对以所谓特别权力关系理由否定司法介入足球行业持批判态度。② 还有学者进一步探讨了足球行业私力惩罚的空间③和足协社团罚的合法性基础④。

第六,足球协会内部治理的法治化问题。张春良认为,中国足协建立了"权力机构—行政机构—司法机构"的分工合作模式,司法职能的相对独立化使其内部治理彰显法治精神,但作为足协司法机构的仲裁委员会仍属内设机构,且对足协行政机构负责,法治化不彻底。⑤ 钱静建议,在中国足协增设上诉委员会,明确仲裁委员会及上诉委员会的人员

---

① 高升、陆在春、金涛:《论司法对体育协会内部纠纷的介入——从足协风暴谈起》,《体育与科学》2011年第2期;陈博:《司法介入职业足球裁判"黑哨"的两个焦点问题》,《体育学刊》2003年第6期;赵豫:《对司法介入"黑哨"问题的思考》,《体育学刊》2002年第5期;高家伟、张玉录:《论"黑哨"中的行政法问题》,《政法论坛》2002年第3期;周来鹤:《从"法治"理念探究中外职业足球裁判之社团治理与司法介入》,硕士学位论文,首都体育学院,2008;罗嘉司、王明辉:《足球运动领域裁判问题之刑法规治辨析》,《中国体育科技》2014年第4期;郑璐、刘舒辉:《国外打击赌球、黑哨的司法判案研究》,载郑璐、刘舒辉、张记国《体育法律问题研究》,中国社会科学出版社,2016,第165~192页。
② 此一主题文献相当多,此处只列一些代表性文献。岑剑梅:《反思法在现代社团治理中的意义——兼评长春亚泰足球俱乐部诉中国足协案》,《浙江社会科学》2004年第1期;邓志、伏创宇:《论司法介入竞技性体育纠纷的正当性——兼对特别权力关系的质疑》,《政治与法律》2013年第6期;戚建刚:《长春亚泰足球俱乐部诉中国足协案再评析——以公共职能为视角》,《行政法学研究》2004年第3期;林峰:《论足协及其他自治组织的行政可诉性:中国与三个普通法管辖区域的比较研究》,载浙江大学公法与比较法研究所编《公法研究》(第二辑),商务印书馆,2004,第35~58页;冯之东、徐志强:《特别权力关系理论在行业自治中的适用——以中国足协为研究个案》,《社科纵横》2007年第2期;姚魏:《行业协会的行政诉讼法律地位——由足协被诉引发的行政法思考》,《法治论丛》2004年第1期。
③ 姜世波、孔伟:《私立惩罚的空间:基于国际足联诉马图扎伦案的思考》,《甘肃政法学院学报》2015年第3期。
④ 陈承堂:《社团罚的合法性审思——武汉光谷足球俱乐部退赛事件的法理解读》,《武汉体育学院学报》2009年第7期;陈承堂:《论中国足协社团罚的生成逻辑》,《北京体育大学学报》2009年第6期。
⑤ 张春良:《体育协会内部治理的法治度评估——以中国足协争端解决机制为样本的实证考察》,《体育科学》2015年第7期。

组成并增设足协内部纠纷解决的监督机制。[1] 王紫薇从刘健案出发，认为足协仲裁委员有选拔不规范、仲裁庭形成不合理、仲裁程序简单等问题，认为足协可以通过会员大会选举仲裁委员、强化辩论程序等可行性强的措施来完善足协内部仲裁制度。[2] 还有学者专门研究了中国足协的纪律处罚制度设计，提出了相关规则设置的对策建议。[3]

第七，职业足球联赛的法律规制问题。张剑利提出，中超联赛组织尚非真正意义上的职业体育联盟，而只是一个准政府组织结构。[4] 裴洋认为，中国足球职业联赛的有关制度违反了《反垄断法》的规定，必须进行修改。[5] 姜熙探讨了职业体育联盟与《中国足球总体改革方案》中涉及的职业联赛理事会的相关问题，提出我国建立职业体育联盟可以选择"企业联营"模式和"混合模式"，并可以通过寻求反垄断豁免来化解这两种模式的法律风险。[6] 刘严泽从建立纠纷解决机制、管理制度的改革等方面对我国职业足球联盟的发展提出了建议和对策。[7]

第八，职业足球俱乐部的法律问题。谭建湘等较早就提出要以法制为重点加快职业足球俱乐部建设。[8] 毕诗永等探讨了在当前环境下我国职业足球俱乐部的法律环境的主要框架构成。[9] 郝春龙等则构想了我国足球俱乐部的法规体系，呼吁加快俱乐部或与其相关领域的立法，或补充

---

[1] 钱静：《中国足球协会内部纠纷解决机制的完善——以体育自治为基础的考量》，《体育与科学》2014年第3期。
[2] 王紫薇：《从"刘健案"探讨中国足球协会内部仲裁制度的不足及完善》，《山东农业工程学院学报》2015年第6期。
[3] 郑璐：《中国足球协会纪律处罚制度设计研究》，载郑璐、刘舒辉、张记国《体育法律问题研究》，中国社会科学出版社，2016，第67~100页。
[4] 张剑利：《职业体育联盟及其相关法律研究》，博士学位论文，北京体育大学，2004。
[5] 裴洋：《反垄断法视角下的中国足球职业联赛》，《武汉体育学院学报》2009年第2期。
[6] 姜熙：《反垄断法视角下我国职业体育联盟建构的理论研究》，《武汉体育学院学报》2016年第3期。相关论文还可参见朱睿《中国职业足球联赛中的垄断行为及其法律》，硕士学位论文，华东政法大学，2012。
[7] 刘严泽：《论职业足球联盟的法律规制》，硕士学位论文，重庆大学，2014。
[8] 谭建湘、邹耀明：《我国足球职业俱乐部法律规范问题分析》，《体育科学》1999年第2期。
[9] 毕诗永、关莉、张辉：《我国职业足球俱乐部法制环境的研究》，《沈阳体育学院学报》2008年第4期。

立法。① 姜熙则对职业足球俱乐部破产问题进行了研究。②

第九，足球产业投融资的法律问题。基于万达集团收购马德里竞技足球俱乐部20%的股份和星辉互动娱乐股份有限公司控股皇家西班牙人俱乐部的背景，有学者分析了西班牙足球产业相关立法现状，提出了应对投资法律风险的措施。③

第十，职业足球运动员的法律定位、转会规则和法律适用问题。学界之较大争议表现在，应如何从法律角度认定职业足球运动员与俱乐部签订的合同。有的学者认为职业足球运动员是劳动者，应受劳动法保护④，此合同应定位为劳动合同。⑤ 有学者认为，这种"劳动合同关系"在国际上实为"雇佣合同关系"⑥。按照韩勇的观点，这种"劳动合同"存在诸多特殊之处，特别是在解除上不能完全按照劳动法的规定进行。⑦ 罗小霜也认为，俱乐部和球员必须遵循《劳动合同法》的基本精神，但不能用《劳动合同法》生搬硬套，而应根据足球行业规则灵活运用。⑧ 朱文英则从最初的"劳动合同说"走向了旗帜鲜明的"雇佣合同说"，认为该类合同应由合同法调整。⑨ 还有研究者认为，球员工作合同有其固有的特殊性，与普通的民事合同及劳动合同皆不相同，应将其定位为一种

---

① 郝春龙、贾文彤：《我国职业足球俱乐部法律问题研究概述及启示》，《河北师范大学学报》（自然科学版）2006年第1期。
② 姜熙：《英国职业足球俱乐部破产制度研究》，《西安体育学院学报》2014年第4期。
③ 刘时剑：《论投资西班牙足球产业的法律风险及应对》，硕士学位论文，北京外国语大学，2016。
④ 侯玲玲、王全兴：《我国职业足球运动员的劳动者地位和劳动法保护》，《当代法学》2006年第4期。
⑤ 王存忠：《对运动员转会行为的法律调整》，《山东体育学院学报》1996年第4期；杨天红：《论职业运动员与俱乐部间法律关系的定位——与朱文英教授商榷》，《中国体育科技》2015年第3期。
⑥ 潘月仙：《国际职业足球劳动合同争议解决机制的法律探析》，《体育与科学》2013年第6期。
⑦ 韩勇：《职业球员劳动合同解除研究》，《河北师范大学学报》（哲学社会科学版）2013年第6期。
⑧ 罗小霜：《论职业足球合同违约的体育制裁》，《西安体育学院学报》2012年第6期；《论职业球员合同解除的体育性正当理由》，《体育科研》2014年第6期。
⑨ 朱文英：《劳动合同法视野下职业球员工作合同的解除》，《武汉体育学院学报》2009年第1期；《职业足球运动员转会的法律适用》，《体育科学》2014年第1期。

特殊类型的新合同。① 郑璐等还提出了中国足球运动员职业合同和转会合同规范化的建议。② 另外，学者们的关注点还包括单边延期选择条款③、球员转会规则的竞争法规制④、球员第三方所有权⑤等。

第十一，足球伤害的责任认定与赔偿问题。黄璐认为，法院对于社会足球伤害案件的致伤事实认定、行为的合规性以及赔偿责任等，必须建立在运动技术合规性审查基础之上，以为法院判案提供来自体育特殊性的规则支持和客观依据。⑥ 还有学者梳理了校园足球的法律适用问题⑦，并特别从法律技术角度提出了缩减校园足球损害赔偿范围、为校园足球运动减负的建议。⑧

第十二，国际足球案件的纠纷解决机制问题。如黄世席介绍了国际体育仲裁院受理的欧洲足球争议⑨，肖江涛则以穆图系列案为例，分析了国际体育纠纷解决机制的困境与出路。⑩

特别值得一提的是，有关足球纠纷的案例研究近来也获得了长足进展，如韩勇系统梳理了各类职业足球俱乐部欠薪案，以及"佩特科维奇与上海申花工资争议案""孔卡与恒大俱乐部合同争议案""周某与中国

---

① 韩进飞：《职业球员工作合同性质研究》，硕士学位论文，苏州大学，2017。
② 郑璐：《中国足球运动员职业合同规范化的思考与建议》，载郑璐、刘舒辉、张记国《体育法律问题研究》，中国社会科学出版社，2016，第157~164页；郭春玲、郑璐、徐嘉若：《中国足球运动员转会的契约管理研究》，载郑璐、刘舒辉、张记国《体育法律问题研究》，中国社会科学出版社，2016，第101~156页。
③ 罗小霜：《论国际足联对单边延期选择条款效力的认定》，《西安体育学院学报》2013年第3期；席志文：《职业足球联赛中单边续约选择条款问题研究》，《中国体育科技》2016年第4期。
④ 裴洋：《欧盟竞争法视野下的足球运动员转会规则》，《体育科学》2009年第1期。
⑤ 罗浏虎：《职业足球运动员第三方所有权的法律规制》，《体育科学》2015年第4期。
⑥ 黄璐：《社会足球伤害案件的运动技术合规性审查》，《上海体育学院学报》2016年第3期。
⑦ 李永刚、谷平：《校园足球开展中运动伤害事故的法律责任认定探析》，《运动》2015年第17期；赵毅、陈刚、王家宏：《从江苏法院裁判看校园足球伤害的学校责任之最新动向》，《体育与科学》2017年第3期。
⑧ 赵毅、张学丽：《实证研究视角下的校园足球损害赔偿范围论》，《中国体育科技》2017年第5期。
⑨ 黄世席：《欧洲足球仲裁之实证分析：以CAS为例》，载肖金明、黄世席主编《体育法评论》（第2卷），山东大学出版社，2009，第44~73页。
⑩ 肖江涛：《国际体育纠纷解决机制的困境与出路：穆图系列案的法理分析》，《首都体育学院学报》2017年第5期。

足协'中超'商标争议""上海中远俱乐部名誉权侵权案""曲乐恒诉辽宁足球俱乐部工伤赔偿案""参赛者诉南京市足协人身伤害侵权案"等大量涉足案件①;马宏俊等则详细评析了"尤文图斯'电话门事件'""刘健转会案""阿联酋航空公司足球俱乐部诉球员哈桑无正当理由单边解约案""泰国足协主席选举纠纷案""华沙莱吉亚俱乐部诉欧足联纪律处罚案"等在国内和国际有重大影响的涉足案件。②

还有一些国外学者的译著近年来被翻译成中文,如瑞士学者所著《世界各国足球协会与职业联赛治理模式研究报告》③与瑞士、法国学者合著的《世界各国足球联赛与俱乐部治理模式研究报告》④两书,乌拉圭学者所著论文《〈国际足联代理人规程〉在乌拉圭的实施》。⑤它们提供了第一手的比较法信息,进一步丰富了足球法研究的中文文献。

(四) 国内外研究现状述评

以上国内外文献已经充分显示,足球法涉及公法、私法和社会法诸多论域,在法理基础上又有自身之特殊性考量,基于其多元的研究视角和丰富的研究层次,足球法无疑正在成为一个新兴的领域法学。⑥而且,无论国内还是国外,相关研究论题已经显示,足球行业的特殊性和法律适用的普适性客观上存在一定程度之紧张,比如国家司法是否可以介入足协内部的纪律处罚,职业足球运动员与俱乐部签订的合同是否属于《劳动合同法》规制的劳动合同,足球转会制度是否在竞争法下具有特

---

① 参见韩勇《体育与法律——体育纠纷案例评析(二)》,人民体育出版社,2017。
② 马宏俊主编《体育法案例评析》,中国政法大学出版社,2017。
③ 〔瑞士〕卡米尔·博利亚特、〔瑞士〕拉法莱·波利:《世界各国足球协会与职业联赛治理模式研究报告》,刘驰译,天津人民出版社,2017。
④ 〔瑞士〕卡米尔·博利亚特、〔法〕凯文·塔利克·马斯顿:《世界各国足球联赛与俱乐部治理模式研究报告》,刘驰译,天津人民出版社,2017。
⑤ 〔乌拉圭〕霍拉西奥·冈萨雷斯·穆林、〔乌拉圭〕费利佩·瓦斯奎兹·里维拉:《〈国际足联代理人规程〉在乌拉圭的实施》,董双全译,载田思源主编《体育法前沿》(第2卷),中国政法大学出版社,2017,第225~236页。
⑥ 领域法学(Field of Law)是一个近年来出现的新理论范式,是以问题为导向,以特定经济社会领域全部与法律有关的现象为研究对象,融多学科研究范式于一体的交叉性、开放性、应用性和整合性的新型法学学科体系、学术体系和话语体系。这一理论范式旨在促进学科交叉融合、推行学科研究范式转型、整合学科知识体系并最终消除学科壁垒,其甫一提出,就具有较强的解释力。参见刘剑文《论领域法学:一种立足新兴交叉领域的法学研究范式》,《政法论丛》2016年第5期。

殊考量，等等，成为足球行业自治与国家法治关系探讨中不可回避的话题。

可以发现，较之西方世界丰富的足球法研究专著，中文文献还停留在论文和译著上，尚无一本系统的足球法律研究专著。在一些足球发达的国家，甚至已经出现了专门的足球法课程、研究机构、学位论文和学术期刊，由此将为足球法未来的学科建设和实务中的足球立法、司法奠定基础。就具体论题来说，中外足球法研究的侧重点亦不相同。西方的足球法研究重点关注的是足球行业内部治理的法治化问题，这与其市场经济和法治化程度较高的社会环境密不可分。而在中国，当前还处在培育足球产业市场、政府简政放权阶段，为足球改革提供法律保障成为相当一部分足球法研究的关键词。

第三节　研究框架与研究方法

一　研究框架

本书共分五章，除了作为首章的引论和末章的结论，将在第二至第四章详细探讨私法视野下的足球行业自治和法治问题。

第二章从主体视角探讨私法视野下中国足协的法律地位，包括中国足协和地方足协在内的各类足协在中国法教义体系下处于何种地位，是考量中国足球行业自治化程度的重要标志。足协是足球行业自治的重要主体，在"政社分开、依法自治"背景下其法律地位面临何种变革，值得探讨。

第三章从内部治理的角度论述中国足协的内生机制建设。内部治理的法治化程度是考量一个行业是否存在良善治理的重要表征。足球行业的内部治理历来受人诟病，本轮足球改革以来，中国足协亦发布了诸多政策文件，展现了转向法治化治理的良好姿态，但也不乏可供探讨之处。本章将选取足协内部纠纷解决机制，从2017年颁布的U23新政入手，分析足球改革背景下足球行业自治的法治化进展与不足。另外，亦从商法视角，对职业足球的内部治理做一评估。

第四章从外部保障视角，探讨足球行业自治的私法保障机制。显然，缺乏足球产业支撑的足球改革和足球行业自治将是无源之水、无根之木。研究将提炼当前阻碍足球产业发展的具体问题，提出对策建议，并再就实践中多发的足球赞助合同、足球赛事转播权和足球伤害争议进行专题论述，以求通过解释论或立法论的路径形成制度化解决机制，由此最大限度地创造保障足球行业自治的外部环境。

第五章是结论，将提炼通过法治促进足球行业自治的重大意义，探讨私法视野下的进路。

二　研究方法

本书以马克思主义辩证唯物主义和历史唯物主义为最高认识原则。"由马克思、恩格斯创立的辩证唯物主义和历史唯物主义，为人类认识世界和改造世界提供了一个强大的思想工具。马克思主义哲学不仅实现了哲学和社会科学领域的伟大革命，为真正科学的法学理论的建立提供了科学的方法论工具，也为人类对法律现象的深入分析提供了正确的宏观思路。"[1] 所以，本书首先是建立在辩证唯物主义和历史唯物主义的立场、观点和方法基础上的。

在法学研究中，价值分析方法也扮演着重要角色。价值分析方法是通过认知和评价社会现象的价值属性，从而揭示、批判或确证一定社会价值或理想的方法。"价值分析方法之所以是研究法律现象的重要方法之一，就在于法学的基本任务之一是要揭示法的应然状态或价值属性，即要回答法应当是怎样的……事实上，当人们之间发生利益冲突而诉诸法律时，法律要提供在其中进行取舍的原则。也就是说，法律必须回答在利益关系中，哪些利益应当受到保护，应当保护到什么程度，哪些利益应当受到限制，应当限制到什么程度。"[2] 的确，"价值"之所以是一个重要概念，就在于它揭示了实践活动的动机与目的。马克思主义哲学作为一种实践哲学，不仅在于要认识世界，也需要改变世界，这

---

[1] 朱力宇主编《法理学原理与案例教程》，中国人民大学出版社，2007，第16页。
[2] 朱力宇主编《法理学原理与案例教程》，中国人民大学出版社，2007，第16~17页。

正是在价值领域需要面对的问题。① 法律作为调整社会生活的规范体系，就是实现价值的一种手段，法治运行的诸环节——立法、执法和司法活动无不体现价值选择。所以，法治视野下的足球行业自治研究，正是通过价值选择的方式，通过权利义务分配和法律进入足球行业界限的划分，通过适用法律所提供的价值准则在冲突的利益中作出权威性的选择，并力图使得足球行业自治处于一种正当或理想状态。

  研究还将运用大量实证分析方法，以通过对各种经验事实的观察和分析来建立和检验各种理论命题。这里包括了对法律文本规范、语义、逻辑的分析，解释相关法律的实然状态。历史分析和比较分析也是其中的重要方法，因为一切社会现象都有其产生、发展和变化的历史，对足球行业自治的研究亦不例外；比较方法则可用于梳理足球强国的法治经验，厘清其制度发展的内在逻辑和发展趋势，分析比较其与我国各自之优劣，为制度设计提供取舍依据。社会调查和案例研究方法也不可或缺，通过问卷调查、个案访谈、司法案件统计、个案研究等方法，可以确保本书能够直接了解、掌握我国足球法治现状，确保研究结论能回应足球改革的现实需求。

---

① 参见张文显《部门法哲学引论——属性和方法》，《吉林大学社会科学学报》2006年第5期。

第二章 主体定位：私法视野下中国足协的法律地位

第一节 中国足协法律地位的解释问题

一 中国足协法律地位的困境

（一）政策上的冲突

在中国足球的行业自治体系中，中国足协是其中最重要的主体。在改革背景下，如何深刻解释现行法秩序下中国足协的法律地位，成为足球行业自治如何依法而治的第一个问题。可以发现，改革中国足协是本次足球改革的重要内容，中国足协既是改革的对象，也是改革的推动主体之一。根据《足改方案》，改革的目的是"按照政社分开、权责明确、依法自治的原则调整组建中国足球协会，改变中国足球协会与体育总局足球运动管理中心两块牌子、一套人马的组织构架"。显然，把足协推向市场，使之成为一个与政府脱钩的、独立的、实体化的社团法人，是顶层设计者的初衷。

但是，《中国足球协会调整改革方案》改造了上述思路，根据此一方案，"调整改革后的中国足协既是团结全国足球组织和个人共同发展足球事业、具有公益性质的社会组织，又是根据法律授权和政府委托管理全国足球事务、具有公共职能的自律机构，承担了体育部门在足球领域的管理责任"。新的《中国足球协会章程》贯彻了这一思路，其第3条第1款规定，中国足协是由中华人民共和国从事足球运动的组织自愿结成，是具有公益性和广泛代表性、专业性、权威性的全国足球运动领域的非营利性、体育类社团法人；第 2 款规定，中国足协是团结全国足球组织和个人共同发展足球事业、具有公益性质的社会组织，根据法律授权和政府委托管理全国足球事务，依法自主开展活动。显然，按照这样的思路，改革后的中国足协兼具公法主体与私法主体的性质。这样一来，作为"法律授权和政府委托管理全国足球事务"的组织，它就不能实现与政府的完全脱钩，反而成为公法上的一个当然行政主体。我们还可以发现，虽然在 2016 年 2 月，"国家体育总局足球运动管理中心"正式撤销了，但国务院足球改革发展部际联席会议办公室与中国足协隐然形成新的"一套班子、两块牌子"模式，2016 年 4 月 6 日，国家发展和改革委、国务院足球改革发展部际联席会议办公室（中国足球协会）、体育总局、教育部联合发布了《中国足球中长期发展规划（2016—2050 年）》。作为该项规划颁布单位之一，中国足协（尽管它存在于国务院足球改革发展部际联席会议办公室后面的括号内）已经隐然在扮演着与国家体育总局、教育部、国家发改委等类似的部级行政机关的角色，这违背了《足改方案》所要求的"政社分开""依法自治"的原则。

(二) 法律地位上的疑问

按照基本的公法原理，法定授权系指法律、法规、规章根据国家和社会管理的需要将某些行政职权授给非行政机关（大多是社会组织）的活动，而行政委托指一个行政主体在自己缺乏条件直接实施某个行政行为时，委托其他组织或个人以它的名义代为实施该行政行为。[1] 在公法上，两者地位并不相同。法定授权的结果是使被授权者获得行政主体资格，能够独立承担法律责任；行政委托的结果却并不能使被委托者取得行政主体资格，其实施的行为在法律后果上仍然属于委托者。

先看后者。作为被委托组织的中国足协，其行为后果由委托方承担，它至多只是行政委托关系中的行政代理人，以委托方的名义实施行政行为，行为效果归属于委托的行政机关，被委托方在行政诉讼阶段不能作

---

[1] 参见胡建淼《行政法学》，法律出版社，2015，第 73 页。

为被告。然而，理论上，任何组织都可以接受政府委托，作为行政法上被委托的组织发挥作用。将这种作用写入章程，作为中国足协某种法律地位的表现，并无法律上的特别意义。何况，中国足协"管理全国足球事务"的权限是否真的出自中国政府委托，缺乏法律上之清晰证明，也与《国际足联章程》不符。[①]

更具争议处在于前者。作为法定授权组织的中国足协，应是公法上独立拥有并行使行政权，能够以自己的名义实施行政管理活动，并承担由此而引起的法律后果的组织。《行政诉讼法》第26条第1款规定："公民、法人或者其他组织直接向人民法院提起诉讼的，作出行政行为的行政机关是被告。"《行政诉讼法》第2条第2款则规定，行政行为包括了法律、法规、规章授权的组织作出的行政行为。当然，法定授权是一种个别授权而非普遍授权，在理论上，只要有法律法规和规章明文规定，任何社会组织都可能被授权并在该授权范围内成为行政主体，由此也就当然地具有行政诉讼主体地位。问题是，中国足协有被授权的可能性，但是否有被授权的必要性？而且，一旦中国足协成为法定授权组织，就与足球行业争端独立于司法审查之国际惯例冲突，也与中国足协自我认知的争端解决机制矛盾。根据《中国足球协会章程》第54条第1款，"除本章程和国际足联另有规定外，本会及本会管辖范围内的足球组织和足球从业人员不得将争议诉诸法院。有关争议应提交本会或国际足联的有关机构解决"。那么，在《中国足球协会章程》第3条第2款和第54条第1款之间，就存在法律适用逻辑上的困境。

强化中国足协的行政主体色彩，包括迄今为止，中国足协主席仍然由国家体育总局高级官员兼任的做法，给人一种足协改革"换汤不换药"之感：足球运动管理中心的确被撤销了，但获得了实体化地位的中国足协本质上仍然发挥着足球运动管理中心的功能，特别是，改革后

[①] 根据《国际足联章程》，任何国家只有一个会员协会可以成为国际足联的会员，并成为其所在国负责组织与监督各种形式的足球运动的组织。显然，国际足联并不认为一国足协管理其境内足球事务的权限来自该国政府委托。

的中国足协已经通过其章程明确将自身定位为一个主管全国足球事务的行政主体。

二 中国足协法律地位困境之多重成因

(一) 自身定位不清

《中国足球协会章程》自1993年10月全国足球工作会议首次制定以来，先后在1995年、1996年、2003年、2005年、2014年、2015年、2017年、2019年的会员代表大会或特别会员代表大会上进行过修改（见表1）。然而，在章程中明确将中国足协定性为"法律授权和政府委托管理全国足球事务"的组织，是足球改革以来的一项新做法。

表1 各版《中国足球协会章程》对自身的定性

版次	内容
1995年版	第1条 （三）中国足球协会是经中华人民共和国体育运动委员会授权，指导全国足球运动的群众性组织和最高的足球运动管理机构。 （四）中国足球协会是中华全国体育总会和中国奥林匹克委员会会员。
1996年版	第3条 （一）中国足球协会是唯一的、全国足球专项体育社会团体法人。 （二）中国足球协会是中华全国体育总会的团体会员，接受中华全国体育总会和民政部的业务指导和监督管理。
2003年版	第2条 （一）中国足球协会是中华人民共和国境内从事足球运动的单位和个人自愿结成的唯一的全国性的非营利性社会团体法人。 （二）中国足球协会是中华全国体育总会的单位会员，接受国家体育总局和民政部的业务指导和监督管理。
2005年版	第3条 （一）中国足球协会是中华人民共和国境内从事足球运动的单位和个人自愿结成的唯一的全国性的非营利性社会团体法人。 （二）中国足球协会是中华全国体育总会的单位会员，接受国家体育总局和民政部的业务指导与监督管理。 （三）中国足球协会是唯一代表中国的国际足球联合会会员和亚洲足球联合会会员。

续表

版次	内容
2014 年版	第 3 条 （一）中国足协是中华人民共和国从事足球运动的组织自愿结成的全国性、非营利性、体育类社团法人。中国足协作为独立法人，遵守中华人民共和国宪法、法律、法规和国家政策，依法自主开展活动。 （二）中国足协是中华全国体育总会和中国奥委会的单位会员。接受国家体育总局和民政部的业务指导与监督管理，遵守中华全国体育总会与中国奥委会的章程及有关规定。 （三）中国足协是唯一代表中国的国际足球联合会会员和亚洲足球联合会会员。
2015 年版	第 3 条 （一）中国足协是中华人民共和国从事足球运动的组织自愿结成的全国性、非营利性、体育类社团法人。中国足协作为独立法人，遵守中华人民共和国宪法、法律、法规和国家政策，依法自主开展活动。 （二）中国足协是团结全国足球组织和个人共同发展足球事业、具有公益性质的社会组织，根据法律授权和政府委托管理全国足球事务。 （三）中国足协是中华全国体育总会和中国奥委会的单位会员，遵守中华全国体育总会与中国奥委会的章程及有关规定。接受行业管理部门和登记管理机关的业务指导与监督管理。 （四）中国足协是唯一代表中国的国际足球联合会会员和亚洲足球联合会会员。
2017 年版	第 3 条 （一）中国足协是中华人民共和国从事足球运动的组织自愿结成的全国性、非营利性、体育类社团法人。中国足协作为独立法人，遵守中华人民共和国宪法、法律、法规和国家政策，依法自主开展活动。 （二）中国足协是团结全国足球组织和个人共同发展足球事业、具有公益性质的社会组织，根据法律授权和政府委托管理全国足球事务。 （三）中国足协是中华全国体育总会和中国奥委会的单位会员，遵守中华全国体育总会与中国奥委会的章程及有关规定。接受行业管理部门和登记管理机关的业务指导与监督管理。 （四）中国足协是唯一代表中国的国际足球联合会会员和亚洲足球联合会会员。
2019 年版	第 3 条 本会由中华人民共和国从事足球运动的组织自愿结成，是具有公益性和广泛代表性、专业性、权威性的全国足球运动领域的非营利性、体育类社团法人，是代表我国参加国际足球组织的唯一合法机构，是唯一代表中国的国际足球联合会会员和亚洲足球联合会会员。 （二）本会是团结全国足球组织和个人共同发展足球事业、具有公益性质的社会组织，根据法律授权和政府委托管理全国足球事务，依法自主开展活动。

版次	内容
2019年版	（三）本会是中华全国体育总会和中国奥委会的单位会员，遵守中华全国体育总会与中国奥委会的章程及有关规定。接受行业管理部门和登记管理机关的业务指导与监督管理。

从表1可见，足协章程对自身性质的表述历经修改，说明越来越多，定位却越来越模糊。事实上，2015年、2017年和2019年版足协章程对足协地位的"新"表述不过是对过去计划经济时代认识理念的一种回笼。1995年版《中国足球协会章程》第1条第3款曾经规定："中国足球协会是经中华人民共和国体育运动委员会授权，指导全国足球运动的群众性组织和最高的足球运动管理机构。"20年后，"授权"再次出现于新版章程中，区别只是从"政府授权"改变为"法律授权"，与主流表述更为吻合而已。[1] 值得深思的是，足球改革之目的是要脱离足球行业长期以来的官办色彩，但是，《中国足球协会调整改革方案》和以该方案为指导精神修改的2015年版足协章程却又对"授权"恋恋不舍。足球运动管理中心虽然撤销了，但中国足协通过自封的"法律"授权和政府委托，事实上在代表政府行使足球领域的行政管理职能。

按照这样的逻辑，自然的推论是：中国足协既然主张自身可能的法定授权组织身份，也就应当主动将自身置于司法审查之下，如果在职权行使或足球事务管理过程中出现纠纷，它就当然应该成为行政诉讼的被告。然而，在司法层面上，既有与中国足协相关的判例表明，这只能是一个良好的愿望。在长春亚泰足球俱乐部诉中国足球协会处罚案中，原告主张被告接受司法审查的主要理由即中国足协为法定授权的具有行政管理职权的组织。被告中国足协对案件的管辖权提出了异议，认为依据足协章程有关排除司法管辖权条款的规定，该案不应属于法院的司法管

---

[1] 事实上，我国行政法学界的主流观点即将行政（政府）授权与法定授权等而视之，行政授权只能是法律、法规、规章的授权而非行政主体的授权，行政机关只能进行委托而非授权。参见耿宝建《行政授权新论——走出理论与现实困境的一种认识尝试》，《法学》2006年第4期。

辖范围。法院最终裁定认为该案"不符合《中华人民共和国行政诉讼法》规定的受理条件",实质上支持了中国足协的意见。[1] 在法院裁定书作出后,中国足协发布声明:"希望各俱乐部及协会其他成员,在处理与足球运动有关的争议时,应严格遵守国家法律和中国足协章程规定的程序。"这里的潜台词是,中国足协根据自身章程有排除司法介入的权力。

所以,新版足协章程增加中国足协为法定授权组织的表述,目的绝不在于否定当年其在亚泰案中的立场。或许,新版章程的修改人(以及《中国足球协会调整改革方案》的起草人)完全忘记了——甚至就从未考虑过这一修改蕴藏的法律风险:它鲜明地承认了亚泰案中原告方的立场,中国足协在未来作为行政诉讼被告的可能性大大增加了。中国足协在章程中自我标榜作为法定授权和政府委托组织的做法,更重要的原因可能是争取足球改革中的政府支持。毕竟,在当前的现实环境下,如果离开政府的主导和支持,足球改革根本不可能顺利进行。

(二) 法律解释存疑

立基于我国现行实定法体系,有关中国足协之法律地位,法解释论上最值探究之处在于两点。第一,将中国足协视为法定授权之组织,是否具有现行法条文上的依据?第二,即使承认中国足协行政主体的地位,是否就意味着足协处罚可以被视为行政处罚,具有行政法上的可诉性?

先看第一个问题。《体育法》第 31 条第 3 款规定:"全国单项体育竞赛由该项运动的全国性协会负责管理。"可否认为,基于该款"授权",中国足协获得了行政法上法定授权组织的地位?在亚泰案中,原告律师在上诉代理词中即认为:"根据《体育法》第 31 条规定'全国单项体育

---

[1] 参见北京市第二中级人民法院(2002)二中行审字第 37 号行政裁定书。何海波教授认为,这类纠纷如果发生在 2014 年《行政诉讼法》施行后,法院很有可能受理。参见何海波《行政诉讼法》,法律出版社,2016,第 124 页。笔者也曾撰文认为,目前我国尚无一例法院受理以体育协会为被告的行政诉讼案件,新修订的《行政诉讼法》将立案审查制改为登记制后,或可成为改变这种局面的契机。然而,即使在此背景下,体育自治在行政诉讼领域的坚冰有否肯定被打破,仍然只能待时间给出答案。参见赵毅《自治的黄昏?——从我国法院裁判考察司法介入体育的边界》,《体育与科学》2015 年第 5 期。

竞赛由该项运动的全国性协会负责管理'，中国足协是法律授权的管理全国足球竞赛的组织，具有对全国足球竞赛进行管理的行政职权。"① 然而，早有批评者谈到法定授权之"权"既有可能是行政权，也有可能是对基于社会契约形成的社会权力之确认，而后者不过只是权力社会化进程中的"还权"与"确权"。② 行政法学者也开始承认，随着第三部门的逐渐形成与日趋成熟，由政府直接授权、委托的情形渐趋减少，更多的是基于团体成员的权利让渡而获得公共治理权，"而法律、法规授权组织的理论在这方面就显得力不从心、鞭长莫及了"③。认为中国足协依据《体育法》第 31 条第 3 款获得授权，推理过于简单。而且，根据足协章程，中国足协的职权相当广泛，而这些职权是否一定就具有公权力属性，并不容易确定。④ 所以，中国足协的管理权力并不能笼统地说都是国家法律授权的，而更多的是基于社团章程，通过契约的形式产生的。《体育法》颁布于 1995 年，远远晚于中国足协成立的时间，"中国足协事实上的存在并不意味着其法律上的存在，而且其事实上的存在不仅先于法律上的存在，而且可以说是法律规范设立的事实来源"⑤。基于此，中国足协之权力来源，很可能并非出自法定授权，它甚至不依赖法定授权，而是直接来源于自身章程及其他规范性文件。在比较法上，包括足协在内的单项体育协会是否一定需要类似《体育法》第 31 条第 3 款的授权，才能"管理"相关竞赛，也少有先例。《意大利足球协会章程》第 1 条规定："意大利足球协会（FIGC）是一个私主体和俱乐部的结合，目标在于管理并鼓励意大利的足球及相关活动。它是意大利境内唯一被意大利奥委会（CONI）、欧足联（UEFA）和国际足联（FIFA）承认的处理与足球有关

---

① 《长春亚泰足球俱乐部律师向北京高级法院提交诉讼代理词》，南方网体育频道，http://www.southcn.com/sports/tyzq/zqzgxw/200202070247.htm，最后访问时间：2016 年 9 月 8 日。
② 参见陈承堂《社团罚的合法性审思——武汉光谷足球俱乐部退赛事件的法理解读》，《武汉体育学院学报》2009 年第 7 期。
③ 余凌云：《行政法讲义》，清华大学出版社，2010，第 140 页。
④ 比如，中国足协制定章程、吸纳会员、收取会费、签订合同、接收捐赠等职权皆不具备公权力属性。
⑤ 李赞乐：《中国足球协会法律主体地位研究》，载王小平、马宏俊主编《体育法学专题研究》，中国政法大学出版社，2012，第 62 页。

的国内和国际事务的组织。"①可见意大利足协的活动并不依赖法定授权或政府委托而存在。

再看第二个问题。一些公法学者认为,"法律、法规授权的具有管理公共事务职能的组织,可以在其授权范围内实施行政处罚。例如,中国足协根据《体育法》的授权,可以对有违规行为的俱乐部或者球员实施处罚"②。此处所说之《体育法》授权,即《体育法》第47条:"在竞技体育中从事弄虚作假等违反纪律和体育规则的行为,由体育社会团体按照章程规定给予处罚……"然而,简单地将这类处罚等同于行政处罚,并进一步将之作为足协处罚具有行政法上可诉性之理由,在法解释论上不具有说服力。根据《行政处罚法》,行政处罚遵循处罚法定原则,包括处罚种类上的法定和处罚设定上的法定。能够设定行政处罚的,只有法律、行政法规和规章,但并未规定法律可以再授权社团章程设定行政处罚。而且,很难证明1995年由全国人大常委会颁布的《体育法》是1996年由全国人大颁布的《行政处罚法》之特别法,从而在适用位阶上具有优先性。③从《中国足球协会纪律准则》(2019年版)第12～14条规定的各类处罚看④,大量处罚种类与《行政处罚法》第8条规定的种类相差甚远,一些处罚如"退回奖项""罚令出场""禁止进入运动员休息室和/或替补席""禁止进入体育场(馆)""进行无观众的比赛""减少转会名额""扣分""限制引进外籍运动员"等具有鲜明的行业色彩,民事性、自治性大于行政性。如果将这些争议纳入国家司法审查范畴,显然

---

① See Michele Colucci, "Italy, in Frank Hendrickx ed., International Encyclopaedia of Laws", *Vol. 1 Sports Law*, Kluwer Law International, 2004, p.51.
② 参见林鸿潮《行政法与行政诉讼法》,北京大学出版社,2015,第44页。
③ 参见袁曙宏、苏西刚《论社团罚》,《法学研究》2003年第5期。
④ 第12条:"以下处罚对自然人和组织都适用:(一)警告。(二)通报批评。(三)罚款。(四)退回奖项。(五)禁止转会。(六)取消注册资格。(七)禁止从事任何与足球有关的活动。(八)中国足球协会规定的其他处罚。"第13条:"以下处罚仅适用于自然人:(一)警告(黄牌)。(二)罚令出场(红牌)。(三)停赛。(四)禁止进入球员休息室和/或替补席。(五)禁止进入体育场(馆)。(六)参加公益活动。(七)中国足球协会规定的其他处罚。"第14条:"以下处罚仅适用于组织:(一)进行无观众的比赛。(二)在中立场地进行比赛。(三)禁止在某体育场(馆)比赛。(四)减少转会名额。(五)限制引进外籍球员。(六)取消比赛结果。(七)比分作废。(八)扣分。(九)取消比赛资格。(十)降级。(十一)中国足球协会规定的其他处罚。"

与现行法上行政诉讼制度之设立目的不符。

整体上看,就上述两个问题,对《体育法》相关条款之法解释不能只停留在文义解释层面进行简单的三段论推理,也需综合考虑体系解释和目的解释技术。这样一来,中国足协之可能的公法人说将存疑,足协处罚的行政处罚说也缺乏正当性理由。

(三) 理论回应乏力

中国足协法律地位在法解释论上不彰,一个关键原因即理论储备缺失。极少数学者试图通过西方公法理论或者法哲学路径对此进行回应,但在复杂、瞬变的中国现实问题面前,理论的解释力薄弱。下面看两种代表性观点。

公法理论界的一种代表性观点为"公共职能说"。该观点承认,从权力来源——比如《体育法》第31条第3款的角度并不能充分证明中国足协具有行政诉讼被告资格。由此,论者引入了英国行政法中的公共职能理论,其基本论述逻辑如下 (1) 英国法院意识到通过判断主体权力来源而决定其是否需要接受司法审查的方式过于严格,转向从主体行为功能的角度来区分主体行为是否需要接受司法审查。(2) 某一主体是否具备公共职能,判断标准包括主体是一个垄断性组织、主体被政府默许或者鼓励从事活动、相对方在接受同意受主体决定约束时并无其他选择余地等。(3) 中国足协的行为符合以上公共职能的判断标准,在本质上与国家行政机关是类似的,因此具有接受司法审查的理由。[①] 表面上看,"公共职能说"是一种有效的定位足协公法地位的理论。然而,在它的发源地英格兰,这一理论之存在并非为了解决足球问题。根据在 Datafin 案中形成的原则,英格兰高等法院认为,作为被告的"企业收购与兼并小组"虽然并不是一个法定的政府机关,但履行着非常重要的公共职能,政府依赖它对这一特定行业进行管理,如果这一组织不再存在,政府显然会重新设立一个法定机构来替代它行使权力,由此,类似的组织具备行政

[①] 参见戚建刚《长春亚泰足球俱乐部诉中国足协案再评析——以公共职能为视角》,《行政法学研究》2004年第3期。

可诉性。① 但是，特别需要注意，法院还进一步补充道，如果权力的唯一来源出自受其管辖各方的一致同意，那么该组织就将不受行政可诉性之约束。在英格兰联赛协会有限公司诉英足总案中，Rose 法官显然遵循了 Datafin 案确定的原则：一方面，他认为英足总权力的唯一来源即所有会员的一致同意；另一方面，他也承认，没有任何证据可以证明，在英足总不存在的情况下，国家会另立一个公共机构行使其职权，因为如果真的这样，更有可能举办足球赛的是娱乐公司或是电视台，而不可能是政府。② 所以，在英格兰普通法的实践中，类似英足总这样的体育组织虽然具有一定的垄断性，但其行为仍然只受私法而非公法调整。③ 在 R. v. Jockey Club, ex parte Aga Khan 案中，赛马主 Aga Khan 对赛马俱乐部纪律委员会的一个决定申请司法审查，上诉法院指出，赛马主与赛马俱乐部之间的关系是纯粹契约性的，这意味着必须从契约法而非公法中寻求救济。④ 学者们承认，垄断性权力并不必然等同于公共职能的执行，即使行使广泛的权力，但在私人领域中是经常的现象时，对其并不能进行司法审查。⑤

另一种对立的且颇具法哲学蕴涵的代表性观点为"反思性自治说"。该说借鉴了德国法学家托依布纳反思法（reflexive law，另一译法为"反身法"）理论，力求在足球领域建立一个自治的、自我指引的次级系统。基于足协为私法人之定位，该说之基本论述逻辑如下。（1）反思法理论认为，实质法在现代社会已经陷入了干涉主义国家的危机，由此应尽量避免法律对其他系统的直接介入，而应通过社会自身的自律性和自我运作性来解决社会问题，实现自我规制。（2）像足协这样的社会次级系统，应重在专业领域内进行自我管制，实现自治，最终达到分担社会管制负担的目的。（3）在反思法理论的关照下，不应对社团的惩戒权力妄加指

---

① See R. v Panel on Take-overs and Mergers ex p. Datafin Plc [1987] QB 815.
② See [1993] 2 ALL ER 833.
③ See De Smith, *Woolf & Jowell's Principles of Juricial Review*, Sweet & Maxwell, 1999, pp. 602–603.
④ See [1993] 1 W. L. R. 909.
⑤ 参见李洪雷《其他承担行政任务的主体》，载应松年主编《当代中国行政法》（上卷），中国方正出版社，2005，第 383 页。

责，而应更多地关注其内部程序和救济机制的完善。① 然而，正如批评者谈到的那样，反思法之适用并不意味着去规制（deregulation），相反，它意味着对以前不曾规制的社会诸领域之规制，在这个意义上，它带来的也许并非法律的自我限制，而是更多的法律规避与不守法。② 何况，反思法理论之提出，是建立在托依布纳洞见到了西方社会先后经历的形式法治与实质法治缺陷之基础上的，在足球法中加入反思元素来制造所谓的行业自治，可能只是一种简单的理论移植。在实践中，基于反思法理论的绝对的足球行业自治不可能实现，无论在"龚建平受贿案"③ 还是"广西足球俱乐部有限公司诉广东宏远足球俱乐部等经营合同案"④，法院都进行了积极介入。相关论者也不得不承认，在反思性合作中可以通过法律（司法权）某种程度的外部干预，获得社团权力内部自我改进的效果。⑤ 只是这样一来，"反思性自治说"就迷失了本身，而必然走向其对立面。

不难发现，"公共职能说"是为了证明中国足协之公法地位，"反思性自治说"则是为了证明中国足协之私法地位。但是，理论上的"英风德雨"对中国现实问题的回应乏力。

第二节　中国足协法律地位的解释路径

一　目的的定位

以上论述已经清楚地揭示出，中国足协法律地位的困境，就是无论

---

① 参见岑剑梅《反思法在现代社团治理中的意义——兼评长春亚泰足球俱乐部诉中国足协案》，《浙江社会科学》2004 年第 1 期。有关托依布纳之反思法理论，参见〔德〕贡塔·托依布纳《法律：一个自创生系统》，张骐译，北京大学出版社，2004。
② See Erhard Blankenburg, "The Poverty of Evolutionism: A Critique of Teubner's Case for 'Reflexive Law'", *Law & Society Review*, 18, 1984.
③ 参见北京市宣武区人民法院（2003）宣刑初字第 32 号刑事判决书，北京市第一中级人民法院（2003）一中刑终字第 345 号刑事裁定书。
④ 参见广西壮族自治区南宁市江南区人民法院（2001）江经初字第 3 号民事判决书。
⑤ 参见韦志明《论体育行业自治与法治的反思性合作——以中国足球协会为中心》，《体育科学》2016 年第 4 期。

对于中国足协自身而言，还是在法律上、理论上，皆无法对中国足协性质进行逻辑清晰的准确定位。一方面，目前的足球改革顶层设计以足协同政府脱钩为核心目标；另一方面，中国足协就自身是否为法定授权组织并不明晰，章程规定与司法主张各异，由此又导致了法律解释和理论研究的混乱。

我们可以对比与足球改革几乎同期进行的行业协会商会改革。实现行业协会商会与行政机关的真正脱钩，是2013年11月十八届三中全会提出的目标。2015年8月，也即《中国足球协会调整改革方案》出台前1个月，中共中央办公厅、国务院办公厅印发了《行业协会商会与行政机关脱钩总体方案》，要求"按照去行政化的要求，切断行政机关和行业协会商会之间的利益链条，建立新型管理体制和运行机制，促进和引导行业协会商会自主运行、有序竞争、优化发展"。中国足协作为足球领域的行业协会，理应遵循此一方案之基本精神。置身行业协会商会脱钩的大背景，我们显然能够更加深入地认识到本次足球改革的目的：厘清行政机关与行业协会的职能边界，让行业协会与政府部门彻底脱钩，斩断背后的利益链条，促进国家治理体系和治理能力的现代化。相比之下，《足改方案》和《中国足球协会调整改革方案》都没有"去行政化"的明确表述，这不能不说是一种遗憾。

两相对比，行业协会商会脱钩的步子迈得显然比足协改革大。2015年9月7日，民政部印发了《全国性行业协会商会负责人任职管理办法（试行）》。根据该办法，全国性行业协会商会负责人不设行政级别，不得由现职和不担任现职但未办理离退休手续的公务员兼任。然而，《中国足球协会调整改革方案》对改革后中国足协负责人法律地位的表述则充满矛盾："足球中心领导班子成员作为国务院体育行政部门代表进入中国足协工作，免去事业单位职务，按国家有关规定进行管理。"这一表述存在法律上自相冲突之处：既然免去相关人员"事业单位职务"，他们就应该不属于国家工作人员身份，但又如何作为"国务院体育行政部门代表"承担工作？

所以，对于中国足协之法律地位，我们必须在改革的背景下反思：我们为何需要改革？早有学者评论过："他是一个法律建立起来的主体，但更像一个游离于法律之外的'变色龙'，在行政监督方面，缺乏有效的监督，在司法监督方面，没有有效的权利救济。他一面是一个社团，另一面可以是一个事业单位，但同时又是一个不受法律制约的却拥有法律权力的执法者。他究竟是什么呢？既让人清楚，又让人糊涂，这就是使人踌躇的中国足协的法律主体地位。"[1] 所以，本次足球改革的目的，就是不能再使中国足协的法律地位继续保持面目不清的模糊状态，而是要像其他行业协会商会的改革一样，将中国足协彻底去行政化，其中也包含了领导班子的去行政化。由此，中国足协不宜被视为公法主体，不能让其承担其本不应承担的、与政府机关相同（或类似）的职能。否则，改革只能是一场换汤不换药的游戏，改革后的中国足协将不过是以另一种形式出现的足球运动管理中心而已。

二 政府的作用

中国足球管理体制从其诞生开始，就与西方足球管理体制存在本质区别。西方足球管理体制受分权制衡和民主政治的影响，是一种分权型的管理体制，而中国足球管理体制属于集权型管理体制，受国家政治体制、体育体制改革等政策影响及改革过程阶段性、渐进性及不完整性特征制约。[2] 现实的一种担心是，如果足协与政府彻底脱钩，在当前的现实环境下，没有政府力量介入的足球事务是否能够顺利运作？

事实上，在行业协会商会脱钩改革中，也遇到过类似疑问。有学者谈到行业协会商会不是断线的风筝，政府与行业协会商会之间既彻底脱钩，也存在密切联系：在脱钩之后，各行业主管部门与行业协会商会之间不存在上下级之间的行政隶属关系，但行业主管部门有权依法按照主体法定、职权法定、程序法定的法治政府原则，对行业协会商会进行政策和业务指导，并依法履行相关监管职责。[3] 同样，我们需要意识到，让

---

[1] 李赞乐：《中国足球协会法律主体地位研究》，载王小平、马宏俊主编《体育法学专题研究》，中国政法大学出版社，2012，第98页。
[2] 参见龚波《文明视野：中国足球的困境与出路》，北京体育大学出版社，2014，第130页。
[3] 参见陈磊《行业协会商会脱钩改革亟须立法保障》，《法制日报》2015年12月1日，第4版。

足协与政府脱钩、成为一个彻底的私法法人,与政府在足球改革中发挥其应有作用是两回事。前者来自法律规范维度,为足球自治提供了一个更广阔、更民主的法律基础,使得中国足协作为一个独立的社团法人,可以依据章程,在自治范围内行事。后者则来自于实践维度,展示的是政府指导、帮助的力量。政府可以在不妨碍中国足协独立活动的基础上,处理各种足协自身无法处理、协调和应对的事务。比如,《足改方案》所要求的"改革推进校园足球发展""普及发展社会足球""加强足球场地建设管理""加强足球产业开发"等,皆非中国足协在其自身行业自治范围内所能应对的工作。显然,在相当长一段时间内,足球改革要想顺利进行,特别是,中国足球国家队要想出成绩,都离不开政府的支持,中国足球必须依靠国家力量才能完成改革目标。但是,这并不以中国足协具有公法主体地位为前提。

三 监督、救济机制的建构

足球行业自治并不意味着其脱离法治,尤其是脱离法律上的监督机制。那么,对于定位为私法主体的中国足协,如何在不破坏足球行业自治,且在尽量遵循足球行业争端独立于司法审查之国际惯例的基础上,从法律上建构相关的足球监督与救济机制呢?需要从刑事监督、行政监管和私法上的社团罚救济机制三个维度来看这些问题。

(一) 坚守刑事监督的底线

首先应当明确的是,应当坚守足球行业刑事监督的底线。刑事管辖权是一国主权的体现,不应行业不同而不同。在这个意义上,无论是《国际足联章程》还是《中国足协章程》,都不能排除主权国家在足球领域的刑事管辖权。在世界范围内,作为"独立王国"的国际足联正在受到主权国家日益增多的法律挑战。根据瑞士法律,国际足联被认定为非营利组织,因此,对于任何贿赂指控,国际足联享有豁免权。但是,为了贯彻《国际商事交易中对外国公职人员反贿赂公约》(Convention on Combating Bribery of Foreign Public Officials in International Business Transactions)的要求,瑞士政府已经开始废除其对国际足联的联邦反腐败法规的豁免。① 美国《联邦刑法典》(18 U.S.C.§224) 专门规定了体育竞赛贿赂罪,由此成为美国司法部门在2015年夏天起诉国际足联高官受贿罪名的重要依据。② 在"南勇受贿案"中,辩护人提出,中国足球协会系社会团体法人组织,不具有国家公共事务管理职能,南勇以足协副主席身份从事各项事务过程中收受财物,不应认定为利用国家工作人员身份实施受贿犯罪。③ 在足协改革以后,特别是在足协负责人脱离公职人员身份后,这一意见将具有合理因素,相关行为将只构成"非国家工作人员受贿罪"。所以,无论从国际经验还是国内实践来看,公权力都不会放弃对足球事务刑事案件的司法管辖,在刑事案件中,足球自治没有边界。

(二) 依法接受行政监管

行政机关根据《社会团体登记管理条例》依法对中国足协进行监管。《中国足球协会章程》明确规定,《社会团体登记管理条例》同《民法总则》《体育法》一道,是协会章程制定的重要依据。因此,与其他社会团体一样,中国足协需要依法接受行业管理部门和登记管理机关的业务指导与监督管理。中国足协与行政机关脱钩不等于脱管,脱钩后同样应受到行政机关的依法监管。民政部门作为登记管理机关,应对脱钩后的中国足协进行事中和事后监管。由此,在中国足协的行业治理中,形成既包括党和国家自上而下推行的顶层制度设计,也包括中国足协在内部自下而上推行的草根制度设计。足球行业的外部法律制度体系将以《宪法》《民法总则》《体育法》《社会团体登记管理条例》为核心,既包括法律,也包括行政法规和部门规章;内生法律制度则以《中国足球协会章程》和自律规章制度为核心。

(三) 充分发挥私法上的社团罚救济机制

还需认识到,可以充分发挥私法上社团罚的救济机制,以解决足协处罚无法得到外部救济的困境。

---

① See Ryan J. Becker, "World Cup 2026 Now Accepting Bribes: A Fundamental Transformation of FIFA's World Cup Bid Process", *Int Sports Law J*, 13, 2013.
② 参见吕伟《从国际足联受贿案看司法长臂管辖权》,《检察日报》2015年6月9日,第3版。
③ 参见辽宁省铁岭市中级人民法院 (2012) 铁刑一初字第00020号刑事判决书。

我国法院涉体司法裁判显示，法院一般不受理以中国足协为被告的行政诉讼案件，但在民事诉讼上，法院保持开放的态度。① 早在1999年，因对中国足协作出的［体足字（1999）302号］"关于奥运会足球预选赛上海赛区假新闻事件的处理决定"不服，无锡市崇安区人民法院就审理过无锡日报社诉中国足球协会名誉侵权案。② 在"李根诉沈阳东进足球俱乐部有限公司劳动争议纠纷案"中，被告提出，根据《体育法》第32条第1款③、《中国足球协会章程》和《国际足联章程》，双方的争议只能由中国足协仲裁委员会处理，而不属法院受理范围，但法院仍然行使了积极的管辖权。④ 这些都说明，相比于行政诉讼介入上的保守，我国法院并不认同足球行业自治在民事领域有排除司法管辖的可能性。

由此可见，将中国足协定位为一个私法法人而非公法法人，能有效在行业自治与司法介入之间找到一个微妙的平衡：通过非公法法人之定位，可以有效排除中国足协受到国家行政司法审查的可能性；而作为私法法人，参与民事领域的司法诉讼构成中国足协平等参与市场活动之正当内容。国际足联反对国家干预足球事务的禁令更有可能是公法意义上的，这些年的实践也表明，国际足联从未就我国法院对足球民事纠纷的干预发表评论。

然而，既有法院民事介入之实践，缺乏在足协处罚救济上的成功经验。足协处罚更有可能属于社团罚而非行政处罚，其法理基础在于行业自治的生发机制：行业协会的自治权因其成员签订协会章程这一社会契约而产生，建立在成员同意的基础上。在"广州吉利俱乐部诉中国足球协会案"中，原告以中国足协下发的《关于对广州吉利对违规违纪的处罚决定》内容严重失实为由，提起名誉权侵权诉讼。中国足协在答辩书

---

① 参见赵毅《自治的黄昏？——从我国法院裁判考察司法介入体育的边界》，《体育与科学》2015年第5期。
② 参见高鸣《状告中国足协——代理无锡日报社与中国足球协会名誉侵权案一审诉讼前后》，《法学天地》2000年第4期。
③ 即"在竞技体育活动中发生纠纷，由体育仲裁机构负责调解、仲裁"。该条的问题是，我国目前并无相关体育仲裁机构。相关破解方案，参见董金鑫《论我国单独的体育仲裁法的制定》，《北京体育大学学报》2016年第3期。
④ 参见沈阳市铁西区人民法院（2013）沈铁西民四初字第1005号民事判决书。

中认为，广州吉利俱乐部无权起诉中国足球协会，因为无论是《国际足联章程》《亚洲足联章程》，还是《中国足球协会章程》，都排除了对争议的司法救济权，作为中国足球的所有会员和各足球俱乐部，均应承认和遵守上述三项章程的规定，不得将他们与协会之间以及他们彼此之间的争议提交法院解决。广州天河区法院最终驳回了原告的起诉，但并非基于被告答辩的理由，而是援用了《最高人民法院关于审理名誉权案件若干问题的解释》。根据这一解释，国家机关、社会团体、企事业单位对其内部人员作出的处理决定，当事人以侵害名誉权为由提起诉讼的，法院不予受理。[1]

法院在此案中的态度颇为微妙。显然，法院并不认同中国足协在答辩书中所列举的理由。如前所述，在民事纠纷中介入足球事务，我国法院已经早有先例。然而，在真正面对作为被告的中国足协、审查作为诉讼案由的足协处罚时，我国法院却采取了回避做法。设想，如果原告不是基于名誉权侵害提起诉讼，或者当时恰好没有此项司法解释，法院又该如何应对？究其原因，在于我国缺乏私法上合理的社团罚救济机制。

通说认为，社团罚即社团对社员之制裁，其处罚的条件、种类及程序，一般由基于社员合意而形成的社团章程的具体规定。[2] 社团处罚的目的一般是为了强行贯彻其行为规范，如一个体育俱乐部需遵守比赛规则，或者是为了除去那些长期不履行社团义务或损害社团的名誉或者行为违背社团宗旨的社员。德国联邦最高法院认为："社团有自己独立的处罚权，国家认可这个权力，社员要依章程的规定服从这个权力。"[3] 社团罚的内在生成逻辑在于行业自治权，而司法审查则是国家权力分立与制衡的产物，两者格格不入。所以有论者认为，试图将社团罚纳入司法审查的思维模式显然与中国社团改革的方向背道而驰。[4] 但是，社团罚拒绝带

---

[1] 参见郭树理《体育纠纷的多元化救济机制探讨——比较法与国际法的视野》，法律出版社，2004，第432~441页。
[2] 参见王泽鉴《民法总则》，北京大学出版社，2009，第156页。
[3] 〔德〕卡尔·拉伦茨：《德国民法通论》（上册），王晓晔等译，法律出版社，2003，第228页。
[4] 参见陈承堂《社团罚的合法性审思——武汉光谷足球俱乐部退赛事件的法理解读》，《武汉体育学院学报》2009年第7期。

有公权力因素的司法审查,并不意味着其不受国家司法权的管辖。德国联邦最高法院的大量民事裁判表明,法院不仅审查处罚是否有事实依据,处罚是否符合章程规定的程序,被处罚者是否依照法律规定被征求过意见,而且还审查有关的决议是否"显然不合理",或者是否违法或者违反了《德国民法典》第 826 条规定的善良风俗条款。① 简而言之,社团罚如果突破了比例及衡平原则,民事法庭就有权对其予以审查。②

在"南京安盛财务顾问有限公司诉祝鹃股东会决议罚款纠纷案"中,法院认为,公司章程在赋予股东会对股东处以罚款职权时,应明确规定罚款的标准、幅度,股东会在没有明确标准、幅度的情况下处罚股东,属法定依据不足,相应决议无效。③ 本案之判决对于足协处罚救济机制之引入,极具参考价值。无论就该案之股东会处罚,还是足协处罚,都并非公法意义上的处罚权,不能适用《行政处罚法》评价其合法性,而只能解释为一种私法意义上的团体自治性制裁权。④ 本案判决显示,我国法院支持社团成员在用尽社团内部救济途径后,向人民法院寻求法律保护。理想的路径包括:在宪法中规定包括足球处罚在内的社团罚之处罚权力来源——社团自治或私法自治;在民法中规定社团罚的范围、种类;在民事诉讼法中规定对社团罚的审查及仲裁方式。一个立体、全面的社团罚法律体系之建立,将从根本上妥适协调、处理足球行业自治与国家司法介入的关系。

四 解释结论

在本次足球改革背景下反思中国足协之法律地位,可以发现,存在"政社分开、依法自治"的改革目的和留恋于行政主体自我定位之困境,由此也导致《中国足球协会章程》中的"法律授权"条款与排除司法审

---

① 参见〔德〕卡尔·拉伦茨《德国民法通论》(上册),王晓晔等译,法律出版社,2003,第 228 页。
② 参见王泽鉴《民法总则》,北京大学出版社,2009,第 156 页。
③ 参见《南京安盛财务顾问有限公司诉祝鹃股东会决议罚款纠纷案》,《最高人民法院公报》2012 年第 10 期。
④ 参见蒋大兴《社团罚抑或合同罚:论股东会对股东之处罚权——以"安盛案"为分析样本》,《法学评论》2015 年第 5 期。

查条款出现了法律适用上的冲突。本质上,中国足协权力来源于成员一致同意通过的章程,是以社会契约为基础,应当定位为私法主体,作为社团法人发挥作用。将中国足协视为法定授权的组织,无论在法解释上还是理论上皆缺乏有效证明。中国足协的私法主体定位符合本次足球改革的目的,但并不意味着否定政府在足球改革中的作用。足球不是法外之地,《国际足联章程》和《中国足球协会章程》中的排除司法审查条款只能在中国足协定位为私法主体的背景下限缩解释为行政诉讼之排除,但刑事监督、行政监管和民事司法管辖皆客观存在,且已为我国法院裁判实践所确认。为了明晰中国足协的私法主体地位,建立基于私法上社团罚制度的救济机制,特此建议:(1)删除《中国足球协会章程》第3条第2款中有关"根据法律授权和政府委托管理全国足球事务"的表述;(2)要求包括主要负责人在内的中国足协全体工作人员脱离公务员编制和原有行政级别,并真正按照《中国足球协会调整改革方案》规定的那样,在中国足协与其全体工作人员之间,建立劳动合同关系;(3)通过立法或者法院判决,推动社团罚法律体系的建立,以解决足协处罚缺乏有效外部监督的困境。

第三章　内部治理：中国足协的内生机制建设

第一节　中国足协的内部治理体制

一　自治体制的要素

足球行业内生机制的建设源于其自身的自治性。按照 Margot Priest 的观点，自治体制的有效成立与运行体现于以下几个要素：第一，存在行业主体；第二，存在有效合作的历史；第三，具有行业中自我规范的资源；第四，行业的退出成本较高；第五，具有对被投诉者的评价机制；第六，对于违规行为存在处罚机制；第七，具有公平和充分的纠纷解决机制；第八，存在公众参与和监督机制。[①] 按照这样的标准，中国足球已经初步建立起了一套具有内在逻辑体系的、能够有效组织与运行的内生机制，特别是，中国足协为了实现和维护协会日常管理，架设了一整套管理机构并制定了一系列规章制度，极大增强了中国足协的自治能力与自治功效。

二　中国足协的管理架构

在管理机构架设上，中国足协初步建立起了协会内部的治理主体。当然，这些内部架构并非一蹴而成的，伴随着《中国足球协会章程》的修改，在不同时期它们的名称可能并不相同，职权范围有异。但总体来说，按照现代法治的观念看，中国足协的内部治理机构初步形成了权力

[①] See Margot Priest, "The Privatization of Regulation: Five Models of Self-Regulation", *Ottawa Law Review*, 29, 1997–1998.

机构、行政机构和司法机构的分立。

如果对比2005年版章程与2019年版章程，管理架构上的差别是显而易见的。在2005年版章程中，中国足协的最高权力机构是会员代表大会，执行委员会"在会员代表大会闭会期间行使会员代表大会职权，对会员代表大会负责"（第22条第1款），这是作为会员代表大会常设机构的定位，组成人员包括主席、副主席、秘书长、司库。职权有以下6项：（1）执行会员代表大会的决议；（2）向会员代表大会提议选举或罢免主席；（3）决定和筹备召开会员代表大会或特别会员代表大会；（4）向会员代表大会报告工作；（5）决定会员的吸收或除名；（6）决定其他重大事项。行政机构则为主席会议，根据该版章程第23条，主席会议执行会员代表大会和执行委员会的决定。在执行委员会闭会期间，处理本会的重要日常工作。职权包括以下9项：（1）执行会员代表大会和执行委员会的决定；（2）筹备召开会员代表大会；（3）决定会员的吸收或除名；（4）决定设立办事机构、分支机构、代表机构和实体机构；（5）决定副秘书长、各机构主要负责人；（6）领导本会各机构开展工作；（7）批准有关足球业务的各项计划、方针、政策；（8）批准各级国家队主教练和教练班子人选名单；（9）决定其他重要事项。在2019年版章程中，最高权力机构改称"会员大会"。执委会（而非2005年版章程中"执行委员会"的表述）则被明确定位为"会员大会的执行机构"（第34条），也不存在2005年版章程中有关在会员大会闭会期间行使其职权的表述。执委会成员包括主席、副主席和执委，第35条规定了16项职责（而非2005年版章程中"职权"的表述），其中基本囊括了2005年版章程中主席会议职权前6项。在2019年版章程中，"主席会议"的设置也消失了，第三章"组织机构"在第一节"会员大会"、第二节"执委会"后，第三节标题为"负责人"，只在该节下第46条规定了一个"主席办公会议制度"，指在执委会闭会时行使执委会职责、全面主持中国足协各项工作的会议决策机制。这显示，在2019年版章程设置的架构中，执委会而非"主席会议"已经事实上作为行政机构而存在，新设的"主席办公会议制度"则是作为行政机构的执委会的常设机构。秘书处作为行政机构下属办事机构的角色一直没有改变。

这种变化也会带来一些规则解释上的问题，比如现行《中国足球协会仲裁委员会工作规则》颁行于2009年，至今没有修订，其中有多处关于主席会议的规定。但在现行架构下，主席会议已经取消了，合理的解释只能是由现在的行政机构"执委会"或其闭会期间的常设机构"主席办公会议制度"接替。

专项委员会在2005年版章程中被定位为中国足协的职能机构，但在2019年版章程中被定位为中国足协的常设委员会和分支机构。实际上，除了仲裁委员会因为处理行内纠纷的需要而应被定性为司法机构外，其他专项委员会都是发挥行政职能的机构。2019年版章程与2005年版相比，在此部分较大的亮点还包括：（1）规定执委会还可以临时设立"特设委员会"，处理特殊任务，向执委会负责；（2）按照国际惯例增加了"道德与公平竞赛委员会"；（3）将纪律委员会、道德与公平竞赛委员会和仲裁委员会明确定位为"法律机构"，强调它们的特殊性。在第三章第五节"专项委员会和特设委员会"中，规定该三个委员会主任不能由执委会成员担任。第四章则专设"法律机构"章，规定该三个机构的设置。

特别值得注意的是，在中国的各种奥运会项目全国单项体育协会中，中国足协是较少的专门具有仲裁委员会这种常设纠纷解决机构的协会，也是唯一将仲裁委员会与纪律委员会分设的协会。这种架构受到了学者肯定，被认为"既体现了协会内部治理的法治精神，又成为中国各体育协会中的先行者和先进者"[①]。

三 中国足协的规则建设

在规章制度建设上，中国足协通过《中国足球协会章程》《中国足球协会纪律准则》《中国足球协会仲裁委员会工作规则》《中国足球协会职业联赛俱乐部准入条件和审查办法》《中国足球协会职业联赛俱乐部准入实施细则》《中国足球协会职业俱乐部准入规程》等一系列自治规则的制定与完善，有力保障了中国足球行业的制度化、法治化和民主化管理，

---

① 张春良：《体育协会内部治理的法治度评估——以中国足协争端解决机制为样本的实证考察》，《体育科学》2015年第7期。

以至于有学者认为,"到目前为止,在中国所有的单项体育协会中,中国足协在行业自治的建制方面做得最好"[1]。

从 2005 年起,中国足协开始为中超俱乐部制定中英文对照的《中国足球超级联赛俱乐部运动员工作合同》范本,所有俱乐部皆需签署该合同,并适用于俱乐部与外援的签约。[2] 2008 年,为配合《劳动合同法》实施,该合同范本又在社会保险、球员肖像权和取消球员试用期等方面进行了修改完善。[3] 2012 年,中国足协再次完善了该格式合同,沿用至今。[4] 尽管与国外一些体育强国的运动员标准合同相比,该合同范本还较为粗糙,但有效界定了运动员与俱乐部间的权利义务,"对于我国职业体育的法治化具有重要的意义"[5]。

本次足球改革以来,除了积极出台《中国足球协会 2020 行动计划》《中国足球改革发展试点工作的方案》等与足改相配合的政策文件外,中国足协的内部法规建设力度也非常大。在 2015 年 12 月、2017 年 1 月和 2019 年 8 月,第十届中国足球协会分别召开了第二次、第三次会员大会和第十一届中国足球协会第一次会员大会,先后三次修订了《中国足球协会章程》。2015 年 12 月,《中国足球协会球员身份与转会管理规定》出台,沿用了 6 年的原《中国足球协会球员身份及转会暂行规定》被废止,新规有关取消转会手续费、延长球员在合同期内选择下家的时间等规定颇受好评。[6] 与之相配套,同月又颁发了《关于调整港澳台球员转会政策

---

[1] 韦志明:《论体育行业自治与法治的反思性合作——以中国足球协会为中心》,《体育科学》2016 年第 4 期。

[2] 参见贾蕾仕《中超运动员新工作合同出台 赌球和假球列入其中》,网易体育,http://sports.163.com/05/0119/14/1AFDJF1E00051C8P.html,最后访问时间:2018 年 2 月 25 日。

[3] 参见顾晨《中超工作合同强调肖像权 郎效农卸任后拟定范本》,科技资讯网,http://www.cnetnews.com.cn/2007/1229/693537.shtml,最后访问时间:2018 年 2 月 24 日。

[4] 该合同范本共计 14 条,包括合同期限,工作安排,生活、工作条件和健康保护,教育培训,工作时间,肖像权使用,工资和奖金,福利待遇,义务和纪律,工作合同的解除与不得解除,工作合同终止,违反工作合同的责任,合同争议,其他。另外,允许运动员与俱乐部就格式合同的未尽事宜签订补充协议,但补充协议不能涉及任何薪酬问题。

[5] 参见周青山《职业体育运动员工作合同的美国特色与中国前景》,《武汉体育学院学报》2015 年第 11 期。

[6] 参见王浩明、公兵《解读中国足球新"劳动法"五大变化》,新华网,http://www.bj.xinhuanet.com/bjyw/2016-01/04/c_1117659367.htm,最后访问时间:2018 年 3 月 1 日。

的通知》，2016年3月则颁发了《中国足球协会职业俱乐部工作合同基本要求》。2017年4月，发布《关于足球运动员联合机制补偿与培训补偿相关情况的说明》。2018年1月，《中国足协关于调整青少年球员转会与培训补偿标准管理制度的实施意见》又对《中国足球协会球员身份与转会管理规定》中的相关条款进行了调整与补充。2016年4月、2017年3月、2018年3月和2019年2月，中国足协四次修订了《中国足球协会纪律准则》。2016年4月，又出台了《中国足球协会注册管理规定》，废除了2007年以来一直沿用的《中国足球协会注册工作管理暂行规定》。2016年5月，与国际足联废止《国际足联球员经纪人规程》并代之以《国际足联代理人规程》相一致，中国足协出台了《中国足球协会球员代理人管理暂行规定》，废除原有的《中国足球协会球员经纪人管理办法》，这标志着中国球员代理人制度正式确立。[①] 2018年2月，《中国足球协会球员代理人管理规定》正式取代了《中国足球协会球员代理人管理暂行规定》。2016年10月，中国足协下发《中国足球协会职业俱乐部转让规定》，其中存在实现俱乐部属地化、股权多元化、名称中性化诸多亮点。[②] 2017年5月，中国足协先后发布《关于调整中超、中甲联赛U23球员出场政策的通知》《关于限制高价引援的通知》，亦在业界引发广泛关注。[③]就后者，又于2018年2月发布了《关于执行收取引援调节费相关工作的补充规定》。另外，《中国足协裁判人员选派工作管理细则（试行）》《各级国家足球队运动员、教练员选拔与监督办法细则（试行）》《中国足球协会青少年足球运动员骨龄参赛管理办法》《中国足球协会足球运动员技术等级管理办法》《中国足球协会足球运动员等级标准》等也先后出台。2018年12月，中国足协下发《关于转发并执行〈中超俱乐部财务约定指

---

① 相关评论，参见董双全《中国足协代理人新规实施面临挑战——〈国际足联代理人规程：各国实施报告〉出版后记》，体育与法律研究中心，http：//www.chinasportslawyer.com/newsitem/277573524，最后访问时间：2018年2月21日；李修超《中国足球协会球员代理人暂行规定》有关问题的意见和建议，德衡商法网，http：//www.deheng.com.cn/ywly/info/7900? code = yingshi_ tiyu，最后访问时间：2018年2月21日。
② 相关评论，可参见李原《〈职业俱乐部转让规定〉，将影响中国足球产业未来》，搜狐网，http：//www.sohu.com/a/118017355_ 415197，最后访问时间：2018年2月21日。
③ 参见陈蔚《中超新政——重金引援受限U23球员保送上场》，"体育与法"微信公众号，2018年1月25日，最后访问时间：2018年2月21日。

标（2019—2021）〉的通知》《关于转发并执行〈中甲俱乐部财务约定指标（2019—2021）〉的通知》《关于转发并执行〈中乙俱乐部财务约定指标（2019—2021）〉的通知》，并印发了《中国足球协会职业足球俱乐部财务监管规程（2019年版）》，引发社会广泛关注，标志着中国足球"四帽"（注资帽，薪酬帽，奖金帽，转会帽）新政的正式出台。

虽然按照严格的法律不能朝令夕改的法治思维看，无论是中国足协章程、纪律处罚准则还是一些具体规定，变动都过于频繁，但这恰好也反映了行业自治注重效率、灵活性强的优势，而且，总体上保证了及时透明的公开和规则可获得上的便捷度。这对一个行业的良善治理来说，至关重要。当然，也有一些规则根本无法查阅，比如现行《中国足球协会章程》第46条规定，主席办公会议依据《中国足球协会主席办公会议规则》召开并工作，但目前无法在公开渠道查阅到该项规则。

四　足球行业内部治理中的自治与法治

显然，任何行业的内部治理，都无法脱离法治的视野。国际奥委会主席巴赫曾精辟论述过体育行业内部治理的意涵。在巴赫看来，体育自治包括了自由组建体育组织、协会和俱乐部的权利，体育组织必须能决定它们自身之结构与程序，必须有权制定具体的体育规则，界定并维护其价值理念。在所有的社会界别中，也只有体育实现了规则与伦理上的全球化：基于公平竞赛原则的自治规则适用于全世界的运动员。这些规则由体育自治机构实施、创造，并有助于保障协会和运动员的竞争力。然而，巴赫也强调，这些自治规则必须符合一般法律前提，而不是要去创造一个立法真空或平行机构。[①]

瑞士学者Michaël Mrkonjic构建过一个足球行业内部治理的金字塔形结构：一个足球运动员是他所在俱乐部的一员，这个俱乐部是一个国家协会的成员，并且这个国家协会是一个大洲协会（如欧足联）和全球性协会即国际足联的成员。足球管理机构给职业足球运动员颁发牌

---

① 参见〔德〕托马斯·巴赫《多样中的团结：尊重、责任、信誉——在2009年哥本哈根奥林匹克大会上的演讲》，潘霞译，《体育文化导刊》2010年第11期。

照，以使他们可以从事足球运动，但仅仅颁发给那些遵守比赛规则的人。因此，国际足联和欧洲的欧足联决定了每个俱乐部和运动员必须遵守的规则。① 但是，无论对于国家足联还是欧足联，它们的行动都并非没有限制。Michaël Mrkonjic 指出，对于欧盟来说，它为体育组织实现自治提出了一个明确要求，即不能违反欧盟法。一般而言，只要这些规则是追求正当的体育目标且没有超过必要范围，就不能视为违反了欧盟法。②

以上论述皆已说明，法律对于体育行业内部治理的介入与关注是非常谦抑与有限的。正如向会英揭示的那样，虽然以德国为代表的国家司法机关对体育自治的质疑从未间断过（2015 年的 Pechstein 诉德国冰联、国际冰联案就是一个最新例子，慕尼黑地方高等法院宣告当事人约定的仲裁条款无效，并宣告 CAS 的仲裁裁决违反公共秩序，不予执行），以及瑞士联邦法院支持了相当不服 CAS 裁决上述的案件（如在 2012 年以"违反瑞士公共政策"为由，驳回了 CAS 对球员马图扎伦反对国际足联决定的裁决），但这种国家法治对体育自治的干预并不会从根本上影响体育自治③，而只会更加促进体育组织加强自己的内生机制建设，在起草和运用规则章程时，更为规范自身并尊重法律。

然而，厘清法治在足球行业自治中的介入程度，即到底哪些自治规则符合或违反了法治原则，并不容易。即使就欧洲法院而言，可供我们学习的也只是从过往不同案例中提炼而来的经验，但它并未对每一种自治规则是否合法提供事无巨细的指导。就中国足协的内生机制而言，对到底哪些规定是合乎法律的，哪些又将在法治的审视下存在问题，同样缺乏相应的考察。由此，以下三节将从近年来发生的一些案例出发，从实体与程序不同侧面研究中国足球内部治理的特色及法律规制可能，并评估相关机制的

---

① See Michaël Mrkonjic, *Sports Orgnisations, Autonomy and Good Governance*, in Jens Alm ed., *Action for Good Governance in International Sports Organisations*, Play the Game/Danish Institute for Sports Studies, 2013, p. 139.

② See Michaël Mrkonjic, *Sports Orgnisations, Autonomy and Good Governance*, in Jens Alm ed., *Action for Good Governance in International Sports Organisations*, Play the Game/Danish Institute for Sports Studies, 2013, p. 137.

③ 参见向会英《体育自治与国家法治的互动——兼评 Pechstein 案和 FIFA 受贿案对体育自治的影响》，《上海体育学院学报》2016 年第 4 期。

法治化程度，以为中国足球行业内生机制的良性发展提供建议。

第二节　独立于劳动法规制模式的足球行业自治

一　足球行业与劳动法规制模式

足球运动离不开踢球的运动员，球员构成了足球运动最重要的主体。《中国足球协会章程》第6条就是专门的球员条款："（一）本会根据国际足联的有关规定，制定球员身份与转会的规则，对球员身份进行管理。（二）球员根据本会的规定进行注册。"这意味着，在足球行业自治体系中，球员的身份和关系扮演着重要角色。在足协的一系列内部治理文件中，《中国足球协会球员身份与转会管理规定》《中国足球协会职业俱乐部工作合同基本要求》《中国足协关于调整青少年球员转会与培训补偿标准管理制度的实施意见》等皆可称最为反映足球行业自治特色的规则。所以，如果立基于中国的法律体系，对足球行业内部治理进行合法性考量，经常出现的问题就是：球员是劳动者吗？还是更为特殊的一种身份？球员与俱乐部之间签订的合同适用于《劳动合同法》吗？如果出现与合同有关的争议，是适用《劳动争议调解仲裁法》中的纠纷解决模式还是另选办法？这里，如果采取肯定回答，或者在主要采纳肯定态度的前提下，承认足球行业一定的特殊性，都可以称为劳动法规制模式的观念。这意味着，中国足球与球员身份相关的所有内部规则都需要纳入劳动法体系下进行考量，经历劳动法的合法性审视。我国主流观点即认为，虽然人力资源上具有不同于一般劳动者的特征，但作为特殊的劳动者，足球运动员与俱乐部之间是劳动关系，应当纳入劳动法保护范围，由此在实体上，应当保障球员包括就业自由等在内的各种劳动权益，在程序上将双方争议纳入劳动争议处理程序。[①]

然而，从我国足球实践中不同案件反映出的解释路径看，传统的劳

---

① 参见侯玲玲、王全兴《我国职业足球运动员的劳动者地位和劳动法保护》，《当代法学》2006年第4期。

动法规制模式对中国足球行业所起的作用有限。整体上看,尽管不能说游离于国家法律监管之外,但中国足球的行业自治的确显示出一种独立于劳动法规制模式的特色,劳动法规制模式对足球行业所起到的作用并没有想象的那么大,其他规制模式——比如体育法、竞争法、合同法等规制模式可能扮演着更为重要的角色。①

二 职业俱乐部工作合同的性质

(一)法院裁判的立场

按照《中国足球协会职业俱乐部工作合同基本要求》的界定,职业俱乐部工作合同主要指球员、教练员及其他工作人员与俱乐部签订的合同。这种合同到底是否为劳动合同,并由此适用《劳动合同法》规制,一直是我国理论和实务界争议的问题。在比较法上,也不存在统一的认识和做法。② 过去由于相关司法裁判非常少,法院的观点很难获得。但后来沈阳东进足球俱乐部发生的一系列案件为我们提供了可以观察的裁判立场。

---

① 有趣的是,在贝洛夫等谈到的与体育相关的法律的基本框架中,有合同创设的权利义务、体育组织规则、刑法、侵权法、公法、有关公共安全和公共秩序的单行成文法、欧洲共同体法和欧洲人权公约,但并无劳动法。(参见〔英〕米歇尔·贝洛夫、蒂姆·克尔、玛丽·德米特里《体育法》,郭树理译,武汉大学出版社,2008,第18~40页。)还有学者指出,对于欧盟而言,规制体育活动的法律基础主要就是《欧洲共同体条约》的四个"基本自由原则"和竞争法。(参见赵治龙《比较法视野下的职业运动员法律性质研究——基于体育法、劳动法与反垄断法的协同调整》,载《人大法律评论》编辑委员会组编《人大法律评论》(2014年卷第1辑),法律出版社,2014,第302页。)

② 1978年,意大利米兰法庭的检察官在一起球员转会案件中,指控多个俱乐部经理违反了劳动法,但意大利最高法院裁决,劳动法不能适用足球运动员的转会。后来制定的职业体育91/1981法案则对体育劳资合同进行了不同于劳动法框架的规定。(参见苏辛格《意大利体育法初探》,硕士学位论文,湘潭大学,2007,第5页。)我国台湾地区"劳动基准法"上的"劳工"不包括"职业运动业之教练、球员、裁判人员。"(参见黄越钦《劳动法新论》,翰庐图书出版有限公司,2012,第131页。)日本法学界在此问题上的分歧,可参见周爱光《日本体育法学的发展及研究动向》,载中国法学会体育法学研究会编《中国体育法学十年(2005—2015)》,中国法制出版社,2016,第251~252页。在西班牙,职业运动员合同适用皇家1006/1985法案而非一般劳动法;比利时亦适用1978年2月24日颁布的专门法案;但在俄罗斯,适用《俄罗斯联邦劳动法典》。(参见Lucio Colantuoni、Edoardo Revello、Andrea Cattaneo《足球教练(经理)合同的特性与解除——国际视野下的比较研究》,唐勇、吴方圆译,《体育科研》2015年第3期。)巴西的体育法——《贝利法》将职业体育运动员合同明确界定为劳动合同。(参见黄世席《巴西体育法律规制介评》,《河北法学》2003年第4期。)

首先看系列案件中名气最大的"李根案"。根据李根与沈阳东进足球俱乐部签订的运动员工作合同第12条，双方如有争议，只能向中国足协仲裁委员会申请仲裁。2013年，李根向中国足协仲裁委员会提交仲裁申请后，后者裁决解除了双方的工作合同，但对李根提出的追讨薪金的申请，不予受理。李根后向沈阳市劳动人事争议仲裁委员会申请仲裁，亦因不属于劳动人事争议仲裁事项而不予受理。2014年，李根向沈阳市铁西区人民法院起诉。被告提出，双方的合同纠纷"属于体育竞技领域，是特殊的球员与俱乐部的合同纠纷，法律适用必须履行中国足球协会及其在加入国际足联时所作出的承诺，球员和俱乐部任何一方不能求助于普通法庭，禁止向地方法院寻求任何形式的处理，包括临时措施"。铁西区法院支持了被告的立场，并依据《体育法》第32条"在竞技体育活动中发生纠纷，由体育仲裁机构负责调解、仲裁"的规定，认为该纠纷不属于人民法院受理民事诉讼的范围，驳回了原告的诉讼请求。[①]

宣判后李根不服提起上诉，理由是双方当事人之间的纠纷是拖欠劳动报酬引发的纠纷，属于劳动纠纷，而非"竞技体育活动中"发生的纠纷，不应适用《体育法》第32条，而应适用劳动法规定。被上诉人再次辩称，中国足球协会仲裁委员会依法仲裁中国足球领域内发生的行业纠纷，其裁决是终局裁决。上诉人作为中国足球协会注册的运动员，选择中国足球协会仲裁委员会作为争议解决机构，应当遵守足球协会章程，将纠纷提交该仲裁委员会裁决，不应向人民法院寻求救济。与铁西区法院的论述思路完全不同，沈阳市中院并未纠结于《体育法》第32条何为"竞技体育活动中"的界定，而是直接从《劳动法》《劳动合同法》的相关规定出发，认为现行法律法规并未排除职业运动员适用这两个法律。从双方签订的运动员工作合同主要条款来看，包括合同依据、工作内容、工作时间和休息休假、劳动报酬、工作保障、业务和纪律、经济补偿等，这些内容符合《劳动合同法》规定的劳动合同的基本条款。上诉人是职业足球运动员，接受被上诉人的管理、训练，接受被上诉人的安排参加比赛，从被上诉人处获得报酬，双方之间的关系符合劳动关系的特征。

---

① 参见沈阳市铁西区人民法院（2014）沈铁西民四初字第1000号民事裁定书。

现上诉人因支付工资、补偿金、社会保险与被上诉人发生争议，该纠纷属于劳动纠纷。基于此，沈阳市中院认为一审适用《体育法》第32条属法律适用错误，撤销了一审法院判决，并指令其对本案再审。①

2015年，沈阳市铁西区人民法院再审受理本案，基于《劳动合同法》第2条，认为该项争议为劳动争议，支持了李根的薪金请求。② 被告上诉后，沈阳市中院认为我国现行法并未排斥职业足球运动员适用劳动法，且运动员工作合同条款与《劳动合同法》的规制内容一致，驳回了上诉。③

接下来又有宋佳俊、张梓健、唐雨晨、张严杜柯、陈禹杭、范伟翔、黄涛、于廷瀚、曲南男、刘博贤等球员向沈阳东进足球俱乐部提起社保给付请求。沈阳市铁西区法院认为，因双方工作合同约定，应先提交中国足协仲裁委员会仲裁，由于其未经该仲裁程序而诉至法院，违背了诚信原则，裁定驳回起诉。④ 沈阳市中院则认为沈阳市铁西区法院适用法律错误，因为只要劳动者经过了劳动争议仲裁委员会的前置程序，就有权向法院提起诉讼。⑤

---

① 参见沈阳市中级人民法院（2015）沈中民五终字第578号民事裁定书。
② 参见沈阳市铁西区人民法院（2015）沈铁西民四初字第01195号民事判决书。
③ 参见沈阳市中级人民法院（2016）辽01民终字第1986号民事判决书。
④ 参见沈阳市铁西区人民法院（2015）沈铁西少民四初字第00203号民事裁定书；沈阳市铁西区人民法院（2015）沈铁西民四初字第01694号民事裁定书；沈阳市铁西区人民法院（2015）沈铁西少民初字第00202号民事裁定书；沈阳市铁西区人民法院（2015）沈铁西民四初字第01662号民事裁定书；沈阳市铁西区人民法院（2015）沈铁西少民初字第00193号民事裁定书；沈阳市铁西区人民法院（2015）沈铁西民四初字第01693号民事裁定书；沈阳市铁西区人民法院（2015）沈铁西民四初字第01691号民事裁定书；沈阳市铁西区人民法院（2015）沈铁西民四初字第01658号民事裁定书；沈阳市铁西区人民法院（2015）沈铁西民四初字第01661号民事裁定书；沈阳市铁西区人民法院（2015）沈铁西民四初字第01692号民事裁定书。
⑤ 参见沈阳市中级人民法院（2016）辽01民终4140号民事裁定书；沈阳市中级人民法院（2016）辽01民终1939号民事裁定书；沈阳市中级人民法院（2016）辽01民终4149号民事裁定书；沈阳市中级人民法院（2016）辽01民终1937号民事裁定书；沈阳市中级人民法院（2016）辽01民终4145号民事裁定书；沈阳市中级人民法院（2016）辽01民终1952号民事裁定书；沈阳市中级人民法院（2016）辽01民终1948号民事裁定书；沈阳市中级人民法院（2016）辽01民终1972号民事裁定书；沈阳市中级人民法院（2016）辽01民终1979号民事裁定书；沈阳市中级人民法院（2016）辽01民终1936号民事裁定书。

整体上看，对于职业俱乐部工作合同，与基层法院较为松动的支持体育自治的立场相比，沈阳中院持非常严格的劳动法规制观点。然而，辽宁省高院对"李根案"的介入，促使沈阳市中院的立场发生转变。2017年，经沈阳东进足球俱乐部申请，辽宁省高院裁定沈阳市中院再审"李根案"。沈阳市中院认为，双方就争议解决方式达成了仲裁协议，该协议符合《体育法》第32条的规定，人民法院对本案没有管辖权，由此驳回了李根的起诉。①

在2017年的"张连洋案"中，沈阳市中院的立场转变被更清晰阐明出来。张连洋系根据沈阳市体育运动学校足球分校与沈阳东进足球俱乐部签订《合作协议》派驻后者的梯线队教练员，诉请后者支付拖欠的工资等若干。沈阳市铁西区法院以其证据不足以证明双方劳动关系为由，判决驳回原告诉讼请求。② 显然，沈阳市铁西区法院此处完全运用的是典型的劳动法思维模式。但是，沈阳市中院首先就指出，此案争议焦点为双方因工作发生的纠纷是否属于人民法院民事案件受理范围的问题。这一分析模式在此前沈阳市中院审理的诸多球员合同中从未出现过。然后，法院展开了基于体育法——而非劳动法思维的逐步论证过程。（1）根据《体育法》第35条，"国家鼓励、支持体育社会团体按照其章程，组织和开展体育活动，推动体育事业的发展"，中国足协基于其章程开展体育活动具有合法性基础。（2）根据《中国足球协会章程》，在中国足协或其会员注册的教练员和俱乐部应承诺遵守《中国足球协会章程》及有关规定。在本案中，沈阳东进足球俱乐部是在中国足协注册的职业足球俱乐部，张连洋是经中国足协注册为东进俱乐部的教练员，双方当事人应当遵守《中国足球协会章程》的规定。（3）根据《中国足球协会章程》相关条款，足协仲裁委员会负责处理中国足协管辖范围内与足球运动有关的行业内部纠纷，管辖范围内的足球组织和足球从业人员不将任何争议诉诸法院。《中国足球协会仲裁委员会工作规则》则规定，仲裁委员会受理案件包括足球俱乐部与足球球员、教练员相互间就注册、转会、参赛资格、

---

① 沈阳市中级人民法院（2018）辽01民再32号民事裁定书。
② 参见沈阳市铁西区人民法院（2016）辽0106民初字7190号民事判决书。

工作合同等事项发生的属于行业管理范畴的争议。（4）本案纠纷属于足球俱乐部与足球教练就工作发生的争议，属于中国足球协会仲裁委员会受理范围，故张连洋应将本案纠纷提交中国足协仲裁委员会裁决，其处理结果为最终结果，而不应诉诸人民法院。最终，法院得出两个结论：第一，张连洋与俱乐部之间纠纷的争议解决方式排除人民法院管辖，符合足球行业特点，符合《体育法》规定；第二，因足球行业属于特殊行业，足球教练员与俱乐部之间属于特殊的劳动关系，根据特殊优于一般的原则，本案双方之间纠纷解决方式应适用《体育法》，而不适用《劳动争议调解仲裁法》。因此，沈阳市中院裁定撤销原审判决，驳回原告上诉。[①]

在沈阳东进足球俱乐部系列案之外，还可考察在大连发生的"孙国文案"。这是大连阿尔滨足球俱乐部起诉孙国文，要求其履行双方签订的运动员工作合同的案件。在大连金州新区劳动人事争议仲裁委员会对此作出不予受理决定书后，一审、二审法院皆依据劳动法的法律适用定位相继作出了不利于原告的判决。[②] 二审法院的一些判断也非常值得留意。比如，法官在二审判决中直接亮明了对球员合同性质的立场："双方当事人签订的工作合同属劳动合同，合法有效。"对于工作合同中要求在合同期满前10个月书面通知续约，否则视为自动续约1年的条款，二审认为"该条款符合足球行业的特点，并不违反法律的禁止性规定，也未排除某一方的权利，系双方当事人自愿签订，并不存在无效情形"。与上述沈阳的法院或者是完全的体育法思维，或者是完全的劳动法思维进行判案的逻辑不同，孙国文案的裁判逻辑是在劳动法体系下尊重体育行业自治的思维。另还可观察"孙某诉上海B联盛足球俱乐部有限公司案"，法院亦定性为劳动合同纠纷，适用的是劳动争议处理模式。[③]

[①] 参见沈阳市中级人民法院（2017）辽01民终6076号民事裁定书。
[②] 但需要注意的是，一二审的论证理由并不相同。参见大连经济技术开发区人民法院（2016）辽0291民初706号民事判决书，大连市中级人民法院（2016）辽02民终3691号民事判决书。
[③] 参见上海市浦东新区人民法院（2011）浦民一（民）初字第22837号民事判决书，上海市第一中级人民法院（2012）沪一中民三（民）终字第1759号民事判决书。

(二) 理论上的争鸣

我国理论界对于职业俱乐部工作合同，并未像一些法院那样，持绝对的劳动法思维模式，而是在坚持这种合同属于劳动合同的基础上，承认其基于足球行业属性的特殊地位。但是，这种论证模式存在相当大的话语逻辑撕裂。

先看我国劳动法学者早期的一个代表性观点。在承认职业足球运动员有较大区别于一般劳动者的特殊性同时，学者试图证明为何职业足球运动员仍然属我国劳动法中的劳动者，这体现为四点：（1）职业球员年龄符合法定最低就业年龄；（2）俱乐部是企业法人，属劳动法规定的用人单位；（3）职业球员与俱乐部须签订工作合同，其属于劳动合同；（4）球员须遵守俱乐部规章制度，服从其工作安排。[①] 然而，很难说这是经过了充分论证的理由。直接由此断定球员工作合同为劳动合同，并以此作为球员属劳动者的支撑条件，并无逻辑可言。按照这样的推理，是否也可以认为，因为劳务提供者与用人单位签订的雇佣合同属于劳动合同，所以劳务提供者就是我国劳动法上的劳动者？这显然是荒谬的。[②]《劳动法》第 16 条对劳动合同下的定义是："劳动合同是劳动者与用人单位确立劳动关系、明确双方权利和义务的协议。"显然，对劳动合同的认定建立在对劳动者认定的基础上。那么，就不能以某种合同属劳动合同来证明该合同签订者的劳动者地位。所以，一旦无法论证为何球员工作合同是劳动合同，就无法肯认劳动法规制球员工作合同的正当性。

同样持"劳动合同说"的我国两位体育法学者韩勇与罗小霜的论证模式也值得关注。韩勇在一篇有影响力的论文中指出，之所以球员与俱

[①] 参见侯玲玲、王全兴《我国职业足球运动员的劳动者地位和劳动法保护》，《当代法学》2006 年第 4 期。

[②] 一些论证模式恰恰就混淆了劳动合同与雇佣合同的区别。一方面说，"运动员与俱乐部之间订立的工作合同与劳动合同的特征是相符的，运动员加入俱乐部后，完成的工作即是向俱乐部提供了劳动力—劳动技能，依俱乐部按运动员技能水平及表现向运动员提供工资、奖金、津贴及其他福利待遇"；另一方面又说，"从施行体育职业化制度较早的一些国家法律来看，也是将俱乐部与运动员的合同关系视为雇佣劳动关系"。（参见王存忠《对运动员转会行为的法律调整》，《山东体育学院学报》1996 年第 4 期。）

乐部双方为劳动关系,主要是因为司法实践中,这方面的纠纷都采劳动争议仲裁或司法诉讼途径解决,裁决适用的亦是劳动法律法规。[①] 但是,前述案例考察显示,法院就此也有不同立场,各地劳动争议仲裁委员会更是越来越不倾向于受理球员合同纠纷。然而,韩勇的论文并不意在论证球员工作合同如何具备劳动合同的性质,反而是在从合同解除角度着力论证其特殊性。韩勇敏锐地看出,职业球员人数有限,相关问题很难进入劳动合同法视野,因此在面临限制球员随意解除合同的足球行业规则和《劳动合同法》保障的提前30天通知即可任意解除合同规则的冲突上,现实的做法是通过修改《体育法》和在项目协会建立标准球员合同模板,明确职业球员的特殊性。[②] 这种思路实质上走向的是"去劳动法"规制球员合同的思路。罗小霜的论证则更为激进。虽然将球员合同直接称为"劳动合同",并承认这种合同纠纷属于《劳动合同法》的调整范围,但罗小霜着力论证的是《劳动合同法》中相当多规定无法适用于足球行业的部分,包括:足球行业无试用期;足球行业不存在签订无固定期限劳动合同的情况;自由解除合同有限制;不适用各地人社部门的劳动合同范本等。最后,罗小霜亮出了底牌:面对劳动法与足球行业规则的冲突,在遵循《劳动合同法》基本原则与精神的基础上,优先适用足球行业规则。[③] 罗小霜所列举的这些特殊性几乎已经可以抵消掉《劳动合同法》上主要的强制性规则了,无外乎罗小霜最后认为《劳动合同法》所能对足球行业规制的,仅剩基本原则和精神了。有人更是指出,《劳动合同法》对球员合同出现大量"不适症",这正是足球领域该项合同归国家足协、国际足联乃至CAS管辖并适用国家足协和国际足联规则

[①] 参见韩勇《职业球员劳动合同解除研究》,《河北师范大学学报》(哲学社会科学版) 2013年第6期。在《体育法的理论与实践》一书中,韩勇谈到了界定为劳动合同说的原因,包括:(1) 劳动法的规定更为明确具体,可以更好明确双方权利义务;(2) 运动员处于弱势地位,可以更好约束俱乐部严格执行劳动法。参见韩勇《体育法的理论与实践》,北京体育大学出版社,2009,第260页。但是,这里仍然没有对为何运动员属劳动者、球员工作合同本质上具有劳动合同属性作出回答。

[②] 参见韩勇《职业球员劳动合同解除研究》,《河北师范大学学报》(哲学社会科学版) 2013年第6期。

[③] 参见罗小霜《论职业球员合同解除的体育性正当理由》,《体育科研》2014年第6期。

的原因。① 所以，一些学者坚持的"劳动合同"称谓，可能只是一种为了政治正确的策略与礼貌而已。

就"张连洋案"所涉之足球教练员合同，有学者认为它虽然具有劳动合同特征，但不能全盘适用对弱势劳动者予以倾斜保护的劳动法，因为它不符合体育人才的稀缺性和市场高度竞争之行业特征，而只是具有体育行业特殊规律之劳动关系。② 与国内学者模棱两可的态度相比，有外国学者直接指出，教练与俱乐部的关系一般认定为雇佣关系。③

朱文英是旗帜鲜明提出职业俱乐部工作合同非劳动合同说的学者。朱文英认为，运动员基于其提供服务的高度技术性和不可替代性，很难说其相较于俱乐部处于弱势和从属地位，而是具有平等地位，定性为雇佣合同更为合适。因此，对于球员工作合同，朱文英认为用《合同法》（现《民法典》合同篇）的规制模式更为合适。④ 杨天红在商榷中指出，无论在任何一个行业，劳动者都是其中的主体，职业足球市场也不例外，就如高校教师与某些球员一样，虽属高端人才，但与用人单位之间亦属劳动关系。⑤ 然而，这种观点可能只是一种泛劳动者、泛劳动法的理想。高校教师属于事业单位工作人员，在我国长期适用人事合同和劳动合同

---

① 参见王小平、崔咪《阿联酋航空公司足球俱乐部诉球员哈桑无正当理由单边解约案评析》，载马宏俊主编《体育法案例评析》，中国政法大学出版社，2017，第59页。
② 参见陆扬逊《教练员合同解除问题研究——以国际体育仲裁院裁决为样本》，《武汉体育学院学报》2018年第1期。
③ 参见 Lucio Colantuoni、Edoardo Revello、Andrea Cattaneo《足球教练（经理）合同的特性与解除——国际视野下的比较研究》，唐勇、吴方圆译，《体育科研》2015年第3期。该文指出的比较法状况亦值得观察：瑞士法上，这种合同适用《瑞士债法典》；在意大利，由专门的职业体育91/1981法案规制；在葡萄牙，则是专门的第40/2012法案；在比利时，与运动员合同同样由1978年2月24日的法案规制。这些都是独立于劳动法的规制模式。但在俄罗斯，则适用于《俄罗斯联邦劳动法典》的指令；在巴西，也主要受一般劳动法调整。在西班牙，学说上对教练合同到底受一般劳动法规制，还是与职业运动员一样受皇家1006/1985法案调整存在争议，法院和仲裁院支持后一种观点，认为教练基于负责提供关系球员发展的服务且对俱乐部发展至关重要而属职业运动员范畴。
④ 参见朱文英《职业足球运动员转会的法律适用》，《体育科学》2014年第1期。其他持雇佣合同说观点参见梁慧星《中国是否需要体育产业法》，《市场报》2001年11月15日，第8版；蔡晓卫、唐闻捷《体育雇佣关系的定位和法律调整模式》，《北京体育大学学报》2005年第9期。
⑤ 参见杨天红《论职业运动员与俱乐部间法律关系的定位——与朱文英教授商榷》，《中国体育科技》2015年第3期。

双轨制的背景下①，并不受劳动法而是受人事法规制。更不用说与劳动法几无关系的公务员了。那么，对于职业球员是否可以依《劳动合同法》第 37 条，以提前 30 日书面通知的方式行使任意解除权的问题，劳动合同论者如何协调呢？杨天红的思路是，球员可以自由按照《劳动合同法》行事，并与新俱乐部签订合同，但足协可以此种做法违反了足球行业规则为由而对其不予注册，运动员因此不能代表新俱乐部上场比赛。② 另有学者则说："从职业运动员的特殊劳动者身份和国内外职业体育界的实践惯例来看，答案显然是否定的。"③ 这里的论调与足球行业规则优先于劳动法的观点并无本质区别。在限制球员自由流动的足球行业规则面前，旨在赋予劳动者合同任意解除权的劳动法并无颠覆性的解决办法。

（三）小结：足球行业固有的特殊类型合同

总体上看，将球员工作合同解释为劳动合同，并将之适用劳动法规制的方法，在逻辑上并不自洽，特别是无法解释为何它作为"劳动合同"，却反而要适用与《劳动合同法》存在实质冲突的行业规则。在前述"李根案"中，有法院因球员工作合同基本条款与《劳动合同法》要求的基本条款一致，而将球员工作合同界定为劳动合同。这种论证模式也有问题，就如人事合同主要条款与劳动合同亦相差不大，但两者却是两回事。而且，从实质内容来看，球员工作合同的特殊性要大得多：工作时间特殊、工作报酬特殊、合同任意解除权行使受限、有转会期限限制、不存在无固定期限合同条款、不存在竞业禁止条款、存在商事权利义务内容、行业纠纷解决机制特殊等。④ 用任何普通劳动合同示范文本与之比对，差别都是显而易见的。

一个耐人寻味的细节是，原《中国足球协会球员身份及转会暂行规定》第 3 条将职业球员界定为"年满 18 周岁，与职业俱乐部签订了书面

---

① 参见董保华主编《劳动法精选案例六重透视》，中国劳动社会保障出版社，2006，第 61～68 页。
② 参见杨天红《论职业运动员与俱乐部间法律关系的定位——与朱文英教授商榷》，《中国体育科技》2015 年第 3 期。
③ 李宗辉：《职业运动员转会中的法律问题探析》，《天津体育学院学报》2015 年第 4 期。
④ 可参见卫虹霞和陈蔚的发言，见于朱文英《2017 运动员工作合同论坛综述》，《体育成人教育学刊》2017 年第 3 期。

劳动合同，且以从事足球活动的收入作为其主要生活来源的球员"，新的《中国足球协会球员身份与转会管理规定》第3条则改为"与俱乐部签订了书面工作合同，且从事足球活动的收入大于实际支出的球员"。目前，在中国足协各类规章制度中，都无"劳动合同"表述，而是都称为"工作合同"①，反映出我国足球行业自治机关对此一种谨慎、稳妥的认识。种种迹象表明，很难通过传统的法学框架为球员工作合同套上一顶劳动合同或雇佣合同的帽子，它也许就是一种固有的、只体现于足球行业的特殊类型的合同，主要依行业内部的自治规则运作。② 当然，突出球员工作合同的行业自治性，并不意味着它会脱离国家法监管。《中国足球协会职业俱乐部工作合同基本要求》中已经指出，此类合同需要符合《合同法》（现《民法典》合同篇）、《劳动合同法》的法律精神，也需要遵守国际、国内足球行业基本准则。显然，这里显示的是一种独立于劳动法规制的监管模式，劳动法规制不能说没有，但并不扮演主要角色，可能正如罗小霜所言，只是在基本原则与精神上有用。片面强调职业俱乐部工作合同为劳动合同，不仅逻辑与法律技术上不好证明，也可能是有害的，因为这样会忽视行业内生机制的建设，也可能忽视其他法律比如合同法、体育法的监管。所以，将职业俱乐部工作合同理解为一种足球行业固有的特殊类型合同，更有利于发挥国际国内行业规则的主动性，而民法、劳动法、体育法和其他相关法律部门则共同作为国家法

---

① 需要注意的是，《足改方案》中存在"加强俱乐部劳动合同管理"的表述，《人力资源和社会保障部 教育部 体育总局 中华全国总工会关于加强和改进职业足球俱乐部劳动保障管理的意见》（人社部发〔2016〕69号）要求："各地要指导俱乐部依照劳动合同法等法律法规，探索建立适应职业足球特点的劳动用工、工资分配、工时和休息休假等制度。俱乐部应与球员等劳动者依法签订劳动合同，除劳动合同法要求的必备条款外，俱乐部与球员、教练员可以根据足球行业特点，依法约定其他条款。俱乐部应加强劳动合同履行、变更、解除、终止各环节的日常管理，按劳动合同约定按时足额支付球员等劳动者的劳动报酬，落实其休息休假权益，实现劳动用工管理规范化和制度化。中国足协等行业组织要针对足球运动的特点和行业规则，分类制定规范、简明、实用的劳动合同示范文本，指导俱乐部依法规范劳动用工行为。外籍球员申请入境工作的，各地外国人工作管理部门要依法及时发放工作许可。"这里的"劳动合同"的表述也更多是在政治正确意义上而非法律技术意义上使用的。从人社部的通知看，强调的仍然是尊重足球行业的特殊性。
② 有人已经对此进行了一个初步讨论，参见韩进飞《职业球员工作合同性质研究》，硕士学位论文，苏州大学，2017。

治的底线发挥作用。

三 合同争议的纠纷解决机制

（一）合同争议纠纷解决机制的行业特色

前已提及，纠纷解决机制是职业俱乐部工作合同与劳动合同的一大不同之处，具有鲜明的行业特色。《中国足球协会章程》（2019年版）第54条规定，除本章程和国际足联另有规定外，本会及本会管辖范围内的足球组织和足球从业人员不将争议诉诸法院；有关争议应提交本会或国际足联的有关机构；争议各方或争议事项属于本会管辖范围内的为国内争议，本会有管辖权；其他争议为国际争议，国际足联有管辖权。《中国足球协会球员身份与转会管理规定》第81条规定："在球员转会中发生的争议，当事方可将争议提交中国足协仲裁委员会仲裁。国内球员在国内发生的纠纷，中国足协仲裁委员会作出的裁决为最终裁决。"《中国足球协会职业俱乐部工作合同基本要求》第20条第2款亦明确规定："合同双方不能协商解决时，应向中国足球协会仲裁委员会申请仲裁，中国足球协会仲裁委员会的裁决为最终裁决。"国际足联也设有专门的争端解决委员会（Dispute Resolution Chamber，简称DRC），国际足球争议可以直接提交该委员会解决[1]，亦可直接提交CAS仲裁。[2] 这些纠纷解决机制体现了鲜明的行业特色：首先，这些规定在足球行业内部自成体系，有一定的逻辑自洽性；其次，足球行业的纠纷解决机制具有较强的排除国家司法管辖的特性；最后，对于在国内球员之间发生的转会合同和工作

---

[1] 《国际足联球员身份和转会规则》第22条对国际足联的管辖权作出了规定，即在不妨碍任何球员及俱乐部通过民事法庭解决雇佣纠纷寻求赔偿的同时，国际足联的管辖权如下……b）俱乐部与球员间发生的带有国际因素的雇佣关系纠纷，除非在协会框架下和/或经各方协商同意，诉诸国内仲裁机构，并确保公正审理、遵守球员与俱乐部地位平等原则……

[2] 根据《国际足联章程》第66条的相关规定，国际足联承认CAS管辖国际足联、其成员、各洲际足联、各足协、俱乐部、球员、官员、经纪人之间的纠纷。CAS在解决上述纠纷时应当优先适用国际足联规则。根据CAS《仲裁规则》，CAS（尤其是普通仲裁程序）对体育纠纷具有广泛的管辖权，而CAS上诉仲裁程序对争议的管辖除了具备当事人协议、规则或章程规定的条件外，还需要当事人按照体育机构的章程或规则穷尽内部救济。

合同争议，强调裁决机构的唯一性和终局性，即只能向中国足球协会仲裁委员会提起仲裁，该委员会的裁决为最终裁决。在实践中，还有外籍球员与我国足球俱乐部这样约定球员工作合同的争端解决模式：首先提交至中国足协直至国际足联协商解决；争议如果在 6 个月内不能解决，可向中国国际经济贸易仲裁委员会上海分会提起仲裁。那么，我国的商事仲裁机构对球员工作合同有管辖权吗？答案是否定的，中国的商事仲裁机构对球员工作合同并无管辖权，即使作出裁决，在申请执行的时候也可能遭受异议。而且，商事仲裁机构的裁决无法包含停赛、降级、罚款、警告等足球行业内部的纪律处罚。[①]

毋庸置疑，通过行业内部仲裁机构解决职业足球合同争议具有相当的优越性，表现为如下三点。第一，与司法机关或是劳动、商事仲裁机构相比，行业内部机构的仲裁员多由熟悉足球法的专业人士担任，更具专业性。第二，仲裁更具效率性。对于发生在国内球员的合同争议，采用一裁终局制，时间短，效率高，程序简易，符合职业足球运动注重效率的特点。第三，司法应具有谦抑性。在各国的足球行业传统中，一般都倾向于不破坏行业组织的自治性，而将纠纷留在行业内部解决。英国大法官丹宁勋爵就曾在一起职业足球工作纠纷案例中写道："在行业内部的纠纷处理机构中，一位好的法律外行可能比一名坏的律师，更能实现正义"。[②] 除非迫不得已，司法一般较少干预体育行业内部发生的争议。瑞士法院也较少主动介入职业足球合同纠纷，而一般都交给 CAS 解决。根据《瑞士联邦国际私法典》第 190 条第 2 款，除非在 CAS 程序不正当、组成人员不合法、违背公共秩序时，法院才会进行司法审查。

可以发现，即使我们承认球员工作合同为劳动合同，这种合同争议的纠纷解决模式也排除了传统的劳动法规制模式。根据我国《劳动法》第 77 条和《劳动争议调解仲裁法》的相关规定，劳动争议的方式有协商、调解、仲裁、诉讼四种。《劳动法》第 79 条规定："劳动争议发生

---

① 参见吴炜《FIFA 及 CAS 规则在中国足球职业联赛球员合同纠纷中的实务应用——以球员合同争议管辖为视角》，《体育科研》2012 年第 6 期。
② 参见宋宇凡《我国职业足球劳动纠纷解决机制研究》，硕士学位论文，辽宁大学，2016，第 7 页。

后，当事人可以向本单位劳动争议调解委员会申请调解；调解不成，当事人一方要求仲裁的，可以向劳动争议仲裁委员会申请仲裁。当事人一方也可以直接向劳动争议仲裁委员会申请仲裁。对仲裁裁决不服的，可以向人民法院提起诉讼。"职业足球合同的纠纷解决模式因其唯一性、终局性和排除司法性而与劳动合同纠纷解决模式完全不同。

（二）合同争议纠纷解决机制的合法性审视

中国足协在合同违约纠纷解决机制上的这些内部规则，能否经受合法性的审视，这是一个问题。比如，足协下属的仲裁委员会虽然名为"仲裁"，实际上却与真正的仲裁相距甚远。仲裁机构最重要的特性即独立性和中立性，而中国足协仲裁委员会只是中国足协的一个下属机构。根据我国《仲裁法》第10条，仲裁委员会的设立必须由直辖市、省会市或设区的市政府组织有关部门和商会统一组建。足协的仲裁委员会并不属于这种情况，而且也显然不是《劳动争议调解仲裁法》第17条中的劳动争议仲裁委员会。《体育法》第32条则规定："在竞技体育活动中发生纠纷，由体育仲裁机构负责调解、仲裁。体育仲裁机构的设立办法和仲裁范围由国务院另行规定。"问题是，《体育法》实施20多年来，国务院一直没有设置体育仲裁机构。更大的问题来自《立法法》第8条。根据该条，仲裁制度只能通过制定法律的方式规定。中国足协只是一个中国境内的非营利性法人，怎么能够设立只有法律才能规定设置的仲裁机构呢？因此，曾有律师向全国人大常委会、国务院法制办等机构发出《关于规范中国足球球员劳动争议解决机制的律师建议书》，要求相关部门关注中国足协违法越权仲裁劳动争议问题，并建议由国家体育总局责令中国足协将因工作合同产生的劳动争议纠纷交由劳动争议仲裁委员会解决。[①]

然而，在实践中，足球行业的纠纷解决机制却一直在有序运行着，成为一个客观的"存在"。特别是，在中国足球行业的涉外合同争议中，当事人大都倾向于选择足球行业内部的纠纷解决机制处理。早期，因对

---

① 参见姜保良《足球球员劳动争议解决机制应规范——山东德衡律师事务所召开"规范中国足球球员劳动争议解决机制座谈会"》，《中国律师》2014年第5期。

国际足球争端解决机制的不熟悉,我国俱乐部大都在与外籍球员或教练的争议中处于不利地位。[1] 在"德罗巴案"中,德罗巴在与上海申花俱乐部的合同期内,单方面宣布转会至土耳其加拉塔萨雷俱乐部,理由是申花俱乐部欠薪构成违约,该转会属自由转会。申花俱乐部则主张欠薪不成立,拒不放人。德罗巴将申花俱乐部告到DCR,后者判定申花俱乐部向德罗巴支付1200万欧元工资及赔偿金,申花俱乐部则表示要向CAS上诉。[2] 在"巴里奥斯案"中,巴里奥斯在合同期内滞留不归,并借口东家广州恒大俱乐部没有按时支付工资和形象权费逃避责任。但根据国际足联和CAS的判例,至少需要欠付工资达到或超过3个月,且球员至少要向俱乐部发送一封立即支付工资和设定支付工资最后期限的警告信后,才构成球员正当终止合同的理由。广州恒大俱乐部遂以巴里奥斯单方面违约向DCR提起申诉,最终巴里奥斯的新东家俄罗斯斯巴达克俱乐部主动要求与广州恒大俱乐部和解,赔偿800万欧元达成调解协议。[3] 恒大俱乐部在该案中委托了欧洲专业律师团队,他们对国际足联规则理解透彻,这些处理方式获得了业内的高度评价,被认为"其背后所体现的正是俱乐部在运营与球员管理方面的高度职业化,以及对规则及合同的契约精神。也提醒了其他中超俱乐部,在处理球员合同和转会问题上更加谨慎、专业,让中国足球不再充当国际转会市场上的'冤大头'"[4]。

在国内球员与俱乐部之间的纠纷解决实践中,突出的表现是到底适用足球行业纠纷解决机制还是劳动法纠纷解决机制。早在2004年,"谢

---

[1] 参见方正宇《佩特科维奇案惨遭"翻案" 上海申花坐失良机》,网易体育,http://sports.163.com/06/0315/04/2C7RMKED00051O39.html,最后访问时间:2018年2月24日;亦载《泰达遭遇史上最重罚单 CAS判赔马特拉奇1200万》,网易体育,http://sports.163.com/07/0108/10/34ACT5BN00051C89.html,最后访问时间:2018年2月24日。
[2] 参见侯文均《从德罗巴案审视国际足球合同的稳定性》,硕士学位论文,山东大学,2014,第2~3页。
[3] 参见向会英、Alejandro Pascual Madrid、姜元哲《我国国际职业足球运动员合同违约纠纷解决关涉的主要法律问题——以巴里奥斯案为例》,《天津体育学院学报》2014年第5期。
[4] 白云:《巴里奥斯的闹剧终于收场,恒大完胜》,凤凰网,http://news.ifeng.com/gundong/detail_2013_08/11/28489197_0.shtml,最后访问时间:2018年2月24日。

晖诉重庆力帆足球俱乐部违约案"就曾引发过社会广泛关注,重庆市江北区劳动争议仲裁委员会受理了此案并判决力帆俱乐部支付谢晖工资和违约金400万元,且谢晖恢复自由身可自由转会。① 但在该案中,力帆俱乐部一直对劳动争议仲裁委员会持管辖权异议,认为案件应由中国足协内部的纠纷解决机构裁决。② 江北区劳动争议仲裁委员会认为,竞赛活动中发生的争议,由足协内部的纠纷解决机构裁决,但谢晖案涉及的工作合同是劳动合同,而且申诉内容是薪金,按照劳动法,属于该委员会受理范围。③ 这说明,江北区劳动争议仲裁委员会从未否认足球行业内部规则有与法律冲突而导致的自身合法性问题,而是认为劳动争议仲裁委员会和足协内部的纠纷解决机构对于足球行业争议都有管辖权,只是具体事项上分工不同而已。但是,上一部分的一些案例显示,现在也有相当一些劳动争议仲裁委员会对职业足球合同纠纷持不予受理的态度。在"李根案""孙国文案""张连洋案"中,沈阳市劳动人事争议仲裁委员会、大连金州新区劳动人事争议仲裁委员会、沈阳市铁西区劳动争议仲裁委员会都以相关仲裁申请不属于劳动人事争议仲裁事项而不予受理。④ 对于劳动争议仲裁委员会的仲裁员来说,一种观点认为,足球行业已经形成了非常完善的独立运作体制,劳动争议仲裁机构不管比管好,因为如果打破这种体制,既不利于中国与国际接轨,也不利于保护当事人合

---

① 参见王胜《谢晖胜诉获赔总额400万 恢复自由身钟情是申花》,新浪网,http://sports.sina.com.cn/s/2004-05-02/0926232751s.shtml,最后访问时间:2018年2月24日。
② 参见新华社《劳动部门受理谢晖申诉》,载新浪网:http://sports.sina.com.cn/s/2004-03-09/0802188002s.shtml,最后访问时间:2018年2月24日。
③ 参见刘卫宏《劳动仲裁部门正式受理申诉 谢晖力帆对簿公堂》,载新浪网:http://sports.sina.com.cn/s/2004-03-08/1910187749s.shtml,最后访问时间:2018年2月24日。
④ 这些都是沈阳市铁西区人民法院(2015)沈铁西区四初字第01195号民事判决书、大连市中级人民法院(2016)辽02民终3691号民事判决书、沈阳市中级人民法院(2017)辽01民终6076号民事裁定书中显示的信息。上海市第一中级人民法院(2012)沪一中民三(民)终字第1759号民事判决书和上海市第一中级人民法院(2012)沪一中民一(民)终字第1348号民事判决书显示,上海市浦东新区劳动人事争议仲裁委员会对此则持积极态度。在申思诉上海中远足球俱乐部案中,上海市劳动争议仲裁委员会亦积极受理并作出了裁决。参见《申思赢得50万元报酬余款》,东方网,http://news.eastday.com/eastday/node37/node189/node610/userobject1ai6719.html,最后访问时间:2018年2月27日。

法权益。①

对于法院的司法管辖权来说，国际足联并未完全否认国家的司法管辖权，《国际足联球员身份和转会规则》第 8 章第 22 条就规定，国际足联的管辖权不妨碍任何球员及俱乐部通过民事法庭解决雇佣纠纷寻求赔偿，这意味着国际足联的争议解决程序可以与国内法院的程序并行。② 当然，即使没有这样的规定，国家司法主权的权威也是不容任何行业规则挑战的。对于《中国足球协会球员身份与转会管理规定》第 81 条和《中国足球协会职业俱乐部工作合同基本要求》第 20 条第 2 款申明的中国足球协会仲裁委员会的最终裁决权，我国法院基本持无视态度。然而，同样的问题是，对于我国法院来说，亦未曾对足球行业纠纷解决机制明显存在的合法性问题进行过质疑，有时持认可支持态度，有时则尽量采取法律解释的方法尝试润滑。在前述宋佳俊、张梓健、唐雨晨、张严杜柯、陈禹杭、范伟翔、黄涛、于廷瀚、曲南男、刘博贤等案中，一审法院之所以裁定驳回起诉，是因为根据双方工作合同约定，争议应先提交中国足协仲裁委员会仲裁。③ 在"张连洋案"二审中，法院甚至隐晦地解释了为何中国足协包括了纠纷解决机制在内的行规具有合法性，因为它来自《体育法》第 35 条的赋权，根据该条，体育社会团体按照其章程开展活动受到国家支持。④ 这里的推论是，无论是中国足协仲裁委员会的设置还是其有关管辖范围的规定，都来自《中国足球协会章程》，而《中国足球

---

① 这是北京市海淀区劳动争议仲裁委员会仲裁员刘振强的观点，参见韩勇《体育法的理论与实践》，北京体育大学出版社，2009，第 261 页。
② 参见吴炜《FIFA 及 CAS 规则在中国足球职业联赛球员合同纠纷中的实务应用——以球员合同争议管辖为视角》，《体育科研》2012 年第 6 期。
③ 参见沈阳市铁西区人民法院（2015）沈铁西少民四初字第 00203 号民事裁定书；沈阳市铁西区人民法院（2015）沈铁西民四初字第 01694 号民事裁定书；沈阳市铁西区人民法院（2015）沈铁西少民初字第 00202 号民事裁定书；沈阳市铁西区人民法院（2015）沈铁西民四初字第 01662 号民事裁定书；沈阳市铁西区人民法院（2015）沈铁西少民初字第 00193 号民事裁定书；沈阳市铁西区人民法院（2015）沈铁西民四初字第 01693 号民事裁定书；沈阳市铁西区人民法院（2015）沈铁西民四初字第 01691 号民事裁定书；沈阳市铁西区人民法院（2015）沈铁西民四初字第 01658 号民事裁定书；沈阳市铁西区人民法院（2015）沈铁西民四初字第 01661 号民事裁定书；沈阳市铁西区人民法院（2015）沈铁西民四初字第 01692 号民事裁定书。
④ 参见沈阳市中级人民法院（2017）辽 01 民终 6076 号民事裁定书。

协会章程》又因《体育法》第 35 条的赋权具有合法性基础。但这个推论中也存在巨大的逻辑问题，显然，如果章程中有内容违法，那违法的内容部分就不可能基于《体育法》第 35 条获得合法性支持。根据《体育法》第 35 条，并不能解决为何体育协会章程中可以任意规定与《立法法》第 8 条明显冲突的制度设置。还有学者认为，《社会团体登记管理条例》第 5 条有关"国家保护社会团体依照法律、法规及其章程开展活动，任何组织和个人不得非法干涉"的规定经常被用于社团对抗司法管辖的抗辩。① 但同样，该条保障的是社团"依法"开展活动的权利，社团的内部规则与活动开展显然不能与国家法律冲突。

前述案件显示，有法院转求《体育法》第 32 条，认为球员合同纠纷属该条规定的"竞技体育活动中"发生的纠纷，不属人民法院受理民事诉讼的范围。② 的确，现在我国相当多的法院由于自身对足球比赛中的专业问题并不熟悉，且即使作出对球员有利的判决，球员也可能无法在行业内继续注册和工作，所以对司法介入足球纠纷表现日趋谨慎。然而，该条发挥的最多只是排除法院管辖足球行业纠纷的作用③，它仍然并不能证明为何足球行业的合同争议解决机制具有天然的合法性。

行规与国法的冲突，实为国内法与国际足联规则的冲突，国家法与自治领域规范的冲突。在朱文英看来，本质上在于职业足球运动的特殊性：职业足球既要服从国家足协的相关规定，更要首先服从国际体育组织——国际足联的管理，遵守国际足联出台的各项规定与规则，而这些规则是为了保障该项运动之正常运作所必需的。④ 职业球员的运动生涯短暂而珍贵，如因法律程序耗时漫长导致球员无法参赛，将给球员、俱乐部乃至足球运动带来不可弥补的损失。足球运动员是足球运动得以普及、发展、成为世界第一大运动的最基本的因素，保持球员运动生涯的延续性是保持足球运动吸引力和持续健康发展的基础。所以在足球行业自治

---

① 参见董金鑫《我国足球劳动合同争议的司法处理》，《西安体育学院学报》2016 年第 6 期。
② 参见沈阳市铁西区人民法院（2014）沈铁西民四初字第 1000 号民事裁定书。
③ 参见董金鑫《我国足球劳动合同争议的司法处理》，《西安体育学院学报》2016 年第 6 期。
④ 参见朱文英《职业足球运动员转会的法律适用》，《体育科学》2014 年第 1 期。

规则中的排除司法管辖、一审终裁、"临时转会"① 等措施无一不是从优先考虑球员运动生涯的延续性和连贯性出发。难怪有人担心，一旦足球争议由我国法院审理，依据的规则首先就是《劳动合同法》而非我国足协或国际足联规则，判决结果就可能与足协仲裁不同，有可能损害职业足球发展。②

综上，在严格的中国现行法的法规范体系中，中国足协有关合同争议的纠纷解决机制很难通过合法性审视，但是，这种行规又作为埃利希意义上的"活法"，顽强地存在于现实世界。只要我们想参与足球运动这项游戏，就不得不承认其事实上的合法性。那么，为了解决规范上的合法性与事实上的合法性之矛盾，唯一的解决路径就是修法或进行专门立法，承认这种事实上的合法性。

四　职业球员的自由流动与限制

（一）劳动法上的流动自由与足球行业的流动限制

自由是最重要的法价值，而职业自由被视为一项宪法权利，因此，人自由选择、从事和放弃职业的制度安排要更优于不能自由选择、从事和放弃职业的制度安排。③ 在现代社会的劳动法规制模式中，劳动者不需要任何理由就可随意解除劳动合同，合同期限未满不构成不能辞职的理由，法律只会规定不同情形下劳动者解除合同的具体程序以及何种情形下将会承担违约金。没有任何单位可以强迫人进行违背其自由意志的工作，按照德国劳动法学家曼弗雷德·魏斯和马琳·施米特的说法，只有被法院判决剥夺了人身自由的罪犯才会被勒令强制劳动。④ 在我国，根据《劳动合同法》第 37 条，只要劳动者提前 30 日并用书面形式通知单位，

---

① FIFA 和 CAS 在遇到因争议解决程序或者仲裁程序未完结可能导致球员无法及时参赛的情况时，几乎毫无例外地采用临时措施，将球员临时注册于新俱乐部，并临时允许其跟随新球队训练和比赛。
② 参见陈蔚的发言，见于朱文英《2017 运动员工作合同论坛综述》，《体育成人教育学刊》2017 年第 3 期。
③ 参见高景芳《职业自由价值论》，《科学·经济·社会》2011 年第 2 期。
④ 参见〔德〕曼弗雷德·魏斯、〔德〕马琳·施米特《德国劳动法与劳资关系》，倪斐译，商务印书馆，2012，第 79 页。

就可解除劳动合同,实现自由流动与再择业。

  与劳动法对流动自由的保障相反,在足球行业,球员的自由流动受到了行业规则极大限制。"在 20 世纪大部分时间内,运动员的命运与他们的俱乐部休戚相关,运动员很少有机会跳槽到其他俱乐部。"[1] 在世界上任何一个地方,如果一个普通劳动者合同期满后另谋高就,不会有任何人谴责他,他也不会受到任何组织的惩罚,但在 1995 年 12 月 15 日博斯曼判决前的欧盟体育界,任何一位运动员都无法享受这种自由流动的权利。[2] 长期以来,在职业足球世界中,形成的是行业自治规则下自行运作的转会制度。无论是国际足联、欧足联还是各国足协制定的规则,都要求在球员转会时,不论球员与"卖方"俱乐部的合同是否到期,"买方"俱乐部都需要支付转会费。1876 年,苏格兰运动员詹姆斯·兰转会到英格兰,成为世界上最早转会的足球运动员。转会制度的作用在于控制球员流动,以防止富有的俱乐部买光最好的球员而不给原始俱乐部补偿,这会导致俱乐部球队之间的实力差距越来越大,俱乐部也会丧失培养青年球员的动力。在旧有的欧盟转会制度下,俱乐部一般会在赛季末列出一个打算出售的球员名单,为供出售的球员设定转会费数额,不在名单上的球员无权要求转会。如果有球员合同即将到期,并拒绝俱乐部提供的新合同,俱乐部就会将之列入强制转会名单。但如果没有其他俱乐部对这个球员感兴趣,他就必须接受这份新合同,且再拒绝的话,他就会被雪藏——这意味着他必须接受俱乐部任何安排,或者坐在冷板凳上等待两个赛季。一直要到这两个赛季结束,他才可以以自由人的身份不经俱乐部同意而自由转会。[3] 中国职业联赛开始后亦推出球员转会制度,且为避免俱乐部盲目烧钱,采上榜摘牌制。有人说,甲 A 年代每年年末在北京举行的摘牌大会,"盛况空前,现场类似古希腊古罗马的奴隶市场"[4]。

---

[1] 参见吴炜、Daniel Munoz Sirera《国际足联球员合同稳定性》,《体育科研》2011 年第 6 期。
[2] 参见张韬《欧盟法视野下运动员自由流动权利的演变》,硕士学位论文,西南政法大学,2012,第 1 页。
[3] 参见刘进《关于欧盟足球运动员转会费规则的竞争法思考》,《体育学刊》2008 年第 2 期。
[4] 参见秦云《足协酝酿转会新规 堪称中国版"博斯曼法案"》,腾讯网,http://sports.qq.com/a/20080912/000004.htm,最后访问时间:2018 年 2 月 25 日。

(二) 博斯曼与中国的博斯曼

对于促进职业足球运动员的自由流动，比利时球员让·马克·博斯曼（Jean-Marc Bosman）是一个里程碑式的人物。1990年，博斯曼与RC列日俱乐部合同期满，俱乐部提供的新合同只愿意按比利时足协规定的最低标准支付工资，博斯曼拒绝后，被俱乐部标价放在转会名单上。后法国US敦刻尔克俱乐部与博斯曼就一定月薪和签约费达成协议；US敦刻尔克俱乐部与RC列日俱乐部也达成租借协议，租期1年，期满后，该俱乐部可以480万比利时法郎的转会费签下他。两个合同皆以比利时足协发给法国足协的转会证明为先决条件。然而，因怀疑US敦刻尔克的财务状况，RC列日并未请求比利时足协向法国足协发送转会证明。由此，上述两个合同未能生效，博斯曼转会未果。由于他也未接受RC列日的新合同，所以失业了。在律师的帮助下，他将RC列日俱乐部、比利时足协和欧足联逐个告上法庭，指控现行转会制度违背了《欧洲共同体条约》第39条（原第48条）"关于欧盟各国公民有权自由选择居住地和自由择业"的规定。1995年，经过5年的周折和上诉，欧洲法院最终作出了有利于博斯曼的裁决：转会制度在事实上构成了球员迁徙自由的障碍，通过转会费、培养费等方式，禁止职业球员在合同期满后签约另一个国家的俱乐部，有违《欧洲共同体条约》的迁徙自由条款。因此，欧盟国家俱乐部之间球员的自由转会无须支付任何转会费。另外，对于欧足联的"3+2规则"——各支俱乐部最多只允许拥有5名外籍球员，且在一场比赛中，每队最多只能同时安排3名外籍球员上场的规则，尽管博斯曼本人并未提出质疑，但基于比利时法院提出的解释请求，欧洲法院亦指出，它违反了《欧洲共同体条约》第39条有关自由就业、禁止国别歧视的原则。这意味着，同一俱乐部中的欧盟球员名额不再受限制，欧盟球队可在场上派出任意数量欧盟国家的球员。整体上，欧洲法院的立场是，尽管需要保护优秀球员和防止青年球员流失，但可以采取其他办法，而非转会费和限制外援的手段。[①]

[①] 对博斯曼案件的详细介绍，可参见陈夏红《改变足坛的博斯曼案》，《法治周末》2016年6月29日；郭树理《足球与法律》，《读书》2007年第7期。

然而，博斯曼的胜利，很难说是劳动法规制模式基于足球行业自治规则的胜利。博斯曼案判决所依据的《欧洲共同体条约》第39条实质是一个欧洲宪法意义上的基本人权条款。另外，欧洲法院在审查此案时，还考察了《欧洲共同体条约》第81条（原第85条）和第82条（原第86条）中规定的"禁止限制竞争行为"与"禁止滥用市场优势地位"条款，因为这也涉及RC列日俱乐部限制博斯曼向国外俱乐部转会行为是否构成对国外俱乐部不正当竞争的问题。只是在最后的裁决中，欧洲法院并未对其进行分析，因为在其看来，仅凭第48条就可解决问题。

博斯曼判决下达后，欧盟委员会立即介入此事，欧足联被迫废除了外援上场名额的限制及现行转会制度。博斯曼案确立的自由转会规则为职业球员的自由流动带来了崭新机遇，但消极因素也是显而易见的。在豪门俱乐部不需要再付高额转会费而发展日益壮大的同时，中小俱乐部特别是过去单一依靠卖球员俱乐部的经营与管理却举步维艰。一些国家不但不限制引进欧盟成员国球员，对非欧盟球员的引进也不作限制，一些本土俱乐部培养球员的积极性受到打击。[1] 1998年，欧洲法院正式命令国际足联修改转会规则，否则欧洲法院将采取行动。国际足联只能同意修改规则，以免整个转会制度被取消。为了减少自由转会规则对足球运动的负面影响，国际足联、欧足联、国际职业足球运动员联合会（FIFPRO）和欧盟委员会开展了艰苦的谈判，并最终在2001年就新球员转会规则的一系列原则达成共识。[2] 是年9月，《国际足联球员身份和转会规则》正式颁布（后又形成2005年、2009年、2012年和2014年修订版本），力求在保护球员自由流动的权利和促进球员的稳定性之间取得平衡。

新规则涉及如下限制球员流动的规则。（1）培训补偿。原则上球员在第一次作为职业球员签约时或在23岁之前的合同期满或合同中之转会

---

[1] 参见荣发等《"博斯曼法案"的影响及其对中国足球转会制度的启示》，《体育文化导刊》2007年第10期。

[2] 相关背景介绍，可参见郭树理主编《外国体育法律制度专题研究》，武汉大学出版社，2008，第149~150页。

都应支付俱乐部培训补偿,但前俱乐部无正当理由终止合同、球员转会到第4级别俱乐部或重新获得业余球员身份的转会例外。(2)联合机制补偿。无年龄限制,只要是在合同到期前的转会,都要对球员在23岁之前接受过培训的俱乐部支付一定比例的联合机制补偿金。(3)转会窗。球员转会注册只能在每个赛季提供的2次转会窗口开启的时限内进行。

维护合同稳定性的规则如下。(1)保护期制度。指球员在28岁之前签订的合同,在合同生效后3个完整赛季或3年以先到为准;28岁以后签的合同以合同生效后2个完整赛季或2年以先到为准,此期间诱导球员违约的俱乐部将对相关赔偿承担连带责任并接受体育制裁。(2)正当理由合同终止规则。指如果出现球员在俱乐部的正式比赛中出场不超过10%、俱乐部终止合同、拖欠工资超过一定范围、取消注册、不公正待遇等情况时,球员可终止合同并无须承担不利后果。无正当理由的违约则将导致赔偿责任,在保护期内则可能受到体育制裁。[1]

从理论上讲,欧盟成员国内部的转会并不受博斯曼判决影响,判决所依据的《欧洲共同体条约》第39条只适用国际性质的转会,而不适用纯粹国内性质的转会。尽管国际足联要求各国足协颁布符合其规则的国内转会条例,且许多规则事实上已经融入了若干国家的国内转会规则中,但国内转会规则与国际足联规则的分歧仍然是一个客观存在。[2] 在中国,周海滨就被称为一个博斯曼式的人物,他的转会事件就体现了中国当时的转会规则与国际足联规则之龃龉。

周海滨与山东鲁能的合同于2008年底到期,合同一年一签,由于周海滨随国足集训,俱乐部没有第一时间与其续约。2009年初,周海滨向鲁能提出转会申请,后者认为按照中国足协规定,仍然拥有其所有权,拒绝了其转会申请。随着国际足联开始关注并表示对于国际转会应当遵守国际足联的规则,中国足协和鲁能俱乐部无奈接受了其转会事实,周海滨自由转会到荷兰埃因霍温俱乐部,"成为中国足球职业化以来名副其

---

[1] 参见向会英、Alejandro Pascual Madrid、姜元哲《我国国际职业足球运动员合同违约纠纷解决关涉的主要法律问题——以巴里奥斯案为例》,《天津体育学院学报》2014年第5期。

[2] 参见黄世席《欧洲体育法研究》,武汉大学出版社,2010,第59页。

实的自由转会第一人"①。后续，又有身为大连实德自由球员的冯潇霆转会至韩国大邱FC俱乐部，大连实德没有得到1分钱转会费。② 在博斯曼判决的余波冲击下，中国的博斯曼法案已经呼之欲出了。③

(三) 中国职业足球转会制度的变迁

就中国职业足球转会制度的变迁而言，球员流动自由的逐渐加大，很难说是来自劳动法规制的压力，而是博斯曼案以来与国际规则接轨的外在需求和行业内部生长机制主动回应的结果。

从1994年我国正式开始职业联赛到1997年，我国实行的是自由转会政策。1994年在成都金牛会议上出台了《中国足球协会运动员转会细则》，这是国内足球史上首个球员转会细则，规定球员合同期内俱乐部可自由就球员转会达成协议，期满的球员则有较大自由权，原单位不得以超过参照数的转会费限制球员转会，但每家俱乐部每年最多只能转入5人。④ 但由于球员处于卖方市场，出现了私下交易、高额签字费等违规操作，干扰了转会市场正常秩序。

1998年到2004年被称为我国职业球员转会的限制交易调整期。⑤ 1998年，中国足协发布了《关于严格履行转会程序的公告》，将自由转会改为顺摘牌制，即俱乐部按照上赛季名次，从足协公布的符合转会条件的球员中依次选择。这使私下交易变得没有意义，但抑制了运动员与俱乐部的选择自由。2001年又改为倒摘牌制，俱乐部根据上赛季排名由低到高挑选上榜队员，目的在于促进各队实力接近，增强联赛激烈性，同时规定球员不许反悔，俱乐部也不许退牌。这同样是一种"拉郎配"。2003年到2004年，开始实行双轨制，俱乐部可在第一阶段自由摘取一名球员，但若规定时间内不能完成相关手续，则重新列入名单，参见第二

---

① 李岩、施志社：《从"周海滨转会事件"管窥中国足球转会制度的弊端》，《山西师大体育学院学报》2010年第1期。

② 参见正成功《冯潇霆转会事件实德成冤大头 韩国人净赚一千万》，网易体育，http://sports.163.com/10/1226/02/6OQ0NPC300051CCO.html，最后访问时间：2018年2月27日。

③ 参见《晶报：中国足球呼唤"博斯曼法案"》，新浪体育，http://sports.sina.com.cn/r/2009-01-11/13004165485.shtml，最后访问时间：2018年2月27日。

④ 参见雷振《中国足球职业球员转会制度的变迁与法治化》，《河北师范大学学报》（哲学社会科学版）2013年第6期。

⑤ 参见丛湖平、石武《我国职业足球运动员转会制度研究》，《体育科学》2009年第5期。

阶段的倒摘牌大会。由于2003年是中超联赛开始的前一年，球员市场又开始求大于供，签字费问题又重新出现。2004年采取的是自由摘牌和摘牌会议两种形式，各俱乐部摘取运动员最多不超过5人，自由摘取的数额为3人，还有摘取国家队队员的限制。①

2005年到2008年被称为我国职业球员转会的协调交易调整期。2005年，中国足协取消了摘牌制度，决定以自愿为原则，以限制当年转入球员数量和弹性限制转会费为手段的市场运行思路，调整转会制度。② 根据2005年的《中国足球协会运动员转会细则》，俱乐部每年最多可转入5人，转出名额则无限制。然而，该细则中还有这样一条规定：如果25岁以上球员所属原俱乐部希望继续和球员签约，球员就不得转会。规则的目的在于防止大牌球员利用"洛阳纸贵"提高身价，这意味着，历经十几年的球员转会制度似乎又一夜之间回到了职业化之前的状态。③ 2007年，《中国足球协会运动员身份及转会规定》出台，亦有相当限制球员流动的政策，包括：（1）在原俱乐部未满26岁或甲级联赛当年降级时，如果俱乐部不同意转会，则不能列入转会名单；（2）即使球员合同期满转会，也要支付转会费。这一时期，俱乐部在转会问题上占据了绝对的主动地位。

2009年，受周海滨、冯潇霆事件推动，中国的转会市场开启了第二次自由化阶段。参照《国际足联球员身份和转会规则》，中国足协于2010年出台了《中国足球协会球员身份及转会暂行规定》，正式确立了自由转会规则：合同期满的球员可自由转会，转入方无须支付转会费，但如果转入球员为首次注册的职业球员或职业球员在23岁赛季结束前转入的，转入方需要支付培训补偿。合同期满前转会，则采三方合意原则，需由原俱乐部和新俱乐部签订转会协议，球员签字确认。④ 2015年出台的《中国足球协会球员身份与转会管理规定》取代了《中国足球协会球员身份及转会暂行规定》，进一步与亚足联和国际足联规定进行大面积接轨。

---

① 参见韩勇《体育法的理论与实践》，北京体育大学出版社，2009，第282～285页。
② 参见丛湖平、石武《我国职业足球运动员转会制度研究》，《体育科学》2009年第5期。
③ 参见韩勇《体育法的理论与实践》，北京体育大学出版社，2009，第285页。
④ 参见雷振《中国足球职业球员转会制度的变迁与法治化》，《河北师范大学学报》（哲学社会科学版）2013年第6期。

特别是，将原规定要求新俱乐部与球员在原工作合同期满前3个月内才可签订新合同的规则提前到了期满前6个月，进一步保障了球员利益，使得球员增加了选择下家的时间。当然，说中国国内的转会自由度已经达到了国际水平，还为时尚早。《中国足球超级联赛俱乐部运动员工作合同》第11条第6项规定：在本合同终止（包括到期终止及在合同期内解除）后30个月内，乙方转会到其他俱乐部，该俱乐部必须与甲方签订转会协议，甲方有权依照中国足球协会的规定收取转会费。这显然违反了我国已经确立的合同期满后运动员可自由转会而无须原俱乐部同意且不需支付转会费的规则。

制度变迁的原因何在？有人列出了一个清单：内部因素为足球产业利益格局发生变化、管理者存在政绩压力；外部因素为作为上位规定的国际足联规则对中国足协产生压力、足球发达国家转会制度的示范效应、中国经济的市场化改革以及面向法治政府、有限政府和服务型政府的行政体制改革等。[①] 不能说劳动法规制对于中国职业球员转会自由的扩大没有起任何作用[②]，但的确没有发挥主要作用。

（四）对球员自由流动限制规则的合法性审视

显然，现行的球员自由流动规则虽然取得了巨大进展，但仍然只是有限的自由流动规则，与劳动法保障的绝对的自由流动权还有较大距离。用劳动法来对这些限制球员自由流动的规则进行合法性审视意义并不大。在英国，职业球员自由权利法律保障机制非常完善，宪法、竞争法、欧盟法、移民法和国际法都扮演着重要角色。[③] 对于欧盟法而言，竞争法的合法性分析路径亦有相当大的借鉴价值。

竞争法如何适用于职业足球？在欧盟竞争法的框架内，可以发挥作

---

① 参见雷振《中国足球职业球员转会制度的变迁与法治化》，《河北师范大学学报》（哲学社会科学版）2013年第6期。

② 如果说起了作用，最多可能是在学术研究和舆论上起到了一些呼吁作用。"中国足协现行的转会制度无视球员的利益，限制了球员的发展，不仅违背了中国的劳动法，也与国际足联的转会规则相抵触，因此，修改、完善足球转会制度势在必行。"李岩、施志社：《从"周海滨转会事件"管窥中国足球转会制度的弊端》，《山西师大体育学院学报》2010年第1期。

③ 参见张恩利《英国职业足球运动员自由流动权利保障制度的演变及启示》，《沈阳体育学院学报》2017年第2期。

用的是《欧洲共同体条约》第81条和第82条。第81条有3款，第1款禁止在企业间或者企业联合间的限制竞争行为，特别是那些固定价格、限制生产、分割市场、不平等交易、施加附加条件的行为；第2款规定上述行为将自动无效；第3款是豁免条款，条件是：该协议产生了某种利益，消费者可以当然地公平分享该利益，该协议施加的限制是不可避免的，不会实质性地消灭竞争。第82条则规定，一个或更多企业在共同体市场或其他重大领域任何滥用市场支配地位的行为都必须被禁止，特别是出现以下行为：（1）直接或者间接要求不公平的购买或销售价格，或不公平的交易条件；（2）限制生产、销售和技术进步，从而损害消费者利益；（3）对相同交易采取不同交易条件，从而使某些交易对手处于竞争上的不利地位；（4）订立合同时强迫交易对手接受额外条件。[①] 与职业足球相关，需要分析三个问题。

首先，足球行业组织和足球俱乐部是否为欧盟法意义上的企业。按照欧洲法院的判例，企业的内涵在于从事经济活动，而不用考虑其法律地位和组成方式。无论国际足联还是欧足联，都可以从比赛中的门票销售、转播权、赞助活动中得到收入。足球俱乐部则在广泛的市场活动中获得经济收入。培养职业运动员可以提高球队比赛成绩和获得转会收入，也是一种经济活动。[②] 由此，它们都处于第81条第1款的规制之下。

其次，转会规则是否限制了竞争或者构成滥用优势地位？我们可以观察欧盟委员会和欧洲法院法律顾问Lenz在博斯曼案中提出的意见。Lenz认为，第81条第1款目的在于阻止企业（包括职业足球俱乐部）从事反竞争的活动，从而阻止单一市场发展。俱乐部为转会制度所限制，在寻求获得新球员时无法达到真正的自由竞争。所以，转会制度破坏了在自由市场条件下转会市场的正常贸易，构成了限制竞争行为。但是，转会规则的实施并不会构成滥用市场优势地位而违反第82条。因为转会市场的参与者是各俱乐部而非联盟或足协，由于各俱乐部互为产品的提供

[①] 参见〔英〕米歇尔·贝洛夫、蒂姆·克尔、玛丽·德米特里《体育法》，郭树理译，武汉大学出版社，2008，第152~161页。

[②] 参见黄世席《欧洲体育法研究》，武汉大学出版社，2010，第86~88页。

者和购买者,因此不可能出现某个俱乐部取得市场优势地位的情况。①

最后,转会规则是否符合第 81 条第 3 款中的豁免情形。Lenz 作出了否定的回答。他承认一个联盟经济上的成功取决于俱乐部之间某种程度的平衡,为了保持这种平衡存在对竞争进行某些限制的可能性。但是,转会规则并不能从这个条款中得到辩护,因为它们并非为了达到这种目的不可或缺的。存在其他一些可以替代的、不那么严厉的限制措施,比如将收入以一定比例进行重新分配,也可以达到相同目的。②

尽管博斯曼案的判决并没有从竞争法角度分析,但 Lenz 的意见展示了这种可能性。就在博斯曼案判决作出不久,欧盟委员会就通知国际足联和欧足联,将依据《欧洲共同体条约》第 81 条第 1 款对已被欧洲法院确认为违反了《欧洲共同体条约》第 39 条的转会规则进行干预。欧盟委员会认为,这两个组织的国际转会规则无法得到《欧洲共同体条约》第 81 条第 3 款的豁免。③ 可以发现,国际足球转会秩序旧规则的解体和新规则的出现是建立在竞争法规制而非劳动法规制基础上的。

对于国际足球和中国足球现行的转会规则体系,运用竞争法视角进行审视也是相当有必要的。

首先看现行转会补偿制度的合法性问题。对于合同期满的球员,2001 年确立的国际足联新转会规则放弃了转会费规制手段,而代之以培训补偿、联合机制补偿等。持肯定态度的观点认为,现行做法一方面为球员自由流动扫清了最大障碍,促进了转会市场上的竞争;另一方面,也适当兼顾了俱乐部利益,规定了其他手段以弥补俱乐部可能遭受的损失。④ 但批评者认为,足球运动的发展似乎并没有像人们期待的那样变得更加健康和富有活力,需要球员的俱乐部更倾向于直接和球员及其经纪人接触,以前给予原俱乐部的转会费大部分变成了球员的报酬,只有少数富有的俱乐部可以承受球员薪金上涨带来的压力,大量中小俱乐部则

---

① 参见郭树理主编《外国体育法律制度专题研究》,武汉大学出版社,2008,第 146~147 页。
② 参见〔英〕米歇尔·贝洛夫、蒂姆·克尔、玛丽·德米特里《体育法》,郭树理译,武汉大学出版社,2008,第 87 页。
③ 参见裴洋《反垄断法视野下的体育产业》,武汉大学出版社,2009,第 168 页。
④ 参见裴洋《欧盟竞争法视野下的足球运动员转会规则》,《体育科学》2009 年第 1 期。

举步维艰。对于竞争法旨在创造、维持充分竞争的市场环境，促进社会资源合理分配，增加消费者福利的政策目标，很难说这种新的转会规则达到了目的。①

在中国，与国际足联并未限定转会补偿的标准不同，无论是2010年的《中国足球协会球员身份及转会暂行规定》还是2015年的《中国足球协会球员身份与转会管理规定》都规定，转会费（转会补偿）数额由原俱乐部与新俱乐部协商确定，但不得低于培训补偿和（或）联合机制补偿的标准。② 这意味着中国的转会规则限定了转会补偿的最低标准，有利于保护中小俱乐部权益，本质上对竞争的促进作用大于限制作用。但是，让双方俱乐部协商确定转会补偿的规定，被人批评为剥夺了球员对该项数额的确定权，是对球员自由与俱乐部竞争的限制。③ 根据我国《反垄断法》第16条，行业协会不得组织本行业的经营者从事本章禁止的垄断行为，而中国足协的转会规则就可置于《反垄断法》审查之下。④ 整体上看，很难认为上述转会补偿制度构成我国《反垄断法》规制的经营者达成垄断协议、滥用市场支配地位、经营者集中或行政垄断之任何一种。因为在适用竞争法时，需要考虑体育同其他产业相比之特殊性，而中国足协上述规则具有一定的维持俱乐部均衡、促进青少年球员成长、保障青训机制健康发展和保护中小俱乐部利益的目标合法性，由此即使给相关利益方如球员或俱乐部带来限制，也被认为是必需的。

其次看转会费的合法性问题。这主要涉及合同未到期的球员，比如，在英格兰，"如果球员合同期限未满且由球员单方提出转会，新俱乐部则

---

① 参见刘进《关于欧盟足球运动员转会费规则的竞争法思考》，《体育学刊》2008年第2期。
② 值得注意的是两个文件在用词上的不同。2010年《中国足球协会球员身份及转会暂行规定》坚持的是"转会费"表述，实质上指的是"因转会所产生的包括培训补偿和/或联合机制补偿等在内的各项补偿"（该《规定》附件一的定义）。2015年《中国足球协会球员身份与转会管理规定》中，通篇再无"转会费"字样，而是表述为"转会补偿"。
③ 参见朱睿《中国职业足球联赛中的垄断行为及其法律》，硕士学位论文，华东政法大学，2012，第32页。
④ 相关分析，可参见蔡立东、刘思铭《社会团体法人自治与司法审查的实证研究》，《法学杂志》2016年第12期；裴洋《反垄断法视野下的体育产业》，武汉大学出版社，2009，第313~317页。

须向原俱乐部支付转会费"①。有学者敏锐地注意到,欧洲法院在博斯曼案中并没有明确合同期内转会所需转会费之合法性,由此使得整个转会规则的合法性尚存疑问。② 现今,只要俱乐部双方协商一致,转会费仍然在现实的转会交易中客观存在,培训补偿、联合机制补偿有时只占转会费的一个很小比例。③ 转会费是足球俱乐部的重要盈利手段。④ 近年来,无论国内还是国外,各种"天价"转会费仍然层出不穷。⑤ 从竞争法的视角看,对于合同未到期的球员收取转会费,仍然是一种限制球员自由流动权利的行为⑥,构成了对球员出卖劳动力自由和俱乐部在劳动力市场竞争的不合理限制。⑦ 然而也需看到,这一制度本身具有内在的合理性,当球员的能力还不很确定,但已经显示出潜能,那些善于发现和培养球员的人就可以通过转会费制度获得市场回报。所以学者指出,尽管面临着反垄断固执者的批评,但是转会费的确是体育产业能否健康和持续发展的基础,即使可能因合法性问题而无法得到法律的保障和法院的强制执

---

① 参见张恩利《英国职业足球运动员自由流动权利保障制度的演变及启示》,《沈阳体育学院学报》2017 年第 2 期。
② 参见向会英、Alejandro Pascual Madrid、姜元哲《我国国际职业足球运动员合同违约纠纷解决关涉的主要法律问题——以巴里奥斯案为例》,《天津体育学院学报》2014 年第 5 期。
③ 一般而言,每次联合机制补偿的数额 = (新俱乐部支付给原俱乐部的转会费 - 培训补偿) ×5%。拿一名球员转会为例,转会费高达 6000 万欧元的奥斯卡,其年轻时候效力的圣保罗、巴西国际等俱乐部,也会从奥斯卡自切尔西转投上港的过程中获得补偿金,数额在 300 万欧元上下,约合 2300 万人民币。参见杜金城《何谓培训补偿 + 联合补偿? 两点未接轨国际至青训难进步》,新浪体育,http://sports.sina.com.cn/china/j/2017 - 08 - 04/doc - ifyitapp0579362.shtml,最后访问时间:2018 年 3 月 1 日。
④ 《广州恒大淘宝足球俱乐部股份有限公司并国泰君安证券股份有限公司关于恒大淘宝挂牌申请文件反馈意见的回复》显示:"公司无偿取得的球员资产收益权系按照中国足协的相关规定将来收取的培训补偿、联合机制补偿、转会费等收益。"该文件载 http://xinsanban.eastmoney.com/Article/NoticeContent? id = AN201507280010324844,最后访问时间:2018 年 3 月 1 日。
⑤ 参见星云《内马尔天价转会费的背后是什么?》,腾讯证券,http://stock.qq.com/a/20170803/002707.htm,最后访问时间:2018 年 3 月 1 日;鲍文龙《孙可天价转会创中超纪录 泰达两度收获年度标王》,搜狐体育,http://sports.sohu.com/20150618/n415281978.shtml,最后访问时间:2018 年 3 月 1 日。
⑥ 参见裴洋《欧盟竞争法视野下的足球运动员转会规则》,《体育科学》2009 年第 1 期。
⑦ 参见赵忠龙《比较法视野下的职业运动员法律性质研究——基于体育法、劳动法与反垄断法的协同调整》,载《人大法律评论》(2014 年卷第 1 辑),法律出版社,2014,第 313 页。

行，但遍布体育行业的事实上的"转会费"仍将长期存在。①

再次看转会窗制度的合法性问题。转会窗又称为转会最后期限，意指在整个职业足球赛季中，为俱乐部的球员交易设定的一个特定日期，超过该日期就不允许球员再流动。国际足联从2002/2003赛季开始推行转会窗制度。球员只能在每个赛季指定的两个转会窗内转会到其他国家的俱乐部。其中较短的转会窗在赛季中开放，较长的转会窗则在赛季前开放。较短的转会窗只用于严格意义上"体育相关原因"导致之转会，如替换受伤球员、球队技术调整等。《中国足球协会球员身份与转会管理规定》第15条规定："国内职业球员转会应当在每赛季两次注册期的任一注册期内进行。"毫无疑问，转会窗制度对球员自由流动造成了阻碍，但是，它最大的作用可能在于保证结果上的公平性和足球赛事的有序性。比如，很难想象一个球员赛季初在原俱乐部效力，但在赛季末又在新俱乐部效力并在与原俱乐部的关键比赛中攻入制胜一球。如果赛季末仍然允许球员转会，就无法避免财大气粗的俱乐部继续招兵买马，这对俱乐部之间竞争的均衡是不利的。② 正是在这个意义上，《中国足球协会球员身份与转会管理规定》第8条专门强调，一名球员不能在同一赛季为多于两家俱乐部在同一个国家联赛或杯赛效力，这正是为了维护职业足球赛事的公信力和竞争均衡。

最后看"工资帽"或所谓的"限薪令"问题。2017年3月，国家体育总局苟仲文局长在"两会"上就批评了国内职业足球天价球员现象，指出相关部门打算制定针对球员的工资封顶制度，超出部分则按比例征收足球公益金。③ 中国足协在2018年2月举行的2018赛季职业联赛动员大会上指出，将研讨"工资帽"政策。④ 按照一些媒体的解读，限薪令主要是抑制

---

① 参见赵忠龙《比较法视野下的职业运动员法律性质研究——基于体育法、劳动法与反垄断法的协同调整》，载《人大法律评论》（2014年卷第1辑），法律出版社，2014，第310~311页。
② 参见裴洋《反垄断法视野下的体育产业》，武汉大学出版社，2009，第182~183页。
③ 参见宗禾《足球联赛限薪令或将加快出台》，凤凰体育，http://sports.ifeng.com/a/20170318/50793349_0.shtml，最后访问时间：2018年3月1日。
④ 参见中国足球协会《新赛季职业联赛动员大会召开 落实改革推动高质量联赛发展》，载中国足球协会官方网站，http://www.fa.org.cn/news/other/2018-02-28/529485.html，最后访问时间：2018年3月1日。

非理性投入，保障青训。① 事实上，这种措施在中国足协的规制历史上并不是新鲜事。1996 年，中国足协就曾下发文件要求所属会员俱乐部限制球员工资收入；1998 年下发《限制足球运动员工资收入》的文件；2003 年，下发《中超联赛足球运动员工资标准》的文件。然而，政策的实施效果在过去并不理想，一些俱乐部为了不与限薪令抵触，采取阳奉阴违的签约方式，导致阴阳合同泛滥。② 从竞争法的视角看，尽管限薪令试图达到的是促进足球产业健康发展的合理目标，但很难说它不构成限制竞争。客观上，它限制了俱乐部在球员市场上的竞争，剥夺了球员获得更好工资的机会，只会加剧俱乐部对球员的需求，但根本不能保证愿意给予运动员最高价格的俱乐部买到想买的运动员。③ 限薪令对于维持俱乐部之间的竞争平衡和保持俱乐部财政稳定也难言必要性，因为包括赛事转播权收入分享在内的其他制度完全可以达到维持俱乐部竞争平衡的目的，而在职业足球上百年历史中，很难说这一制度对于职业足球运动的发展是内在的、必需的。④ 就我国法而言，限薪令可能构成《反垄断法》第 13 条明确禁止的"固定价格"协议，而且，它也不属于《反垄断法》第 15 条规定的任何一种豁免情况。⑤ 所

---

① 参见秦东颖、姚勤毅《"限薪令"给中国足球除虚火，签字费和阴阳合同的"毒瘤"要除》，载上观新闻：http：//web. shobserver. com/news/detail? id = 41380，最后访问时间：2018 年 3 月 1 日。
② 参见韩勇《体育法的理论与实践》，北京体育大学出版社，2009，第 289 页。
③ 参见刘建刚、连桂红《中国职业足球运动员高收入的现状及限薪利弊的经济学分析》，《中国体育科技》2005 年第 1 期。
④ 参见裴洋《欧盟竞争法视野下的足球运动员转会规则》，《体育科学》2009 年第 1 期。
⑤ 《反垄断法》第 13 条规定："禁止具有竞争关系的经营者达成下列垄断协议：（一）固定或者变更商品价格；（二）限制商品的生产数量或者销售数量；（三）分割销售市场或者原材料采购市场；（四）限制购买新技术、新设备或者限制开发新技术、新产品；（五）联合抵制交易；（六）国务院反垄断执法机构认定的其他垄断协议。本法所称垄断协议，是指排除、限制竞争的协议、决定或者其他协同行为。"第 15 条规定："经营者能够证明所达成的协议属于下列情形之一的，不适用本法第十三条、第十四条的规定：（一）为改进技术、研究开发新产品的；（二）为提高产品质量、降低成本、增进效率，统一产品规格、标准或者实行专业化分工的；（三）为提高中小经营者经营效率，增强中小经营者竞争力的；（四）为实现节约能源、保护环境、救灾救助等社会公共利益的；（五）因经济不景气，为缓解销售量严重下降或者生产明显过剩的；（六）为保障对外贸易和对外经济合作中的正当利益的；（七）法律和国务院规定的其他情形。属于前款第一项至第五项情形，不适用本法第十三条、第十四条规定的，经营者还应当证明所达成的协议不会严重限制相关市场的竞争，并且能够使消费者分享由此产生的利益。"

以，更为现实的做法可能是对俱乐部工资总额进行限制，这对单个球员的影响是间接的，又与俱乐部经营状况的健康标准挂钩，才可能符合《反垄断法》第15条"提高中小经营者经营效率，增强中小经营者竞争力"的豁免情形。

五　足协U23新政及合法性评估

（一）南松案与U23新政

南松是1997年出生的新生代球员，学籍在延边州体育运动学校，注册在延边州足球协会。2015年，延边州体育运动学校与延边富德足球俱乐部签署《俱乐部梯队合作培养协议》，将前者全部足球队管理权归于延边富德足球俱乐部。2016年1月中旬，南松离队，转经日本后于当年7月与韩国富川FC足球俱乐部签署了其第一份职业工作合同，2017年被重庆力帆俱乐部临时租借。从2017年初开始，延边富德就南松的注册和转会发布了多次致信及公告，申明南松是延边富德注册球员，其在韩国富川FC的注册和转会违反国际足联和中国足协规定，已经向DRC申请仲裁，在DRC相关裁决之前办理转会或者租借均可能涉嫌诱导违约、赔偿责任和体育处罚。①

南松案的背景是2017年足协开始施行的U23新政，使得相关利益方盯上了青训这块蛋糕，中国足球对人才的争夺也转移到了23岁之前。此处先介绍U23新政的来龙去脉。

U23新政的核心是强制23岁以下球员进入首发名单和限制外援上场名额，其背景是管理层对中超愈发高昂的引援支出和薪资的忧虑。2017年的赛季开始前，中国足协突然调整了联赛规程，要求每队上场外援最多为3人，取消了亚洲外援名额，每队首发名单中则必须有1名23岁以下球员。2017年5月，《关于调整中超、中甲联赛U23球员出场政策的通知》和《关于限制高价引援的通知》相继出台，前者规定，从2018年的赛季起，在中超、中甲联赛、中国足协杯赛中，中超、中甲俱乐部的U23

---

① 参见周明《职业足球运动员南松注册及转会争议》，载"体育与法"微信公众号2018年1月31日，最后访问时间：2018年2月21日。

国内（港澳台除外）球员必须与整场比赛累计上场比赛的外籍球员人数相同；后者规定，从 2017 年夏季注册转会期起，对亏损状态的俱乐部征收引援调节费。有关俱乐部通过转会引入球员的资金支出，将收取与引援支出等额的费用，该项费用全额纳入中国足球发展基金会，用于青少年球员的培养、社会足球普及和足球公益活动。同年 6 月，中国足协出台细则，将引援调节费征收的标准规定为外援超过 4500 万人民币和内援超过 2000 万元人民币。这一措施被称为中国版的奢侈税，瞬间冷却了火热的转会市场。为了防止俱乐部在实践中规避调节费的情况，中国足协 2018 年 2 月又发布了《关于执行收取引援调节费相关工作的补充规定》，对买断球员合同之后以自由人加盟的，以所约定违约金的费用为标准计算引援调节费；对先租借几年再完成转会的，以租借费和转会费的总额计算引援调节费。

为了避免诸如南松案这样的"出口转内销"行为，中国足协 2018 年 1 月发布了《中国足协关于调整青少年球员转会与培训补偿标准管理制度的实施意见》，被称为青训新政，包括如下内容。(1) 提高对青少年球员进行转会的管控力度。对于 16 岁以下的球员，过去的规定是除非有新培训单位所在城市的学籍证明或球员监护人在新单位所在城市至少半年以上的工作证明方可准许转会，新规则将工作证明用监护人在新单位所在城市至少 6 个月以上的社保或个税缴纳证明、凭证或者记录文件代替。为了增强青少年的履约意识，新规规定，青少年球员如果未与原培训单位就解除培训协议达成一致，禁止办理国内转会。(2) 保障长期培养青少年球员的培训单位之首次职业合同签约权。培训单位如果对业余球员从 12 周岁生日后连续注册时间超过 4 年（含 4 年），若其能与球员签订工作合同，且提供不低于所属地平均工资 3 倍的工资，则有权选择与该业余球员签订不长于 2 年（含 2 年）的工作合同。若球员无正当理由拒绝签订，则将被处以停赛 24 个月的处罚。(3) 增加国内青少年球员的培训补偿数额和起始年限。新规将培训补偿的起始年龄降至 8 周岁，并增加了补偿数额，要求新签工作合同或新转入球员的俱乐部应在注册完成后 30 天内，向培训单位支付培训补偿和联合机制补偿，否则将被予以纪律处罚。(4) 堵住利用国际转会实现"出口转内销"的漏洞。《国际足联球员身份与转会规定》规定,年满 18 周岁的业余球员只要无职业合同就可国际转会,哪怕原培训单位不开转会证明,亦可通过申请临时转会证明规避。这导致某些经纪人和俱乐部操纵尚在培训期内的球员"出口转内销"。新规为此规定,球员在 23 周岁生日前从国外转回国内的,只要出现培训协议未到期且与培训单位就培训协议终止未达成一致的情形,就将承受纪律处罚。(5)着力保障青少年球员的合法权益。对于与原培训单位协议已满且在该培训单位连续注册未满 4 年的业余球员,可自由与其他俱乐部签订工作合同。对希望通过出国提高技术水平但原培训单位不放的球员,如果转会回国已经超过 23 岁,因不再享受 U23 待遇,可认定该国际转会的合理性,不再对其处罚。另外,保障球员在单赛季上场时间总和少于俱乐部官方比赛时间总和 10% 时,基于正当体育理由解除合同和免予处罚权。①

(二) U23 新政的合法性评估

足协 U23 新政很快受到了劳动法学者的批评。在批评者看来,职业球员作为劳动者,属于弱势群体,需要劳动法提供保护,而就业权就是劳动者劳动权利的直接体现,是劳动者最重要的生存权。如果侵犯了劳动者的平等就业权,就构成就业歧视。U23 新政以年龄为标准,对球员的上场机会设置了强制性规定,构成了就业歧视中的年龄歧视,一方面剥夺了 U23 以上球员的上场机会与上场时间,侵犯了其平等就业权;另一方面也削弱了 U23 以上球员谋求转会时的谈判话语权。②

然而,这样的论证方式还是价值先行的结果,正如对于球员是否为弱势群体,也是一个仁者见仁、智者见智的判断。欧盟 2000 年《雇佣及职业中平等待遇的一般框架指令》虽然在第 2 条第 1 款明确禁止任何基于宗教信仰、残疾、年龄和性取向的区别对待,但在第 4 条第 1 款却又提

---

① 参见俞圣洁《体育法律师解读中国足协青训新政》,"体育与法"微信公众号,2018 年 2 月 2 日,最后访问时间:2018 年 2 月 21 日。对于该项新政,舆论的反响较好。参见刘准《足协新规堵死出口转内销 "涮水"球员转会被叫停》,网易体育,http://sports.163.com/18/0205/09/D9SCR9NR00058780.html,最后访问时间:2018 年 3 月 1 日。
② 参见毛景《足协 U23 新政的劳动法分析——以平等就业权为分析工具》,《沈阳体育学院学报》2017 年第 6 期。

供了例外，即只要目标合法且该区别对待是适当的。① 对于足协的 U23 新政而言，单纯从劳动法视角认定其构成年龄歧视，并不能揭示这种区别对待为何不存在目标上的合法性和区别对待上的适当性。肖永平教授指出："体育具有自身的特殊规律，对体育领域歧视行为的规制必须考虑其特殊性。"② 仅用劳动法框架，也很难分析为何国际足联自北京奥运会开始，完全禁止 23 岁以上球员参加奥运会男子足球比赛。

在美国，与反垄断法审查深入社会生活中的各个方面相适应，反垄断法也成为反年龄歧视的工具，反垄断诉讼则成为职业体育领域反年龄歧视的一条新途径，法院更倾向于采纳年龄限制对于运动员参与资格是否构成反垄断法中的限制竞争行为的分析路径。在 Linseman v. World Hochey Ass'n 案中，19 岁的原告 Linseman 指控世界冰球协会（WHA）的选秀规则要求年龄为 20 周岁以上，构成了集体拒绝交易，违反了《谢尔曼法》。WHA 辩称，第一，如果废除这种限制，将导致低级别球员涌入WHA，结果是低级别联赛将因人才匮乏而难以为继；第二，如果年轻人没有足够时间在低级别联赛锻炼，WHA 会相应失去高水平运动员的来源地。但法院认为，法院并不允许把非法的限制交易协议当作挽救企业的手段，而且，即使联盟生存和发展需要低级别联赛为其培养高水平运动员，也不能因为这样一种需要，就通过特定的不合法规则来决定特定运动员是否得到雇佣。法院由此认为 WHA 这种年龄限制属于自身违法行为，构成《谢尔曼法》禁止的集体拒绝交易。法院还进一步认为，在自由的市场体系下，哪些运动员有资格进入 WHA，应该交由球队去决定，而非联盟决定。③ 从我国《反垄断法》的角度考量 U23 新政限制 23 岁以上球员上场机会的做法，也有构成第 13 条禁止的"联合抵制交易"之嫌，并很难获第 15 条豁免。正如有人评价的那样，一个球员能否上场并不取决于其水平，而是其年龄，这并不符合竞技体育的规律。④ 这种年龄

---

① 参见周青山《体育领域反歧视法律问题研究》，武汉大学出版社，2015，第 196 页。
② 肖永平：《序》，载周青山《体育领域反歧视法律问题研究》，武汉大学出版社，2015，序第 1 页。
③ 参见周青山《体育领域反歧视法律问题研究》，武汉大学出版社，2015，第 198~199 页。
④ 参见陈蔚《中超新政——重金引援受限 U23 球员保送上场》，"体育与法"微信公众号，2018 年 1 月 25 日，最后访问时间：2018 年 2 月 21 日。

限制并不是出于足球运动所要求的技术性条件，也并非保证青少年球员成长的唯一手段。一个刚在上一年成为主力的 U23 球员，很可能因为下一年年龄超标而丧失出场资格；而一个本没有出场资格的 U23 球员因该政策可能获得出场机会与收入水平，这反而可能会影响其进取心。"揠苗助长"，最终限制的是足球产业内的良性竞争。

  U23 新政还涉及对外援的限制以培养本土球员问题。在足球领域，早在 20 世纪 60 年代，就有一些国家的足协规定了限制外援的规则。而在 Dona 案中，体育经纪人 Dona 指控意大利足协只允许本国足球运动员参赛的规则违法，欧洲法院支持了原告的请求，认定意大利足协的规定不符合《欧洲共同体条约》保障的自由流动原则，由此导致了欧足联对外籍球员政策的改变，并逐渐演化为"3 + 2"规则。[①] 但在博斯曼案中，欧洲法院就审查了"3 + 2"规则的合法性，即在欧足联举办的赛事中，俱乐部只能派 3 名其他欧盟成员国的球员和 2 名已在俱乐部所在国连续工作 5 年的外籍球员上场。虽然判决最后适用了《欧洲共同体条约》第 39 条关于欧盟境内自由流动的规定，但这一规则也被认为构成《欧洲共同体条约》第 81 条第 1 款意义上的限制竞争。后来，国际足联实行"6 + 5"政策，要求各国俱乐部首发阵容中的本国球员人数至少有 6 人，外援则限制为 5 人，理由是保护国家队的纯洁性。这的确是一个合法的目标，但该政策却并非达到这一目标所必需，目标的实现也有赖于各国国籍、移民政策和国家队球员资格选拔方面的多方合力，所以该政策也有违反欧盟竞争法之嫌。相反，欧足联推出的本土运动员培养规则因回避了对球员国籍的直接歧视，受到了欧盟委员会认可。该规则要求，参加欧足联举办的冠军联赛和联盟杯赛的俱乐部，必须派出特定本土培养的球员上场比赛。而本土培养的球员，就是在 15 岁到 21 岁之间，已经在所属俱乐部或该国足协下属另外俱乐部接受了至少 3 年培训的运动员。与"6 + 5"政策相比，这一规则带来的限制竞争更小，因为在人员流动频繁的今天，一国青少年到另一国接受培训已经非常频

[①] 参见周青山《体育领域反歧视法律问题研究》，武汉大学出版社，2015，第 178 ~ 183 页。

繁，而这一规则并无直接的国籍歧视之虞。① 虽然可以认为，欧盟的情况有欧盟的特色，并不能僵硬地用这些思维来套用中超的外援政策。但是，中超的外援政策如果放开，短期内会有阵痛，可能出现一些球队配几个国脚，其他都是外援，而另一些球队因买不起外援而全是国内球员的情况，导致强队恒强，弱队争着保级，但长期受益的是整个竞争环境，联赛整体水平的提高必然来自中国球员水平的提高和国家队水平的提高。不限制外援的英超的飞速发展或许就是一个正面榜样。在欧洲，也有人担心，不限国籍会导致外国球员抢占本国人的就业机会，但针对性的解决方法是，通过对居住许可、工作许可等措施，完全可以控制外籍球员进入的数量。即使在欧盟，也有相当国家对非欧盟球员发放工作许可证设置限制。②

青训新政中的首签权也受到了批评。足协相关官员的回应是，政策不可能对所有球员公平，谁培养，谁受益，只要家长签了培训协议，就说明家长认同了该培训单位。③ 但不可否认，首签权的规定剥夺了青少年球员的自由选择权，这跟博斯曼案前旧有转会体系对球员自由流动和竞争的限制如出一辙，无法经受反垄断法的审查。保障培训机构的权益乃保障青训机制，还可以有其他方法，但采纳一种本身违法的限制交易的手段恰恰是最不可取的一种方法。

第三节 中国足协内部纠纷解决机制的法治化评估

一 刘健案引发的思考

前两节探讨的是中国足协内生机制中的实体合法性问题，本节探讨程序合法性问题，评估中国足协内部纠纷解决机制的法治化。我们可以发现，2017 年 11 月，在中国足协官方网站（http://www.thecfa.cn/）

---

① 参见裴洋《欧盟竞争法视野下的足球运动员转会规则》，《体育科学》2009 年第 1 期。
② 参见周青山《体育领域反歧视法律问题研究》，武汉大学出版社，2015，第 190~191 页。
③ 参见姚友明、公兵《足协回应新规是否侵权：政策不可能对所有人公平》，搜狐体育，http://www.sohu.com/a/222514407_463728，最后访问时间：2018 年 3 月 1 日。

首页右上角，出现了一个名为"仲裁入口"的链接。这标志着经过多年筹备，中国足协网上仲裁平台正式上线。网上仲裁平台首页由"案件受理公告"和"开庭公告"组成，"北京国安球员张稀哲向中国足协纪律委员会申诉"成为平台刊载的首条信息。中国足协仲裁委员会的工作回应了社会长期以来的公开、透明的需求，这无疑成为新时代中国足协内部纠纷解决机制迈向法治化的一个重要表征。2019年8月，中国足协第11届会员大会决定了新的仲裁委员会主任委员。这些都是中国足协内部治理在程序法治上进步的表现。

然而，在进步的赞誉之下亦不乏隐忧。在添设网上仲裁平台的积极表征之下，中国足协内部纠纷解决机制的法治化状况究竟如何？轰动一时的"刘健案"给我们提供了通过具体个案进行检视的机会。

2014年1月3日，广州恒大俱乐部单方面宣布与刘健正式签约。但当晚，青岛中能俱乐部发布《关于刘健私下签约恒大事宜的声明》，表示其与刘健的合同要到2017年1月1日才到期，因此不同意刘健转会。随后，刘健公布了两份与青岛中能的合同。一份为在中国足协备案的合同，于2013年12月31日到期；另一份为俱乐部实际执行的合同，于2014年1月1日到期；两份合同都没有续约条款。青岛中能出示了一份与刘健续约到2017年1月1日的合同，刘健认为这是伪造的。1月6日，刘健向中国足协仲裁委员会提交仲裁申请书，要求确认其与青岛中能之间的工作合同终止，后又请求对上述合同进行笔迹鉴定。争议正式进入中国足协的仲裁程序。

2014年2月18日的首次开庭没有结果，刘健也因此接连错过了中超和亚冠报名。4月4日，有媒体曝出据说是恒大方面主动透露的消息，称鉴定结果已出，青岛中能所持刘建续约合同，系他人伪造签名。在4月8日的开庭中，几方初步达成庭外和解意向，但最终和解崩盘。广州恒大坚持刘健必须自由身转会，青岛中能则要求向中国足协提交补充证据，并再找权威机构补充鉴定。同一晚，青岛中能召开新闻发布会，称不接受此事仲裁结果，将继续申诉。

同年4月11日，中国足协作出〔2014〕足仲裁字第017号《裁决书》，确认刘健为自由身，并即刻开始为刘健补办转会手续。随后广州恒大发布《关于刘健正式完成报名注册手续的公告》：根据中国足协仲裁委员会仲裁结果，球员刘健正式以自由身加盟广州恒大并已顺利完成报名注册手续。当晚，中国足协发布《关于刘健与青岛中能足球俱乐部有限公司工作合同仲裁案的情况通报》，称仲裁庭经合议后作出终局裁决，裁决结果已告知并发送双方当事人。本案涉及的其他相关问题，中国足球协会将依法依规进行进一步核查，并将结果及时对外公布。8月14日，中国足协作出《关于对青岛中能足球俱乐部违规违纪的处罚决定》，认定青岛中能存在弄虚作假的行为，扣除中甲联赛积分7分，罚款40万元。①

8月15日，青岛中能召开新闻发布会，对刘健案仲裁过程中涉及的违法违规问题表达单方意见，包括"本案仲裁受理程序严重违规""本案仲裁庭的组成不合法""本案仲裁员的身份和资格存在重大瑕疵""本案委托鉴定程序不合法""鉴定报告出具后，本案应当中止审理""仲裁委未通知鉴定人出庭作证，鉴定报告应不予采信""本案对我部仲裁申请'不予处理'，严重违法、违规""仲裁裁决书没有仲裁员签字，不产生法律效力""本案仲裁中对合同效力认定逻辑混乱、是非颠倒、明显偏袒对方"等多个问题。②

为了回应上述质疑，9月16日，中国足协发布了《关于刘健与青岛中能俱乐部工作合同纠纷的情况通告》③，详细介绍了该案的受理、审理工作，并对仲裁庭的组成和裁决书的制作、司法鉴定机构的选择等问题进行了详细说明。

从实体上看，"刘健案"再次将中国足球行业存在的"阴阳合同"问

---

① 参见《刘健案始末》，大众网，http：//www.dzwww.com/2014/ljan/，最后访问时间：2018年3月4日；《刘健转会纠纷大片224天后杀青 中能输人又输脸！》，网易体育，http：//sports.163.com/14/0814/15/A3KAGDRN00051C8L.html，最后访问时间：2018年3月4日。

② 参见《中能称刘健案仲裁程序严重违法 颠倒是非（全文）》，新浪体育，http：//sports.sina.com.cn/b/2014-08-15/17477293368.shtml？from=hao123_sports_nq，最后访问时间：2018年3月4日。

③ 全文可见于https：//tieba.baidu.com/p/3298701438？red_tag=1864339167，最后访问时间：2018年3月4日。

题曝光于众①，这也许是促成中国足协在2018年末到2019年初下大决心整治该问题并颁发《中国足球协会职业俱乐部财务监管规程（2019年版）》（足球字〔2018〕708号）等治理办法的重要原因。② 除此之外，最受当事方及社会舆论诟病的是中国足协内部的仲裁程序问题。程序正义体现了法治与人治之间的基本区别，即使对于行业协会的内部纠纷解决机制而言，也须符合基本的程序法治理念。显然，"刘健案"显现的中国足协内部纠纷解决机制的法治化水平还须进一步提升。基于此，从程序法治视角检视正处于法治化进程中的中国足协内部纠纷解决机制不乏理论与实践意义。

二 中国足协内部纠纷解决机制的探索与改进

体育作为一个具有较强专业技术性和相对封闭性的特殊领域，体育组织的权威地位和自律作用非常突出，体育自治也客观上需要保留体育组织的内部纠纷解决机制。③ 一般的体育纠纷多在体育组织的系统内部解决，足球纠纷也不例外。中国足协内部纠纷解决机制由此开始建立并获得了快速发展，积累了体育行业协会内部治理法治化的宝贵经验。

（一）《中国足球协会诉讼委员会工作条例》的探索

2000年3月31日，中国足协常务委员会颁发了《中国足球协会诉讼委员会工作条例》，代替了原有的《中国足球协会诉讼委员会工作条例（试行）》。根据该工作条例第2条，中国足协诉讼委员会（以下简称"诉讼委员会"）是中国足协处理行业纠纷的权力机构。该工作条例也详细规定了诉讼委员会的管辖和程序规则。然而，这一条例也受到了许多学界批评，表现在以下几个方面。

1. "名不正，言不顺"。在"朱永胜诉陕西国力俱乐部欠薪案"中，朱永胜的代理律师刘陆训曾质疑中国足协作为一个民间社团如何能够成

---

① 参见马宏俊、史程《刘健转会案评析》，载马宏俊主编《体育法案例评析》，中国政法大学出版社，2017，第22~37页。
② 参见曹田夫、赵毅、梁伟等《中国足协"四帽"新政的法理分析》，《体育与科学》2019年第1期。
③ 参见肖永平主编《体育争端解决模式研究》，高等教育出版社，2015，第52~53页。

立自己的诉讼机构，拥有诉讼这一国家才能行使的公权力机制，这不仅违法，而且违宪。① 显然，这一机构有"诉讼"之名，却无行使司法机关专属的诉讼权力之实。刘陆训建议，将这一诉讼条例改为调解条例才更为合适。还有学者建议，将诉讼委员会改为"中国足球协会纠纷处理委员会"②。

2. 组成人员选定不明确。该工作条例仅在第 20 条简单规定，诉讼委员会由中国足协常务委员会指定人选组成。但对这些组成人员的任职资质、任命程序、人数等都未规定。在实践中，主要由中国足协的内部官员担任，还可能与纪律委员会成员发生重叠，这都违背了基本的独立和程序正义原则。另外，足协内部规则之间也经常发生矛盾。当时的《中国足球协会章程》规定，中国足协主席会议确定纪律委员会和诉讼委员会成员。主席会议与常务委员会的构成人员并不相同，前者由主席、专职副主席、秘书长和司库组成，后者由主席、专职副主席、副主席、秘书长和司库组成。2 个机构的性质和职权也不同，主席会议是执行机构，常务委员会是作为权力机构的中国足协全国代表大会的常设机构。这些冲突与混淆造成了许多理论上的批评。③

3. 纠纷解决程序相对简单。无论对裁决申请、案件受理，还是裁决庭组成、是否开庭、提出证据、作出裁决等，都只进行了简单规定。而且对于现代程序法治中的一些重要制度，如裁决应遵循的基本原则、回避、申诉人资格、被申诉人答辩、案件审理方式、质证等均无规定。

（二）《中国足球协会仲裁委员会工作规则》的改进

2005 年 1 月，中国足协特别会员代表大会通过的《中国足球协会章程》出现了"本会下设……仲裁委员会……等专项委员会""会员协会、注册俱乐部及其成员……只能向本会的仲裁委员会提出申诉""仲裁委员

---

① 参见梁军《律师：中国足协一些行规违法　球员要用法律保护自己》，新浪体育，http://sports.sina.com.cn/b/2005 - 06 - 19/08111621399.shtml，最后访问时间：2018 年 3 月 1 日。
② 参见郭树理《体育纠纷的多元化救济机制探讨：比较法与国际法的视野》，法律出版社，2004，第 487 页。
③ 参见郭树理《体育纠纷的多元化救济机制探讨：比较法与国际法的视野》，法律出版社，2004，第 484 ~ 485 页。

会在《仲裁委员会工作条例》规定的范围内，作出的最终决定，对各方均具有约束力"等表述。这说明，中国足协已在考虑放弃"诉讼委员会"这一称谓。2009年6月16日，《中国足球协会仲裁委员会工作规则》（以下简称《工作规则》）正式颁布，替代了饱受学界和实务界批评的《中国足球协会诉讼委员会工作条例》。有学者认为，这标志着中国足协全面走向了法治化。① 相关改进措施包括以下几点。

1. 改换名称。行业内部纠纷解决机构改名为"中国足球协会仲裁委员会"。但需注意的是，此"仲裁"并非仲裁法意义上的"仲裁"，本质上只是行业协会内部一个不具有独立性和中立性的纠纷解决机构，与规范法学意义上的仲裁制度不同，但与"诉讼委员会"这一名称相比，至少不再具有篡夺国家司法权力的色彩，体现了纠纷解决机制的民间性。

2. 修改组成人员选定规则。根据《工作规则》第25条，仲裁委员会的组成人员由中国足协主席会议决定。这可能是为了与原《中国足球协会章程》的规定达成一致。就当时适用的2005年版《中国足球协会章程》而言，常务委员会已被执行委员会（以下简称"执委会"）取代。该版章程第23条规定，主席会议的职权之一是决定各机构主要负责人；但第25条又规定，秘书长的职权是提名副秘书长以及各办事机构、分支机构、代表机构和实体机构主要负责人，交执委会或主席会议决定。对于其他组成人员的选任，该版章程则未作规定。最新的2019年版《中国足球协会章程》第35条第（七）项规定，"决定分支机构负责人和成员"是执委会的职责；第42条规定，主席只拥有向执委会提名秘书长和各分支机构主要负责人的职责。可以发现，中国足协内部规则在仲裁委员会组成人员选任上的冲突仍未解决。② 此外，2019年版《中国足球协会章程》也不存在有关主席会议的表述，第46条规定的只有"主席办公会议

---

① 参见钱静《中国足球协会内部纠纷解决机制的完善：以体育自治为基础的考量》，《体育与科学》2014年第3期。
② 另外，2017年版《中国足球协会纪律准则》第90条规定，纪律委员会的主任、副主任、委员人选由中国足球协会主席会议确定。这也和现行《中国足球协会章程》冲突。但2019年版的纪律准则第96条已经改为："纪律委员会主任、副主任、委员人选由中国足球协会执委会确定。"

制度",指在执委会闭会期间,由主席召集,副主席、专职执委、秘书长参加的,落实章程有关执委会职责的要求,行使指导、管理、服务、监督的工作职能,全面主持中国足协各项工作的会议决策机制。显然,"主席办公会议制度"与主席会议并不相同。

3. 增加纠纷解决机制的民主性和参与性。根据《工作规则》第28条,对于俱乐部与球员的纠纷,可选择当事人之外的1~2个俱乐部或球员代表参加案件审理,且有权对案件裁决独立发表意见。这一机制对于防止仲裁庭的独断具有积极意义。①

4. 细化纠纷审理程序的规定。《工作规则》第3条和第4条分别强调了独立审理案件原则和一裁终局原则;第10条则增加了回避规则。程序的细致化显然是程序法治建设的先决条件。

5. 注重发挥多元化纠纷解决方式的作用。《工作规则》第16条专门明确了调解机制的作用,鼓励仲裁庭在裁决作出前先行对争议双方进行调解,承认调解书与裁决书具有同等效力。

三 现行中国足协内部纠纷解决机制的法理审视

现行中国足协内部纠纷解决机制由两部分构成:《中国足球协会章程》的概括规定和《工作规则》的具体细化。从法理视角对之进行详细审视,构成了评估中国足协内部治理法治化的重要内容。需要说明的是,调解虽然在理论上是体育行会内部纠纷解决机制的重要组成部分,但由于中国在实践中并未形成专门的体育调解制度,也无专门的调解机构,《体育法》第32条和《工作规则》第16条也都将调解机制纳入仲裁制度,所以此处对中国足协内部纠纷解决机制的法理审视主要是以仲裁解决机制为重心展开的。

(一) 管辖范围

法理上审视中国足协仲裁委员会的管辖范围,有以下3个要点。

1. 中国足协仲裁委员会与法院(以及作为前置程序的劳动人事仲裁)

---

① 参见钱静《中国足球协会内部纠纷解决机制的完善:以体育自治为基础的考量》,《体育与科学》2014年第3期。

之间的受案分工问题。从现代治理的角度看，行业自治本质上展现的是契约自治，国家司法对之应保留空间，只应适度介入而非完全介入。[①] 现行《中国足球协会章程》第54条第（一）项规定："除本章程和国际足联另有规定外，本会及本会管辖范围内的足球组织和足球从业人员不将争议诉诸法院。"可以看出，"除本章程和国际足联另有规定外"预留了国家司法介入的空间，"足球组织和足球从业人员"表达的是行业自治所能处理的争议主体，"与足球运动有关的行业内部纠纷"则是行业自治可以管辖的争议客体。这意味着若纠纷与足球行业无关，如因国家体育总局足球运动管理中心（以下简称"足管中心"）撤销导致的"原足管中心综合部副主任、财务主管苏小春诉足管中心继续履行聘用合同、支付工资案"[②]，就属于人事争议，归北京市人事争议仲裁委员会管辖，而不在中国足协仲裁委员会的受案范围。那么，何为"与足球运动有关的行业内部纠纷"？《工作规则》第5条主要列举了3点：（1）中国足协的纪律处罚决定；（2）会员协会、俱乐部、球员、教练员、经纪人相互间，就注册、转会、参赛资格、工作合同、经纪人合同等发生的属于行业管理范畴的争议；（3）仲裁委员会认为应受理的其他争议。这些多为基于足球运动本身发生的争议。值得注意的是，此处中国足协并未将自身与其他足球组织或球员的争议列入。当然，可以得出一个初步结论，除非法院从外部司法介入，否则，在中国足协自定的中国足球行业自治体系内，中国足协具有绝对的权力。

2. 中国足协仲裁委员会与国际足球联合会（以下简称"国际足联"）、国际体育仲裁院（CAS）的受案分工问题。这实际上体现的是协会自治与行业自治的分工协调问题。根据现行《中国足球协会章程》第54条第（二）项：国内争议由中国足协仲裁委员会管辖，其他争议为国际争议，由国际足联管辖。第55条则专门处理的是与CAS的关系。根据

---

① 参见张春良《体育协会内部治理的法治度评估：以中国足协争端解决机制为样本的实证考察》，《体育科学》2015年第7期。
② 参见牛犇犇《足协驳苏小春之〈仲裁答辩书〉曝光 多处有漏洞》，网易体育，http://sports.163.com/16/0202/09/BEQF52V400051C89.html，最后访问时间：2018年3月1日。

该条规定，只有对国际足联的裁决不服，才可向 CAS 上诉。这意味着国内争议的唯一解决机构只有中国足协仲裁委员会。当然，根据 CAS 规则，如果双方有约定，涉外球员的合同可直接由 CAS 管辖，而无须先经过国际足联的程序。另外，现在的球员合同相当复杂，有的会涉及形象权商业合同。如果是涉外争议，根据 CAS 规则，CAS 具有管辖权，但国际足联根据其自身规定并无权处理任何商业性合同。[1] 如果是国内争议，由于其很难纳入《工作规则》第 5 条的管辖范围"与足球运动有关的行业内部纠纷"，中国足协仲裁委员会也无管辖权，应交由法院处理。在"上诉人大连阿尔滨足球俱乐部有限公司与被上诉人纪尧姆·瓦罗个人肖像权解除协议纠纷案"中，两审法院皆持此立场。[2]

3. 中国足协内部机构之间的受案分工问题。首先需要讨论的是仲裁委员会与纪律委员会的分工。按照《工作规则》第 5 条的规定，仲裁委员会一般受理不服纪律委员会处罚的案件，但并非所有纪律处罚都可向仲裁委员会提起。根据 2019 年版《中国足球协会纪律准则》第 106 条，只有明确列举的"停赛或禁止进入体育场、休息室、替补席 5 场或 5 个月以上""退回奖项""减少转会名额""限制引进外籍球员"等 10 类处罚可向仲裁委员会申请仲裁，"其他处罚不得申诉"[3]。其次还应厘清仲裁委员会与主席会议（现在似乎应在"主席办公会议"的语境下讨论）的分工。根据《工作规则》第 27 条，对于重大或特殊案件，仲裁委员会可将案件交由主席会议处理，不受本规则约束。但何为"重大或特殊案件"，在实务操作中并不明确。从法条文义看，主席会议也并非仲裁委员

---

[1] 参见吴炜《FIFA 及 CAS 规则在中国足球职业联赛球员合同纠纷中的实务应用：以球员合同争议管辖为视角》，《体育科研》2012 年第 6 期。
[2] 参见大连市中级人民法院（2014）大民四初字第 56 号民事判决书，辽宁省高级人民法院（2015）辽民三终字第 00252 号民事判决书。
[3] 该条具体规定是："（一）受理申诉的机构为中国足球协会仲裁委员会。（二）除下列处罚外，其他处罚不得申诉：1. 停赛或禁止进入体育场、休息室、替补席 5 场或 5 个月以上。2. 退回奖项。3. 减少转会名额。4. 限制引进外籍球员。5. 禁止从事任何与足球有关的活动。6. 取消比赛结果、比分作废。7. 扣分、禁止转会、降级、取消比赛资格、取消注册资格。8. 进行无观众比赛、在中立场地进行比赛、禁止在某体育场（馆）比赛。9. 对赛区罚款 5 万元以上、对俱乐部（队）罚款 6 万元以上、对个人罚款 5 万元以上。10. 其他更严重的处罚。"

会的上诉机构，两者对案件的管辖是平行关系，但主动权还是在仲裁委员会一方，因为是否移交主席会议处理由仲裁委员会全权决定。值得注意的是，2005 年版《中国足球协会章程》第 62 条第 3 款曾规定特可向执委会申诉特定争议的程序；原《中国足球协会诉讼委员会工作条例》第 3 条也曾规定，对于罚款 10 万元以上和停赛或停止工作 3 年以上的裁决，可向中国足协常务委员会进行申诉。但最新版《中国足球协会章程》和目前的《工作规则》皆未规定申诉程序。这在一定程度上强化了中国足协仲裁委员会的权威，可将一裁终局贯彻得更彻底，但也使国内争议当事人的救济渠道变得狭窄，如在刘健转会纠纷裁决作出后，尽管青岛中能方面不认可这个裁决，"并打算向中国足协提出复核申请"①，但从现有规则看，并不存在所谓的"复核"或申诉渠道。

（二）仲裁申请

《工作规则》第 6 条区分了不同案件的仲裁申请期限：如对纪律处罚不服，应在处罚决定公布之日起 7 日内提出；其他案件则从知道或应当知道权利被侵害之日起 1 年内提出；超期将不予受理。第 7 条则规定了仲裁申请书中应载明的具体事项和所附证据目录、证据材料。第 6 条实际上也是时效规则，但被认为时效太短，不利于保护当事人权益。② 事实上，国际足联和一些国家的足球协会对此一般都规定为 2 年。在中国足协对青岛中能进行扣 7 分、罚款 40 万元的处罚后，根据当时的《中国足球协会纪律准则》，这已经属于可以申诉的事项，且"受理申诉的机构为中国足球协会仲裁委员会"。然而，青岛中能却向中国足协纪律委员会提交了一份《关于查阅足纪字［2014］060 号处罚决定相关文件资料的申请书》。中国足协工作人员收下了该材料，表示将研究后作决定。1 周后青岛中能才正式向中国足协仲裁委员会提交申诉，要求撤销相关处罚决定。第 2 天又在未见到仲裁委员会相关人员的情况下，与中国足协规划

---

① 参见高炜《中能高层：坚决不认可足协裁决 准备材料申诉复核》，凤凰体育，http://sports.ifeng.com/gnzq/zuxie/detail_2014_04/15/35763943_0.shtml，最后访问时间：2018 年 3 月 1 日。

② 参见钱静《中国足球协会内部纠纷解决机制的完善：以体育自治为基础的考量》，《体育与科学》2014 年第 3 期。

法务部负责人进行了沟通[1]，后续则无下文。从中可以看出，中国足球行业的法治环境仍有待改善。

(三) 仲裁受理与答辩

仲裁受理与答辩是仲裁程序中的重要环节。根据《工作规则》第8条，除非重大或疑难案件，否则仲裁委员会应在收到申请书7日内作出是否受理的决定，如果不受理还应说明理由。决定受理后，又应在10日内组成仲裁庭。组成仲裁庭后，应将组成情况通知双方当事人，向被申请人发送相关文书（仲裁受理通知书和仲裁申请书）及证据副本。第9条规定，被申请人在收到相关文书后15日内向仲裁庭提交书面答辩材料。第10条还规定，当事人有请求仲裁庭组成人员回避的权利，仲裁委员会对此进行决定，仲裁委员会会议则对要求仲裁委员会主任回避的申请进行决定。在"刘健案"中，根据青岛中能的主张，其于2014年2月8日向仲裁委员会提出了仲裁反申请，仲裁委员会亦已受理，但在裁决中，对这些请求全部"不予处理"[2]。如果该主张为真，则程序上的确存在可改进之处，因为《仲裁法》明确规定，被申请人有权提出反请求。这暴露出中国足协的仲裁规则还比较简单，对于现行商事仲裁规则和劳动争议仲裁规则中普遍存在的反请求（反申请）并无规定，留下了被人质疑的漏洞。

(四) 仲裁庭的组成

就仲裁庭的组成而言，现行规则和实践呈现一定的不公开、不透明、不民主的问题，较受理论界和实务界诟病。根据《工作规则》第8条，仲裁庭由3名仲裁员组成，全部由仲裁委员会主任在仲裁委员中指定。但《工作规则》第25条又规定，由中国足协主席会议决定通过仲裁委员会的组成人员。然而，到底这些组成人员是怎么遴选、产生的，任职资格为何，皆不得而知。有学者注意到，仲裁委员会中无运动员代表，使

---

[1] 参见雅勋《青岛中能向足协提交书面申诉 要求撤销处罚》，新浪体育，http://sports.sina.com.cn/b/2014-08-22/17307302903.shtml，最后访问时间：2018年3月4日。

[2] 参见《中能称刘健案仲裁程序严重违法颠倒是非（全文）》，新浪体育，http://sports.sina.com.cn/b/2014-08-15/17477293368.shtml? from = hao123_ sports_ nq，最后访问时间：2019年3月4日。

得从事足球运动的最关键群体的意见和立场无法得到表达。①将仲裁员的任命完全交由中国足协的做法，难免让人在纠纷中怀疑其独立性和公正性。特别是不考虑当事人的意见，剥夺当事人选定仲裁员的权利，违背了基本的仲裁法原理。无论是《仲裁法》还是CAS仲裁规则，都赋予了在仲裁庭由3人以上组成时，当事人至少可指定1名仲裁员的权利。在"刘健案"中，青岛中能抗议其被剥夺了参与和监督仲裁庭组成的权利，增加了暗箱操作的可能性，且对于仲裁庭组成人员是否根据中国足协仲裁规则任命、是否具有参加仲裁的资格，青岛中能也无从知晓。②虽然根据《工作规则》第10条，当事人在对仲裁庭组成人员有正当理由怀疑时，可提出回避申请，且中国足协也在《关于刘健与青岛中能俱乐部工作合同纠纷的情况通告》中解释，案件仲裁庭组建后，仲裁委员会已经提前发出书面受理和组庭通知书并当庭询问双方是否对仲裁员申请回避，双方均未申请回避，但现行规则对仲裁委员会组成人员的选定和个案仲裁员指定上的"随意"性，仍然是程序上可受指责的疏漏。

（五）庭审方式

根据《工作规则》第11条，仲裁庭审理案件既可开庭也可不开庭。如果采取开庭方式，则除仲裁参与人外，其他人不得参加。青岛中能对此质疑"刘健案"在完全保密的情况下进行审判，无法保障公平性、公正性。③事实上，"刘健案"并非不开庭审理，2014年2月18日、3月4日与4月10日都开过庭。④就《仲裁法》而言，也是以开庭审理为原则，不开庭为例外，并专门规定，仲裁不公开进行，除非当事人协议公开且不属于国家秘密。在法理上，这体现为仲裁方式的秘密性原则。事实上，

---

① 参见肖永平主编《体育争端解决模式研究》，高等教育出版社，2015，第327页。
② 参见《中能称刘健案仲裁程序严重违法颠倒是非（全文）》，新浪体育，http：//sports.sina.com.cn/b/2014-08-15/17477293368.shtml? from=hao123_sports_nq，最后访问时间：2019年3月4日。
③ 参见《中能称刘健案仲裁程序严重违法颠倒是非（全文）》，新浪体育，http：//sports.sina.com.cn/b/2014-08-15/17477293368.shtml? from=hao123_sports_nq，最后访问时间：2019年3月4日。
④ 参见《足协发刘健与青岛中能工作合同纠纷情况通告》，腾讯体育，http：//sports.cnr.cn/internal/news/201409/t20140917_516449643.shtml，最后访问时间：2019年10月31日。

《工作规则》第 28 条已经有了为学界肯定的突破，允许仲裁委员会随机抽取当事人之外的球员和俱乐部各 1~2 名参加案件审理，且要求仲裁委员会在裁决作出之前，充分听取他们独立发表的意见。这被认为是体育仲裁透明化的一种表现，体现了体育仲裁公益化的内在要求。[①]

（六）举证规则

根据《工作规则》第 13 条，除纪律处罚纠纷外，一般采用"谁主张、谁举证"原则，纪律处罚案件则由纪律委员会负举证义务。第 14 条则规定仲裁庭也可自行调查、收集证据。但是，该规则并未像《仲裁法》那样，规定专门的质证、证据保全规则。对于在"刘健案"中争议非常大的鉴定程序亦未规定。根据《仲裁法》第 44 条，鉴定部门既可由当事人约定，也可由仲裁庭指定；基于当事人的请求或仲裁庭的要求，鉴定部门应派鉴定人参加开庭，当事人还有权经仲裁庭许可后向鉴定人提问。在"刘健案"中，青岛中能有 3 项质疑都与鉴定程序有关：（1）鉴定机构的选定未征询其意见，剥夺了其申请鉴定人员回避的权利；（2）鉴定报告出台后，因出现《工作规则》第 23 条规定的"相关事项尚无处理结果"的情况，案件应中止审理；（3）未通知鉴定人出庭作证，因而鉴定报告不具有可信度。[②] 中国足协则在《关于刘健与青岛中能俱乐部工作合同纠纷的情况通告》中回应："仲裁庭选定的鉴定机构系具备司法鉴定资质的合法鉴定机构且在司法鉴定行业内具有权威性。在相关谈话笔录中告知了仲裁庭选定鉴定机构事项，当事人双方均表示无异议。"虽然舆论认为，"刘健案"通过专业机构提供鉴定报告是一个进步，是对中国足协行业纠纷处理上开先例的做法[③]，然而具体规则和程序的缺失必然使当事人对鉴定结果存有疑问。

[①] 参见张春良《体育协会内部治理的法治度评估：以中国足协争端解决机制为样本的实证考察》，《体育科学》2015 年第 7 期。

[②] 参见《中能称刘健案仲裁程序严重违法颠倒是非（全文）》，新浪体育，http://sports.sina.com.cn/b/2014-08-15/17477293368.shtml?from=hao123_sports_nq，最后访问时间：2019 年 3 月 4 日。

[③] 参见肖赧《足协鉴定结果仲裁球员合同真伪 "刘健案"无赢家》，人民网，http://sports.people.com.cn/n/2014/0409/c22176-24856315.html，最后访问时间：2018 年 3 月 4 日。

(七) 仲裁裁决

对仲裁裁决进行法理审视，至少在裁决时限、裁决书内容、裁决书送达等技术性问题上存在改进空间。

1. 裁决时限问题。《工作规则》第17条规定，纪律处罚案件裁决时限为3个月，其他案件为6个月，鉴定、公告、公证、送达、通知、调解等期间不计入时限。这被认为审限过长，使当事人较长时间内处于一种权利义务的未决状态，不利于足球运动开展。[①] 在此背景下，引入CAS和国际足联争端解决程序中广泛采用的"临时措施"机制就相当必要。在2009年效力于大连实德俱乐部的冯潇霆转投韩国K联赛、2013年效力于上海申花俱乐部的德罗巴转会土耳其加拉塔萨雷俱乐部的争议中，国际足联均在短时间内签发临时转会证，以保护球员合法权益。"临时措施"意味着：如果最终裁定球员未违约，则临时注册转为正式注册；如果裁定球员违约，则球员赔偿原俱乐部损失，甚至对球员处以4~6个月的停赛处罚。但球员在赔偿损失或禁赛期结束后，仍可为新俱乐部效力，代表新俱乐部参赛。在"刘健案"中，刘健的律师团队多次提交申请，要求仲裁委员会加快仲裁程序，并请求在仲裁程序不能及时完成的情况下适用"临时措施"。据其中的吴炜律师介绍，律师团队曾先后3次分别向中国足协仲裁委、注册办、联赛执行局提交书面申请，要求适用"临时措施"，但由于在国内适用"临时措施"无先例，相关部门采取了谨慎态度。最终裁决虽以刘健胜诉告终，但此时球员已因仲裁程序未及时完成错过了5场中超联赛，以及上半赛季6场亚冠联赛，竞技状态受到严重影响，球员及新加盟俱乐部皆受到巨大损失。当然，对于一些案情简单、事实与法律问题清楚的案件，引入独任仲裁程序也可能对加快审理速度发挥作用。另外，还有学者建议审限为15日。[②]

2. 裁决书的内容要求。根据《工作规则》第21条，裁决书内容应包括仲裁请求、争议事实、裁决理由、裁决结果、仲裁费用负担和裁决日期。在"刘健案"中，青岛中能提出，无论根据《仲裁法》还是CAS仲

---

① 参见钱静《中国足球协会内部纠纷解决机制的完善：以体育自治为基础的考量》，《体育与科学》2014年第3期。
② 参见王紫薇《从"刘健案"探讨中国足球协会内部仲裁制度的不足及完善》，《山东农业工程学院学报》2015年第6期。

裁规则，仲裁员在裁决书上签名都是基本要求，除非仲裁员持不同意见才可不签名。对于该案裁决，青岛中能认为缺乏仲裁员签名和仲裁委员会盖章而不具法律效力，因为这可能表明该案仲裁员对裁决均持不同意见。① 中国足协的回应则是，裁决书经过了3名仲裁员充分合议并取得了一致意见，加盖了仲裁委员会主任的个人名章，而3名仲裁员的名字已经在裁决书中被列出，无须本人签名。② 显然，这也是中国足协仲裁程序中的瑕疵，因为程序的不规范会影响仲裁的公信力。

3. 裁决书送达问题。据媒体披露，2014年4月11日16:40，广州恒大率先发布声明，宣布中国足协裁定刘健为"自由身"，但青岛中能18:00召开新闻发布会称未收到足协仲裁结果，而直到20:00，中国足协在广州恒大发布声明近4个小时后才公布了有关案件裁决结果的情况通报。③ 且该情况通报并未提及重要的争议事实和裁决理由，仅简单叙述了案件流程与处理依据。中国足协在《关于刘健与青岛中能俱乐部工作合同纠纷的情况通告》中解释，4月11日14:00左右，仲裁庭分别向双方当事人以传真方式发送了该案裁决书。有学者认为，体育仲裁裁决因其较高的公众关注度和所涉及的公共利益，应有仲裁裁决公布环节，争议在被裁决并送达当事人后，应立即公告且以公告方式披露裁决内容。公告中应包括仲裁双方和仲裁员的身份，裁决内容应包括裁决理由。④

四　现行中国足协内部纠纷解决机制的法治化亮点与不足

（一）法治化亮点

现行中国足协内部纠纷解决机制的法治化亮点主要表现为两点。

---

① 参见《中能称刘健案仲裁程序严重违法颠倒是非（全文）》，新浪体育，http://sports.sina.com.cn/b/2014-08-15/17477293368.shtml?from=hao123_sports_nq，最后访问时间：2019年3月4日。
② 参见《足协发刘健与青岛中能工作合同纠纷情况通告》，腾讯体育，http://sports.cnr.cn/internal/news/201409/t20140917_516449643.shtml，最后访问时间：2019年10月31日。
③ 参见丰臻《足协不是哑巴　请开口说话！》，金羊网，http://www.ycwb.com/news_special/2014-04/12/content_6536183.htm，最后访问时间：2018年3月4日。
④ 参见王紫薇《从"刘健案"探讨中国足球协会内部仲裁制度的不足及完善》，《山东农业工程学院学报》2015年第6期。

其一为国家法治与行业自治之初步区分。伯尔曼说:"一切法律最终都依赖于行业习惯与惯例。"① 体育秩序有赖于国家法治与体育自治的共同维护,作为国家法治的基础与有效补充,体育自治在实现体育社会秩序的有序发展中发挥重要作用。在社会发展与体育事务愈加分化的复杂背景下,体育的行业性日趋强化。体育自治法基于契约和组织产生规范力量,其效力来源于成员承认,协会章程只适用于自愿接受章程管辖的人员,由此呈现自治性、专业性和契约性等特点。② 就中国足协的内部争端解决机制而言,它通过在章程中明确仲裁委员会的职权,赋予了仲裁委员会权威。以私法的术语表达,章程就是要约,而会员加入中国足协的申请就是承诺,由此达成了仲裁合意。所以,现行《中国足球协会章程》第 14 条规定的会员义务包括了承认并接受中国足协仲裁委员会和国际足联争议解决机构对行内纠纷的管辖权规定。这是中国足协拥有内部争端仲裁权的正当性基础,它意味着对所有参与中国足协活动的人构成了一个准入条件,他们已经通过言行接受了仲裁要约。③ 现行《中国足球协会章程》又通过规定仲裁委员会负责处理"与足球运动有关的行业内部纠纷",在国家法治与行业自治之间划出一条界线,将业内争议交给行业自治,业外争议则归国家司法管辖。这是对行业自治所持的有限介入态度,意味着国家法治并非无所不包,在行业内部也有着其无法延展的"触角"。

其二为纠纷裁决权力与行政权力之初步分离。法治理念意味着,纠纷解决机构及其职能应独立于行政机构及其职能,目的在于对行政权力进行合理规范与制约。行业内部有序自治的形成亦有赖于此。虽然中国足协仲裁委员会是中国足协内部的下属机构,但区分纠纷裁决权力与行政权力的制度设计已有所体现。《工作规则》第 3 条规定,仲裁委员会独立审理案件。在与行政机关的关系上,现行《中国足球协会章程》第 48

---

① 〔美〕哈罗德·J. 伯尔曼:《法律与革命:西方法律传统的形成》,贺卫方、高鸿钧译,中国大百科全书出版社,1993,第 580 页。
② 参见向会英《体育自治与国家法治的互动:兼评 Pechstein 案和 FIFA 受贿案对体育自治的影响》,《上海体育学院学报》2016 年第 4 期。
③ 参见张春良《体育协会内部治理的法治度评估:以中国足协争端解决机制为样本的实证考察》,《体育科学》2015 年第 7 期。

条规定，仲裁委员会主任不能由执委会成员担任；第34条亦规定，执委会成员不得同时担任仲裁委员会成员；第52条则规定，纪律委员会、道德与公平竞赛委员会成员不得同时担任其他机构职务，也包括仲裁委员会。这都是从人员上保障仲裁委员会独立性的表现。另外，《工作规则》第10条规定了回避机制：仲裁委员会主任决定仲裁员的回避，仲裁委员会会议决定仲裁委员会主任的回避；第20条规定，仲裁庭在裁决无法达成多数意见时，报仲裁委员会决定；第22条第3款规定，仲裁委员会如果裁决撤销纪律委员会处罚决定的案件，只需报中国足协主席会议备案，无须听取其意见。这些规定都体现了仲裁委员会独立办案且不受行政机构干预的精神。

（二）法治化不足

现行中国足协内部纠纷解决机制的法治化不足也是非常明显的，体现为以下三点。

第一，外部监督机制缺失。尽管我们承认体育行业基于契约的自治正当性，但它并非脱离国家管控的法外空间。体育行业的内部治理必须与国家的法治进程相一致，并依照后者调整自己的治理方式。如果体育行业的内部纠纷解决机制向司法程序开放，则可获得更高程度的法治补偿。[①] 然而，现行《中国足球协会章程》第54条第（一）项禁止将足球行业争议诉诸法院的规定（除非该章程或国际足联另有规定），却体现了相当程度的自我封闭性。《工作规则》设置的一裁终局制度也将自身仲裁裁决的效力设定为最高，剥夺了外部监督的可能性。但即使这些规则存在，也可能只是中国足协自身的一厢情愿，很难认为此类规定具有法律约束力。在德国体育协会的实践中，一起纠纷在经过协会内部的行政解决程序后，可先向协会内设的某一委员会上诉，最后还可向协会权力机关组建的最终裁决委员会寻求救济。即使大部分协会都规定，经过此终局裁决，不能再找寻其他纠纷解决机构，有的还明确表达禁止向法院上诉，但德国法院的态度是清晰的：该类禁止向法院起诉的条款无效，体

---

① 参见张春良《论竞技体育争议的程序法治：行业自治与接近正义的关系视角》，《体育与科学》2012年第2期。

育协会章程不能排除国家司法管辖。① 让法院成为社会纠纷的最终解决机构才是现代法治国家的普遍做法，而只有合法有效的仲裁条款才可排除法院的司法管辖，但中国足协的内部仲裁机制并非一种中立的仲裁机制，不能排除法院管辖权。② 相较而言，国际足联对此持更为开放的态度。虽然《国际足联章程》也要求不将足球内部争议提交普通法院，但《国际足联球员身份和转会规定》明确规定，如果有球员和俱乐部试图通过国家法院解决雇佣纠纷，将不受国际足联管辖权之妨碍，这显示，国际足联的争议解决程序可与一国的民事法庭程序并行。③ 甚至《国际足联章程》也并未完全排除司法介入体育纠纷的可能性，针对一些国家法律允许俱乐部或俱乐部会员将体育组织决定诉诸法院的做法，国际足联的态度并非一概否定，而是要求除非国家足协在职权范围内已无法通过体育方法获得解决途径时才可行。④ 所以，如果缺乏外部监督机制，中国足协内部纠纷解决机制就会丧失应有的机制外制约，增加了暗箱操作甚至"独裁"的可能性，这并不利于足球事业的发展。

第二，内部救济机制不足。中国足协内部纠纷解决机制在内部救济机制上也存在制度供给不足的问题。根据现行《中国足球协会章程》：足球行业的国内争议只能提交给中国足协仲裁委员会，且一裁终局，没有其他救济渠道或上诉、申诉机制；国际争议则由国际足联管辖，在国际足联的争端解决机制中，设有向 CAS 甚至瑞士联邦法院上诉的机制。这一方面表明，国内足球争议的救济机制不如国际足球争议救济机制完善，

---

① 参见郭树理《体育纠纷的多元化救济机制探讨：比较法与国际法的视野》，法律出版社，2004，第 206～209 页。
② 参见郭树理《体育组织内部纪律处罚与纠纷处理机制的完善——以中国足球协会为例》，《法治论丛》2003 年第 3 期。
③ 参见吴炜《FIFA 及 CAS 规则在中国足球职业联赛球员合同纠纷中的实务应用——以球员合同争议管辖为视角》，《体育科研》2012 年第 6 期。
④ 参见肖永平主编《体育争端解决模式研究》，高等教育出版社，2015，第 330 页。还有学者指出，国际足联推进各国足协采用的解决国内足球工作争议的《国家足协争议解决委员会标准章程》（National Dispute Resolution Chamber Standard Regulations）第 34 条规定，各争议解决委员会作出的决定可以根据国际足联的准则上诉至为足协所承认的国内仲裁机构。在不存在此类机构的过渡期内，经国际职业足球运动员联合会同意，可以上诉至国际足联承认的仲裁机构，即 CAS。参见董金鑫《我国足球劳动合同争议的司法处理》，《西安体育学院学报》2016 年第 6 期。

前者的相关当事人被剥夺了进一步救济的权利；另一方面表明，即使是效力于同一俱乐部的球员，国内球员的救济渠道也比外籍球员少，这并不公平。① 相较而言，原《中国足球协会诉讼委员会工作条例》对一些特定案件（罚款10万元以上、停赛或停止工作3年以上）规定了7日内向中国足协常务委员会申诉的程序，至少多给了相关当事人一个发表意见的机会。而且，只要规定好申诉审限，并不会浪费太多时间。有学者建议，应将执委会作为最后上诉机构，在进行审查时，只审查程序和法律问题，不审查事实与实体问题。②

第三，仲裁机构独立有限。形式上的独立才是真正符合法治理念的独立，在体育行业，CAS作为行业内的最高上诉法庭，被瑞士法庭认可为中立的仲裁机构，独立于国际奥委会或国际足联这样的国际体育单项联合会。然而，中国足协的内部纠纷解决机制处于中国足协的内部框架中，形式上就不满足这种独立性。③ 按照现行《中国足球协会章程》第48条给予的定位，仲裁委员会属于中国足协的分支机构，只是中国足协下设16个专项委员会之一。在内部机构的职权划分中，虽然已初步考量行政机构与纠纷解决机构的分立，但仲裁委员会也在相当层面受制于行政机构。现行《中国足球协会章程》第35条规定，执委会的职责之一是决定分支机构的设立、变更、注销及其主要负责人和成员；第52条更明确规定，执委会规定仲裁委员会的组成、管辖权和仲裁程序，这表明无论是从设置上还是人员组成上，仲裁委员会都受制于行政机构，后者决定前者。根据《工作规则》第27条，对于重大和疑难案件，可能的处理机构为主席会议，该机构在处理案件时不受此规则约束。另外，仲裁委员会也可能受到纪律委员会的不当干预。第22条规定，如果当事人不履行仲裁委员会的裁决，仲裁委员会只能向纪律委员会提出处罚申请，这表明仲裁委员会自身并无执行其裁决的强制权，却将其赋予了作为行政机构的纪律委员会。那么，如果拒不履行裁决的一方就是纪律委员会，

---

① 参见朱文英《职业足球运动员转会的法律适用》，《体育科学》2014年第1期。
② 参见肖永平主编《体育争端解决模式研究》，高等教育出版社，2015，第330页。
③ 参见张春良《体育协会内部治理的法治度评估：以中国足协争端解决机制为样本的实证考察》，《体育科学》2015年第7期。

它将如何对自身不履行裁决的行为进行处罚？进一步而言，如果纪律委员会对不执行裁决的当事人进行处罚，当事人可否享有再次向仲裁委员会寻求救济的权利？如果不可，纪律委员会的决定就将因无法接受纠纷解决机构监督而不符合法治精神；但如果可以，又会陷入2个机构之间的无穷循环。① 这些都是在设计制度时忽略了纠纷解决机构与行政机构应有分工而产生的问题。

五 完善中国足协内部纠纷解决机制的建议

（一）内部治理之完善

完善中国足协内部纠纷解决机制是中国足协内部治理法治化的重要组成部分。相较于程序烦冗的国家立法确认模式，完善现有内部治理规则更为灵便且更具可操作性。基于前述问题，建议如下。

第一，修改已经过时的《工作规则》。由于《中国足球协会章程》在2014年、2015年、2017年和2019年经历了多次修改，2009年颁布的《工作规则》已有诸多与现行章程不一致之处，特别是已经不存在的"主席会议"这一机构。应通过修改《工作规则》，实现与《中国足球协会章程》相一致，最低限度地将相关"主席会议"之表述改为"执委会"。这样，在仲裁委员会组成人员的选定规则上，《工作规则》第25条将不再与现行《中国足球协会章程》第35条发生冲突。

第二，增补有关内部仲裁程序的规则。与商事仲裁程序相比，中国足协内部仲裁程序过于简单，除了上述讨论中已提到的增加反请求规则、仲裁庭人员组成规则、资质规则、保障运动员代表参与仲裁庭组成规则，增加质证、证据保全、鉴定、独任仲裁、"临时措施"规则，完善裁决书内容与签名、裁决书送达规则、延长时效、缩短审限外，还缺乏相当一部分可保障当事人必要程序权利的制度安排。如现行规则并未规定当事人查阅案卷、提出管辖权异议的权利，也未设置让当事人对提出的事实证据进行辩论的环节。特别是未规定作为"正当法律程序原则"2项基

---

① 参见张春良《体育协会内部治理的法治度评估：以中国足协争端解决机制为样本的实证考察》，《体育科学》2015年第7期。

本要求之一的公平听证权。① 听证符合仲裁程序灵活、快速、经济的特点，有利于对仲裁员的监督和仲裁员水平的提高，有助于形成仲裁判断思路，避免大起大落，由此使得仲裁裁决更具公正性和权威性。另外，对于不同案件体现的不同复杂性，现行机制也未进行区别化处理，如现行机制一律采用普通仲裁程序，对于一些简单争议而言未免过于复杂，因此有必要增加简易仲裁程序。②

第三，提高仲裁委员会的独立性，消除足协内部可能存在的行政干预。在行业协会的内部治理中，纠纷解决机构的独立性问题是核心问题，是制度机制问题，是最大的控制性工程。从法理上看，纠纷解决机构应实现与行政机构的分离，否则相关裁决就会丧失公信力。纠纷解决机构与行政机构的彻底分离符合现代法治理念，权力机构作为两者共同的领导机构，可以较好地发挥对两者的监督、沟通和协调作用。就具体制度改进措施而言：（1）剥离仲裁委员会作为专项委员会或分支机构的角色，减少作为行政机构的执委会对其的控制；（2）建立仲裁委员会直接向会员大会负责并报告工作的机制，在涉及仲裁委员会成员设置、管辖权、程序规则等重大事项时，交由作为权力机构的会员大会决定；（3）扩大仲裁委员会的权力。修改《工作规则》中有关重大、疑难案件可归行政机关管辖和强制执行权归于纪律委员会的规定，将其归入仲裁委员会统一行使。强制执行权的归入可增强仲裁委员会作为协会内部纠纷解决机构的权威，重大、疑难案件审理权的归入则可得到作为行业和法律专家的各位仲裁员的专业保障。

第四，加大调解机制的作用。足球纠纷的内部解决机制既有仲裁也有调解。调解机制具有效率高、节约资源等优点，可在足球行业纠纷的解决上发挥独特作用。《工作规则》第 16 条规定了在仲裁程序中适用的调解机制，但仍缺乏实施细则，需要进一步完善调解的程序和实体规则。按照《人民调解法》第 34 条的规定，社会团体有权设立人民调解委员

---

① 参见钱静《中国足球协会内部纠纷解决机制的完善：以体育自治为基础的考量》，《体育与科学》2014 年第 3 期。
② 参见王紫薇《从"刘健案"探讨中国足球协会内部仲裁制度的不足及完善》，《山东农业工程学院学报》2015 年第 6 期。

会。这为中国足协在未来设置专门的、独立的纠纷调解机构，进一步加大调解机制的作用铺平了道路。

第五，完善内部救济和外部监督机制。在国际足联的内部纠纷救济模式中，球员身份委员会负责解决有关球员身份、球员解雇、教练员雇佣和不同协会俱乐部之间的纠纷；纠纷解决委员会主要解决球员工作合同、培训补偿纠纷；上诉委员会则负责纪律处罚纠纷。这种设置是较为科学的，也不会使人产生名为仲裁、实在为内部纠纷解决机制的困惑。国际足联发布的《国家足协争议解决委员会标准章程》倡导各国足球协会在内部设立"争议解决委员会"，管辖球员工作合同纠纷、合同关系稳定性纠纷和培训补偿纠纷。这表明国际足联对内部纠纷解决机制与外部仲裁的区别有着清醒的认识，对于中国足协内部纠纷解决机制的完善而言，不应机械套用外部仲裁规则。中国足协应积极回应国际足联的倡导，如将现有仲裁委员会改为争议解决委员会，还能解决"名不正，言不顺"的问题。对于纪律处罚纠纷，则应设置专门的上诉委员会。毕竟球员工作合同、转会纠纷和纪律处罚纠纷性质差异太大，客观上应适用不同规则。当然，从现有条件看，没有必要像国际足联那样设计3个纠纷救济机构，用上诉委员会处理纪律处罚纠纷、争议解决委员会处理其他纠纷已经足够。那么，无论是上诉委员会还是争议解决委员会，其裁决是一裁终局，还是可在行业内部继续获得申诉机会？是否可再次上诉到作为行政机构的执委会？有学者建议，若对中足协仲裁委员会和上诉委员会作出的决定不服的，应允许当事人再向中国足协相关机构提出申诉。[①] 还有学者认为，执委会就应是这样的终局性内部裁决机构。[②] 从提高效率和减少行政干预的角度，这种做法并不可取，"同为足协内部机构根本起不到监督目的，实属浪费"[③]，而应引入外部监督机制。

---

① 参见钱静《中国足球协会内部纠纷解决机制的完善：以体育自治为基础的考量》，《体育与科学》2014 年第 3 期。
② 参见谭小勇《中国体育行会内部纠纷解决机制的重构：基于我国现实》，《南京体育学院学报》（社会科学版）2009 年第 5 期。
③ 参见王紫薇《从"刘健案"探讨中国足球协会内部仲裁制度的不足及完善》，《山东农业工程学院学报》2015 年第 6 期。

从捍卫基本人权的角度看，体育组织内部救济规则是要充分保障当事人获得仲裁救济或司法救济的机会，这也是"接近正义"法治精神的基本要求。[①] 所以，中国足协不能自我设定内部程序的最高效力而排斥外部监督。如果未来能够建立独立的体育仲裁机构，足球行业当事人应被允许通过自愿约定将争议提交到这个仲裁机构。该机构的裁决应是终局裁决吗？可以借鉴《仲裁法》第58条的规定：除非出现特定腐败事由或严重程序瑕疵（如仲裁员徇私枉法、没有仲裁协议、程序违法、没有管辖权、证据伪造等），法院才有权撤销裁决，否则裁决的效力就应得到尊重。即使未约定仲裁，也应准许司法救济程序介入。当然，不应把这种司法救济理解为全能救济、诉讼救济，而只应是一种广义的救济即机会保障。应秉持司法谦抑理念，对行业自治进行有限介入、谨慎介入，贯彻以下基本原则：（1）用尽内部救济原则；（2）技术规则例外原则，技术规则只关乎运动本身，属于足球行业自治范畴；（3）程序审查原则，主要审查裁决是否遵守正当程序，仅对那些严重违反实体性公共秩序或有重大程序性错误的裁决予以监督，同时慎用国内强行法。[②] 司法监督的方式也应与独立仲裁机构的做法类似，以撤销裁决为主，而不应作出实体性判决。

（二）国家立法之展望

长远而言，欲提高体育协会内部纠纷解决机构的独立性、减少行政干预，最好的方案是设立一个独立于中国足协的体育仲裁机构。《体育法》第32条对此曾进行了明文规定，并要求国务院规定该机构的设立方案。《体育法》施行已逾20年，虽经体育行业有识之士不断呼吁，但受制于多种原因，该机构仍然迟迟未能设立。特别是比《体育法》后立的《立法法》又规定，仲裁制度作为中国基本的司法制度，只能通过法律予以规定。即使欲再根据《体育法》第33条设立体育仲裁机构，也面临着《立法法》的障碍。所以，在相当长一段时间内，有关体育仲裁的国家立法走入了困局，独立仲裁机构的设想只能停留在理论层面。有学者建议，

---

① 参见张春良《体育纠纷救济法治化方案论纲》，《体育科学》2011年第1期。
② 参见高薇《论司法对国际体育仲裁的干预》，《环球法律评论》2017年第6期。

在此背景下，只能同样通过行业自治模式，如在中华全国体育总会内部设置"中国体育行业内部仲裁委员会"，尽可能减少各协会对内部纠纷解决的干预。① 还有学者建议，依托中国仲裁协会或中华全国体育总会设置"中国体育仲裁院"②。这些方案尽显了学者们的智慧，但也存在一定的理想色彩。

困局之中亦有转机。我国《体育法》修改已提上议事日程，2020年以来，全国人大社会建设委员会开展了多项修法调研、座谈等筹备工作。由此，在《体育法》中直接规定中国的体育仲裁机构——如在中国奥委会或中华全国体育总会下设"中国体育仲裁委员会"③，已经成为可能。修法甚至可以一步到位，不再需要国务院授权，而是在《体育法》中直接规定有关体育仲裁机构的"一揽子"规则。显然，国家立法会为中国足协内部纠纷解决机制之完善提供更为强有力的保障。

第四节 职业足球的内部治理

一 职业足球治理的实践问题与理论定位

（一）职业足球治理的实践问题

职业足球是中国足球改革的重要内容。《足改方案》指出："改革完善职业足球俱乐部建设和运营模式。"《中国足球协会2020行动计划》提出："建立具有独立社团法人资格的职业足球联盟，负责组织和管理职业联赛。"然而，正如学者观察到的那样，中国的职业足球面临管办分离不彻底、政策缺乏连贯性、参与主体利益缺乏合力、中超俱乐部亏损等诸多问题。④ 2020年中超冠军江苏苏宁足球俱乐部解散事件更是我国职业足

---

① 参见谭小勇《中国"体育仲裁"制度建设之中间道路：以建立统一而相对独立的内部仲裁制度为视角》，《西安体育学院学报》2016年第6期。
② 参见张春良《体育纠纷救济法治化方案论纲》，《体育科学》2011年第1期。
③ 参见王家宏、赵毅《改革开放40年我国体育法治的进展、难点与前瞻》，《上海体育学院学报》2018年第5期。
④ 周嘉豪、刘兵：《职业足球改革困境：一种非均衡国家治理模式的反思》，《河北体育学院学报》2020年第2期。

球治理诸多问题的集中表现。

职业足球治理是一个综合系统工程，在其自治的维度之内，法律的审视亦不可或缺。事实上，在各类完善我国职业足球管理体制的设想中，都不乏"推进职业足球法治建设"的思路。[①] 问题是，无论理论上还是实务界，对职业足球法治建设的认识还停留在表层，对职业足球俱乐部和职业足球联盟作为商主体、职业足球经营活动作为商行为的理解还相当缺乏。所以，法治视野下探讨中国职业足球治理问题，需要商法思维的引入，依照商法规则建立良善的职业足球治理秩序。

（二）职业足球治理的理论定位

从历史的视角看，商行为和商法进入职业体育活动滥觞于古罗马时代。罗马竞技场中的马车手堪与今日的足球明星媲美，胜绩多者在不同俱乐部之间转会频繁。[②] 还有人专门在斗兽场中组织角斗士表演，他们与角斗士所有人发生租赁或买卖的法律关系。[③] 在古典时代，法学家盖尤斯就对这种特殊商事合同基于不同场景进行了类型化定性：角斗士未受伤属于租赁合同，受伤或死亡属于买卖合同。[④] 这类合同的特殊性体现为，合同标的是具有体育技能的人本身，人的运动价值存灭影响着利益分配，角斗士的运动价值如果丧失，赛事组织者将付出比租金更高价金对价。故而后世研究者将该种合同界定为混合合同[⑤]，足见商法对职业体育特殊性的谨慎考量。

当代学者从商法视角对职业足球治理的研究尚无太多积累，但零星的讨论也已揭示出许多颇有意义的问题意识。国内学者对职业足球俱乐

---

① 樊树阳：《我国职业足球管理体制改革探究》，硕士学位论文，南京航空航天大学，2018，第 53 页。
② 〔荷兰〕菲克·梅杰：《古罗马的马车竞赛》，李小均译，广西师范大学出版社，2014，第 97～104 页。
③ 〔意〕奥利维耶罗·迪利贝尔托：《罗马法中租赁与买卖的异同》，黄美玲译，《环球法律评论》2017 年第 3 期。
④ Francis de Zulueta, *The Institutes of Gaius Part I Text with Critical*, *Notes and Translation*, The Clarendon Press, 1946, p. 199.
⑤ 〔意〕约勒·法略莉：《在游戏表演与身体活动之间：古代罗马的体育与法》，赵毅译，《体育与科学》2017 年第 6 期。

部的公司治理开展个案剖析①、比较考察②、模式构建③和制度反思④的研究较多。其中，梁伟从公司治理结构优化、股权管办分离和控股股东控制视角出发对中超联赛进行的研究具有开拓性。⑤ 但是，总体来看，既有对职业足球治理的理论定位缺乏商法视角的整体考量，且主要聚焦于作为商主体的职业足球俱乐部，对职业足球联盟的关注不多，对俱乐部区别于一般公司的特殊性、名称中性化改革、市场退出等问题也缺乏商法视角的解释。研究方法上重法经济学、疏法教义学。本节试图弥补既往研究的缺憾，力求从职业足球俱乐部治理、职业足球联盟治理两个维度，以商主体法为中心，兼及商行为法，研讨商法对职业足球治理的解释路径。

二 职业足球俱乐部治理的商法解释

（一）作为商主体的职业足球俱乐部

商法原理上，商主体是以自己的名义独立从事商行为，以从事营利性活动为常业的个人或组织。商法与强调行业自治的职业足球具有天然契合性，因为早期的商主体主要就以商人习惯法为行为依据，具有很强的行业自律性。⑥ 我国是民商合一国家，《民法典》是认定商主体的重要法教义框架。一般认为，商主体包括商个人（《民法典》第1编第2章第4节的个体工商户和农村承包经营户、《民法典》第102条的个人独资企

---

① 冯维胜、曹可强：《公司治理视角下的职业足球俱乐部运行研究——"恒大现象"分析与启示》，《体育科研》2014年第2期。
② 陈文倩、钟秉枢、郑晓鸿等：《国外职业足球俱乐部股权改革经验与启示》，《体育文化导刊》2020年第3期。
③ 裴国鸣：《中国职业足球俱乐部内外互动公司治理探索》，《经济研究参考》2010年第65期。
④ 倪刚、冯维胜：《我国职业足球俱乐部公司治理结构反思》，《天津体育学院学报》2009年第5期。
⑤ 梁伟：《公司治理结构优化下的中国足球超级联赛管办分离研究——基于对公司自治与政府规制的理解》，《中国体育科技》2015年第1期；梁伟：《基于资本权力错配与重置的中国足球超级联赛股权管办分离研究》，《体育科学》2013年第1期；梁伟、梁柱平：《中国足球超级联赛控制性股东的控制权收益研究——基于对超控制权收益的理论认识》，《天津体育学院学报》2012年第1期。
⑥ 赵旭东：《商法学》，高等教育出版社，2019，第39页。

业)、商合伙(《民法典》第 102 条的合伙企业)、商法人(《民法典》第 1 编第 3 章第 2 节的营利法人)。根据《民法典》第 76 条第 2 款,营利法人的主要表现形式就是公司。《关于公布获得 2021 赛季中国足球协会职业联赛准入资格俱乐部名单的通知》(足球字〔2021〕113 号)显示,名单上 57 家俱乐部无一例外都是公司形式(包括 54 家有限责任公司和 3 家股份有限公司)。所以,中国的职业足球俱乐部无一例外都表现为公司的营利法人,其作为商主体受到商法的规制。

有观点就此将职业足球俱乐部界定为向公众提供竞技表演及相关产品,自主经营、自负盈亏的具有独立法人资格的公司①,但尚有再行探讨的空间。的确,在早期中国足协的一些文件中,比如 1999 年的《中国职业足球俱乐部的基本条件》、2002 年的《中超足球俱乐部标准(试行)》、2011 年的《中国足球协会职业联赛俱乐部准入实施细则》,都明确将职业足球俱乐部界定为公司。2011 年《中国足球协会职业联赛俱乐部准入条件和审查办法》第 4 条更是明确规定,俱乐部应根据《公司法》和中国足协相关规定建立组织架构。然而,《中国足球协会章程》(足球字〔2019〕929 号)将"俱乐部"界定为"具有独立法人资格的组织",并未排除职业俱乐部的非公司类型可能。最新的《中国足球协会职业俱乐部准入规程》(足球字〔2017〕666 号,以下简称《准入规程》)第 8 条更是明确规定:"准入申请者应为具有独立法人资格的足球俱乐部。其应当在工商部门或民政部门进行登记注册。同时,在中国足协的地方会员协会进行行业内注册。"显然,此处的"独立法人",对应的就是《民法典》中的营利法人和非营利法人,这意味着,作为非营利法人的社会团体、社会服务机构等并没有被排除作为职业俱乐部组织形式的可能。

比较法上的职业足球俱乐部有营利法人和非营利法人两种不同的组织类型。一些联赛如英超、西甲、波兰足球超级联赛、澳大利亚联赛要求俱乐部仅限公司,但也有诸如科特迪瓦足球甲级联赛、沙特职业联赛、阿根廷足球甲级联赛要求俱乐部须为非营利协会。德甲联赛、德乙联赛、墨西哥联赛的俱乐部为公司制或协会制皆可。日本甲级联赛、南非超级

---

① 刘万勇:《足球行业法律关系概述》,中国政法大学出版社,2018,第 19~20 页。

联赛等则对俱乐部采取何种组织类型没有限制。① 作为营利法人的公司制俱乐部在追求竞赛目的之外，也谋求商业利润，重视俱乐部盈利目标的实现，这是世界范围内职业足球俱乐部组织形式的发展趋势，也是中国职业足球俱乐部的选择。然而，江苏苏宁足球俱乐部解散事件也显示，公司制的俱乐部功利性强，商业结构脆弱，需探索非营利法人的职业足球俱乐部。德国的经验值得学习：俱乐部可采协会制，并将其职业部分和业余部分剥离，职业部分再被母俱乐部投资成立公司，后者可独立获得联赛的准入资格。根据著名的"50+1"规则，母俱乐部在公司的股东会中拥有至少51%的表决权，以对公司具有控制性的影响力。这样可有效避免投资者进入后对公司稳定造成的影响，使德国足球常以俱乐部健康发展、较少出现管理混乱而获赞誉。②

（二）作为特殊公司的职业足球俱乐部

中国的职业足球俱乐部虽然采取的是公司制，但也是极具特殊性的公司。它们虽然不像证券、保险等公司那样需要政府机关的行政许可，但需要接受行业协会的准入管理。准入制度即职业足球俱乐部应具备何种条件或资质进入职业足球市场进行经营、获取职业足球联赛关键资源"进入权"的规范总称，它的本质是行业协会基于行业内成员的认同和约定而制定的行业自律规则，具有合同的约束力。③《准入规程》和《关于增加和调整〈中国足球协会职业俱乐部准入规程〉部分内容的通知》（足球字〔2019〕2号）对申请参加中超联赛和中甲联赛的俱乐部规定了体育标准、基础设施标准、人员与管理标准、法律标准和财务标准。尽管《公司法》取消了最低注册资本要求，但申请准入的中超俱乐部所有者权益应为3000万元人民币以上，中甲俱乐部所有者权益应为1500万人民币以上。

职业足球俱乐部的商行为也有行业规则上的特殊限制。《准入规程》

---

① Camille Boillat, Kevin Tallec Marston, *Governance Models Across Football Leagues and Clubs*, Editions CIES, 2016, pp. 18 – 20.
② Camille Boillat, Kevin Tallec Marston, *Governance Models Across Football Leagues and Clubs*, Editions CIES, 2016, pp. 20 – 22.
③ 李燕领、王家宏：《我国职业体育的市场准入制度》，北京体育大学出版社，2014，第31~32页。

第 15 条禁止俱乐部接受博彩等可能影响公平竞赛的行为为营业范围或资金来源的投资方融资；涉及俱乐部的管理、行政、体育成绩的任何自然人或法人都不可直接或间接持有或交易参与同样赛事的其他俱乐部的证券或股份。就股权转让而言，在《公司法》的规定之外，《中国足球协会职业足球俱乐部转让规定》（足球字〔2016〕443 号，以下简称《转让规定》）以股权变更后的股东持股或拥有表决权比例是否高于 30% 为界，将职业足球俱乐部的股权转让分为重要股权转让与次要股权转让（第 2 条）。重要股权转让方在 3 年内所转让的股权份额累计不得高于其所持股权的 50%（第 8 条）。重要股权转让的受让方只能为法人（第 9 条），次要股权转让的受让方可为法人与自然人（第 23 条），这一限制颇值商榷，因为没有赋予所有商主体平等地参与受让俱乐部的机会，合伙企业的受让权更是被剥夺了。俱乐部升级后的 1 年内不得进行重要股权转让（第 6 条）。

职业俱乐部的名称也有国家法之外的行业规定限制。《企业名称登记管理规定》对字号的选用采自由主义原则，仅要求不得违反该规定第 8 条和第 11 条的一些禁止性规定。然而，职业足球俱乐部地域化和名称非企业化存在独特的社会文化和经济基础。[①]《足改方案》提出，"推动实现俱乐部的地域化，鼓励具备条件的俱乐部逐步实现名称的非企业化"。《关于各级职业联赛实行俱乐部名称非企业化变更的通知》（足球字〔2020〕288 号）规定，俱乐部名称中不得含有俱乐部任何股东、股东关联方或实际控制人的字号、商号或品牌名称。这实际剥夺了俱乐部自由选择字号的权利，而字号是标识商主体独特身份的专用名称，是商业名称的核心要素和最重要的构成要素。[②] 中国职业足球俱乐部名称的中性化改革，映射的正是商事习惯法与商事制定法的博弈。

职业足球俱乐部的以上特殊性源于它生产的是具有准公共性的竞赛产品，这种产品的生产又必然要在两个以上的俱乐部之间进行，最后仅

---

① 王博、钟秉枢、郑晓鸿等：《英国职业足球俱乐部名称非企业化与地域化发展研究》，《北京体育大学学报》2020 年第 4 期。
② 赵旭东：《商法总论》，高等教育出版社，2020，第 141 页。

有一个或少数俱乐部同时生产出"赢得比赛"这一专有产品,由此俱乐部之间形成了一种特殊的既有竞争又有合作的联营关系[1],并由此产生了协调这种关系的行业机制。与一般公司不同,职业足球俱乐部的目的本身也存在"利润至上"和"比赛至上"的交叉。在实定法上,无论是职业足球俱乐部的章程,还是行业协会的规则,作为自治组织制定的自治规则,都可通过《民法典》第10条的"习惯",成为商法的渊源。基于商法原理,由于商事习惯法相较固定化的制定法考虑了商人间合理的交易习惯,有利于企业经营活动的展开,故商事习惯法不仅可以优先于民事制定法适用,还可优先于商事制定法适用[2],这可以解释职业俱乐部名称中性化改革对《企业名称登记管理规定》的背离。

(三) 职业足球俱乐部的市场退出

职业足球俱乐部对"比赛至上"目的的追求可能导致俱乐部违背市场规律、不计成本的行为,俱乐部投资者(股东)通过俱乐部特定的比赛成绩可能享有额外利益,但这些利益并不计入俱乐部财产;而俱乐部资不抵债时,投资者可以通过俱乐部的公司独立人格和有限责任逃避责任,从而将风险转化给债权人。[3] 此时,俱乐部市场退出机制的完善对于职业足球治理至关重要。第一重市场退出机制时公司解散,根据《民法典》第70条,除非俱乐部合并或者分立,应有董事、理事等成员构成的清算义务人及时组成清算组进行清算。但俱乐部如不能清偿到期债务,且资不抵债或明显缺乏清偿能力时,则达到了破产界限。

从破产法维度审视职业足球俱乐部的退出机制,需注意以下三个要点。

第一,注重重整和和解机制的运用。重整和和解是《企业破产法》除破产清算之外的两种重要破产挽救程序。陷入破产困境的俱乐部可以通过市场化路径积极寻找新的投资人,避免俱乐部解体。另外,《转让规定》第8条对重要股权转让时转让方的要求之一为"没有与行业内单位

---

[1] 闫成栋、周爱光:《职业体育俱乐部的法律性质》,《天津体育学院学报》2011年第1期。
[2] 〔日〕近藤光男:《日本商法总则·商行为法》,梁爽译,法律出版社,2014,第11~12页。
[3] 闫成栋、周爱光:《职业体育俱乐部投资者权利的保护和限制》,《首都体育学院学报》2013年第4期。

或个人的逾期债务"，就没有考虑到陷入破产界限的转让方（它是俱乐部的投资者）转让俱乐部股权获得重整或和解机会从而再生的可能。投资者自身的再生显然对俱乐部有利无害。

第二，注意关联企业债权的劣后清偿。实践中，有的对足球事业充满热情的投资者常对俱乐部做股权投资或无偿赠与，也有急功近利的投资者在初始股权投资后，后续只以借贷方式作债权投资，或者虚构俱乐部对投资者的债务。在破产清算时，后一类投资者的债权或因有抵押可作为优先权清偿，或可按比例与其他债权人同等受偿。美国法上的"深石原则"专门规定，在子公司破产或重整时，若子公司存在为母公司利益而不按常规经营者，母公司对子公司债权之地位应居于子公司优先股股东权益之后。[①] 我国最高人民法院出台的《全国法院破产审判工作会议纪要》吸收了此一原则，关联企业成员之间不当利用关联关系形成的债权，应当劣后于其他普通债权顺序清偿，且该劣后债权人不得就其他关联企业成员提供的特定财产优先受偿。所以，在职业足球俱乐部的破产债权审查中，需要特别注意审查其与投资者的关联债权。

第三，引入"足球债权"优先受偿机制。在江苏苏宁足球俱乐部解散事件中，俱乐部对球员、教练、工作人员的欠薪现象广受关注。在比较法上，比如在英国针对职业足球俱乐部专门设置的"破产管理"程序中，球员、教练、工作人员和其他俱乐部被称为"足球债权人"，可优先于非足球债权人（包括税务部门）得到清偿。[②]

三 职业足球联盟治理的商法解释

（一）作为商主体的职业足球联盟

职业足球联盟与职业足球俱乐部共同构成了职业足球市场经营的参与主体。与作为职业足球基本生产经营单位的俱乐部不同，职业足球联盟被认为是"介于市场与企业之间的中间组织，发挥着'组织化市场'

[①] 〔美〕道格拉斯·G.贝尔德：《美国破产法精要》，徐阳光、武诗敏译，法律出版社，2020，第165~167页。

[②] 周强、夏正清、霍玉娟：《英格兰职业足球俱乐部破产重整中的公司治理》，《沈阳体育学院学报》2016年第5期。

的功能"①，对进入与联盟竞争的俱乐部资格有严格的条件和程序限制。而且，从世界范围内看，职业足球联盟存在公司制和协会制两种不同的法律定位。

公司制的职业足球联盟是典型的商主体。英美是这一体制的代表。英超联盟全称为"足球协会超级联赛有限公司"（The Football Association Premier League Limited），类似于我国法上的股份有限公司；其下一级的足球联赛（The Football League）和足协联赛（Football Conference）也皆为公司。美国的职业足球大联盟（Major League Soccer）、北美足球联盟（North American Soccer League）、联合足球联盟（United Soccer Leagues）以及波兰、牙买加、南非、肯尼亚、印尼的顶级联赛也皆采公司制。②然而，在上述之外的更多国家，职业足球联盟采协会制。欧洲五大联赛中除英格兰足球超级联赛外皆是如此，所有顶级的女足联赛亦是如此。③

中国的职业足球联盟构建应采何种模式？无论是《足改方案》中的"职业联赛理事会"，还是《中国足球协会2020行动计划》的"职业足球联盟"，皆被定性为"社团法人"，法律定位上并不精确。社团法人在民法理论上是与财团法人对应的概念，既可包括公司这样的营利法人，也可包括协会这样的非营利法人。中国职业足球联盟的筹备工作已经进入倒计时，要选举出包括主席、秘书长在内的理事会，报批民政部完成注册。④由于《民法典》第81条第3款规定公司等营利法人设置的执行机构名称为董事会，而第91条第3款明确规定"社会团体法人应当设理事会等执行机构"，这意味着，中国职业足球联盟应被定位为《民法典》上非营利法人项下的社会团体法人，中国选择的是更常见的协会制。

---

① 李燕领、王家宏：《我国职业体育的市场准入制度》，北京体育大学出版社，2014，第32页。
② Camille Boillat, Raffaele Poli, *Governance Models Across Football Associations and Leagues*, Editions CIES, 2014, p. 10.
③ Camille Boillat, Raffaele Poli, *Governance Models Across Football Associations and Leagues*, Editions CIES, 2014, pp. 10–11.
④ 张喆：《中国职业足球联盟成立倒计时 主席秘书长须独立》，https://www.sohu.com/a/123743288_115369，最后访问时间：2021年5月16日。

协会制的职业足球联盟在商法上仍然应被解释为商主体。《民法典》并未对非营利法人从事营利行为作出任何限制，非营利法人也得从事与其目的相关的营业行为。① 职业足球联盟比起其他非营利法人，具有更强的营利目的、营利动机和营利手段，它们肩负商务开发（转播权与赞助）重任，以获得足够收入实现自我管理和财务独立，确保协会的正常运转，与营利法人这种商主体的差别仅在于其利润被禁止分配。根据一些学者的设计，作为中国职业足球联盟执行机构的理事会应是一种商务理事会，"类似于西方职业体育联盟组织下属的联赛董事会"②，这就是一种趋向于公司制的内部治理模式了。

（二）职业足球联盟的特殊商事规则

职业足球联盟的经营行为主要表现为垄断经营，可以获得国家法律上的反垄断豁免。可见，作为特殊的商主体，职业足球联盟存在独特的商事规则。这其中，特别值得观察的就是处理联盟和所属足球协会关系的规则。

就公司制联盟而言，足球协会对联盟的介入主要通过股权或表决权手段。牙买加足协在联盟中拥有51%的多数股权。在英超联盟中，英足总持有1%的"特殊股份"，在重要问题上享有一票否决权，比如联盟主席和首席执行官的任免等，但迄今英足总未行使过这一权利，因为英超联盟在进行表决之前，会与英足总进行反复磋商。其他股份被分配给英超20个俱乐部，赛季结束时，降级的俱乐部需要把自己的股份转让给从下级联赛中升级的俱乐部。但英足总在足球联赛和足协联赛公司中并未持有股份，其介入体现为两公司的规章制度皆需英足总批准。③ 作为镜鉴的是中超公司，中国足协持股36%，有与俱乐部争利之嫌。一票否决制的借鉴既可让中国足协不再成为利益主体，又可确保对联赛的控制权。④

---

① 金锦萍：《论作为商主体的非营利法人》，《法治研究》2021年第3期。
② 郑志强、李向前：《中国职业足球联赛理事会构建的反思与重构》，《武汉体育学院学报》2017年第3期。
③ Camille Boillat, Raffaele Poli, *Governance Models Across Football Associations and Leagues*, Editions CIES, 2014, pp. 14 – 15.
④ 梁伟、梁柱平：《中国足球超级联赛控制性股东的控制权收益研究——基于对超控制权收益的理论认识》，《天津体育学院学报》2012年第1期。

但问题是，未来如果中国职业足球联盟成立，如何处理联盟与中超公司的关系？如果联盟取代中超公司①，中国足协固然不会通过股权优势占比与俱乐部争利了，但联盟作为非营利法人，在我国法上被禁止分配利润，俱乐部通过联盟可能获得的收益在此体制下又如何保证？

一些协会制联盟的经验颇值关注。德国职业足球联盟（Ligaverband）是由德甲、德乙两个联赛的36个俱乐部组成的协会，是德国足协的直接会员。联盟拥有一个全资子公司，即名为"德国足球联赛"（Deutsche Fussball Liga）的有限责任公司。该公司又有两个子公司，一为"德国足球联赛体育公司"（DFL Sports Entreprises），负责赛事的商业运作；另一为"体育传播公司"（Sportcast），负责赛事信号的制作、传播和其他媒体发展事宜。② 职业联赛的商业活动通过交给一个单独设立的公司运营，可以规避法律上对非营利法人禁止分配利润的规定。所以，中超公司未必一定要解散，或可与中甲公司、中乙公司一道，成为中国职业足球联盟的全资子公司，负责各自联赛的商业开发，联盟本身则专注于非商事的竞赛管理、纠纷解决等活动。中国足协在三公司中皆不持股权，但与联盟通过协议形成密切联系，比如可以获得一定比例的联盟转播权收入，联盟也可以从足协经营的国家队中获得一定分成。联盟是中国足协的当然会员，中国足协亦参与联盟的内部治理，对联盟重大事项享有否决权。

四 职业足球商事主体的社会责任

作为商主体的职业足球俱乐部和职业足球联盟都应践行《民法典》第86条和《公司法》第5条规定的社会责任。职业足球俱乐部因其准公益属性，理应对自身有更高的商业道德和社会责任要求，即使出现财务危机，也不应未经提前披露而草率决定解散，伤害球迷感情。职业足球

---

① 石一瑛：《从中超公司到职业联盟，中国足球联赛进入新纪元》，https://baijiahao.baidu.com/s?id=1647997721326380254&wfr=spider&for=pc，最后访问时间：2021年5月16日。

② Camille Boillat, Raffaele Poli, *Governance Models Across Football Associations and Leagues*, Editions CIES, 2014, p. 20.

联盟虽是私益性质的社会团体法人，但在为会员共同利益行事的同时，也应注重发展国家足球事业、提升足球竞技水平这一公益目的。中国职业足球的改革发展，应在借鉴足球强国经营规则和治理框架的基础上，遵循一般商法规范，考虑足球行业的特殊性，大力构建责任、诚信、公平、高效的职业足球营商环境，夯实职业足球治理的根基。

第四章　外部保障：足球行业自治的私法保障机制

第一节　足球产业的私法保障机制

一　足球产业私法保障的必要性

足球行业自治离不开法治强有力的保障。特别是，面对日益红火的中国足球产业来说，夯实法律保障机制显得尤为必要。

随着 2014 年国务院 46 号文《国务院关于加快发展体育产业促进体育消费的若干意见》颁布，包括足球产业在内的中国体育产业一下子被打上了一针"强心剂"，驶入了前所未有的发展快车道。相关资料显示，我国 2013 年足球服务产业产值约为 100 亿元，按照体育总局的规划，到 2025 年，足球服务产业规模将达到 1.2 万亿元。[1] 近年来，中超运营公司和俱乐部分红增长很快，在 2016 年赛季，即使是联赛排名最低的球队也拿到了超过 6000 万元的分红。[2] 但是，足球产业外部的法律保障机制并不乐观，足球产业的法治建设滞后于足球产业实践，缺少高层次的足球产业立法，对于足球产业进一步健康向上发展形成了制约。46 号文明确指出，"完善体育产业相关法律法规，加快推动修订《中华人民共和国体育法》，清理和废除不符合改革要求的法规和制度"。《足改方案》专门提

---

[1] 参见国金证券《足球：产业迎发展黄金时代》，《股市动态分析》2016 年第 21 期。
[2] 数据来源于陶金：《中超越来越赚钱了！你知道中国体育职业化的潜力有多大吗？》，载搜狐网：http://www.sohu.com/a/226924325_371463，最后访问时间：2018 年 4 月 1 日。

出"适应足球发展需要和行业特点,完善国家相关法律法规"。这些国家顶层设计对通过法治保障足球产业健康发展提出了明确要求。毫无疑问,法治建设对于足球产业的健康发展至关重要,只有通过法律才能切实维护足球市场中的合法利益,加大执法力度才能使足球产业和市场运行机制规范发展。

当前足球产业法律保障机制的问题主要还是体现在立法缺失上。无论《体育法》还是其他部门法律法规,整体上对体育产业进行规范的条文都非常稀少,更遑论专门立法保障足球产业运行了。正如学者指出的那样,我国足球市场目前还缺乏完善的法律政策,制约了对足球产业进行及时有效调控的能力,无论在足球市场的开放、侵权行为的规制、无形资产的保护还是法律文书的签署制作上,都还有较大提升空间。[①] 反观在足球产业领域居于世界领先地位的欧盟,法律、判例和政策对职业足球发展产生了广泛影响。在内部市场方面,通过博斯曼转会案,欧盟取消了合同到期运动员的转会费制度,对运动员国籍限制根据情况进行了适当调整;在合理竞争方面,欧盟认为欧冠联赛、德甲联赛、英超联赛等的转播权出售方式尽管可能存在对已有欧盟条约的违背,但在考虑足球运动特殊性的前提下,通过规定转播场次等方面的要求,认可了集体出售转播权的合理性;在国家援助方面,法国通过政府补助,意大利通过俱乐部财务政策,对涉及公共福利的政府补助予以认可,但较多涉及经济领域的行为则需要进一步审核。[②] 可见,法治保障是足球产业发展的必备前提。要让当前的足球改革顺利进行,中国亟须在足球产业的法律保障机制特别是私法机制建设上着力。

二 足球产业私法保障的局限性

当前,我国足球产业法治化保障的具体问题很多,从以下问题我们可以看到,私法保障机制也存在局限性,也有赖于与公法、经济法等机

---

① 参见陈陆隆《我国足球产业发展面临的困境与突破研究》,《经济研究导刊》2018年第1期。
② 参见杨铄、郑芳、丛湖平《欧洲国家职业足球产业政策研究——以英国、德国、西班牙、意大利为例》,《体育科学》2014年第5期。

制的协同配合。

　　第一，对球员工作合同和纠纷解决机制明确立法。上一章的论述已经显示，对于球员工作合同是否属于劳动合同，现有学理和司法实践的认识并不统一。单纯套用《劳动合同法》的规制模式，未能考虑职业足球运动本身的特殊性，对职业足球运动的发展不利。但是，如果完全适用内部行业规则，又会对国家法治权威造成挑战。所以，较好的解决方式只能是对职业足球运动员的工作合同进行单独立法，或者在《体育法》中增加一个条款，明确职业足球运动员工作合同的特殊性。南美足球大国智利的一个经验是，制定专门的《职业足球运动员劳动法》，由此将极具特殊性之自治行规融入国家法体系，这不失为一条可供参考之路。[①] 在2017年11月27日国家体育总局政策法规司组织的《体育法》修改会议上，该司法规处提出的修法草案则建议增加一条规定："职业体育俱乐部应当根据职业体育的行业特点，与运动员、教练员依法签订书面工作合同。"这亦可使当前的争议问题迎刃而解。另外，当前足球行业纠纷解决机制的缺乏也亟待立法予以保障。在学术界，已经有学者建议，结合国际体育仲裁院在开展体育仲裁组织、运行上的先进经验，在我国制定单独的《体育仲裁法》，解决当前足协所属仲裁委员会"有名无实"的困境。[②] 有学者提出的方案是，在《体育法》修改中增设"体育纠纷解决"章，明确规定建立我国体育纠纷的仲裁机构，并授权国务院制定相关细则。[③] 但也有学者认为，体育仲裁应当归于《仲裁法》的统一框架之下，不应另起炉灶，只需在普通仲裁基础上突出体育仲裁自身特色即可达到目的。[④] 2017年11月27日《体育法》修改草案采纳的是第二种观点，增设了"体育纠纷解决"章，并专门规定"中华全国体育总会和中国奥委会建立体育仲裁委员会，依法登记，独立于行政机关，是解决体育

[①] 参见赵凯、许云鹏《智利总统颁布职业足球运动员劳动法》，腾讯网，http://sports.qq.com/a/20070403/000474.htm，最后访问时间：2018年2月24日。

[②] 参见董金鑫《论我国单独的体育仲裁法的制定》，《北京体育大学学报》2016年第3期。

[③] 参见姜熙《〈体育法〉修改增设"体育纠纷解决"章节的研究》，《天津体育学院学报》2015年第5期。

[④] 参见孙丽岩《仲裁法框架内体育仲裁模式的构建》，《北京体育大学学报》2011年第3期。

纠纷的唯一的全国性体育仲裁机构"。如果独立的体育仲裁机构成立，将为足球行业自治提供有效公平监督机制，助力足球产业进一步健康发展。

第二，为大力发展足球产业明确税费优惠上的法律保障。税费优惠作为国家援助的一种手段，是加速足球产业发展的重要保障。在西班牙，中央政府和地方政府通过减免税收对职业足球俱乐部进行直接经济扶持，使西班牙职业足球俱乐部具备了世界范围内的竞争力。[①] 46号文专门提出，充分考虑体育产业特点，完善税费价格政策，并提出了包括捐赠、体育场馆自用房产土地等一系列税费优惠措施。《足改方案》则专门设计了足球产业的税费优惠政策：第一，对社会资本投入足球场地建设，应当落实税收优惠；第二，对足球捐赠资金扣除应纳税所得额。但是，正如学者批评的这样，这些作为国家顶层设计的政策文件并没有直接开发新的政策资源，并没有具体规定按照何种标准、条件和依据享受税费优惠，亟待其他政策文件跟进配套、补充。[②] 作为对46号文的配套，财政部与国家税务总局于2015年12月联合发布了《关于体育场馆房产税和城镇土地使用税政策的通知》，更为具体地明确了体育场馆自用房产、土地有关房产税和城镇土地使用税的政策。然而，属于足球产业专有的税收优惠过少、税费优惠内部布局不合理、税收优惠形式和手段单一等问题仍然客观存在，核心即税费优惠的法治化程度不高。[③] 零散的这些优惠规定大都以税收规范性文件的形式存在，在法律、法规和规章层面罕有专门针对体育产业或足球产业的税费优惠立法，制约了通过财税工具保障足球产业发展的作用发挥。2017年11月27日的《体育法》修改草案已经意识到了这一点，设置了专条规定，"国家实施税收优惠政策，促进体育产业发展。具体办法由国务院财税主管部门依法制定"。虽然该条原则性太强，且在是否将制定税收政策的话语权拱手让与非体育部

[①] 参见杨铄、郑芳、丛湖平《欧洲国家职业足球产业政策研究——以英国、德国、西班牙、意大利为例》，《体育科学》2014年第5期。

[②] 参见陈华荣《实施全民健身国家战略的政策法规体系研究》，《体育科学》2017年第4期。

[③] 参见叶金育《体育产业税收优惠的财税法反思》，《武汉体育学院学报》2016年第3期。

门上还有商榷空间,但无疑,《体育法》的明文规定将从财税工具层面促进包括足球产业在内的整个体育产业的制度化保障和建立常态化机制。

第三,探索足球产业发展的反垄断法豁免路径。足球行业本身就有天然的垄断色彩。欧洲法院在博斯曼案判决后的基本观点就是,足球运动也应受到包括欧盟竞争法在内的欧盟法的管辖。在我国,足球领域的反垄断诉讼也已出现。2016年,经过一审、二审直至最高人民法院再审,被称为"中国体育反垄断第一案"的粤超公司诉广东省足协和珠超公司垄断案尘埃落定。[1] 法院对足球协会的反垄断主体地位和作为市场经营者的滥用市场支配地位进行了积极回应,明确了作为体育市场经营者的足球协会是《反垄断法》的规制对象,这意味着在足球领域出台的政策制度和一些在过去看来是"行规"的惯常做法必须考虑与《反垄断法》的协调问题。[2] 职业足球是足球产业的核心,我国在十多年来学习发达国家足球职业化的道路上,也吸收了或正在吸收着国外职业足球发展过程中出现的经济垄断运作模式,如限薪、转播权集中出售、俱乐部准入、职业足球联盟等,在一定程度上加重了足球产业市场的经济性垄断问题。在足球产业发达的国家,基于足球领域的特殊性考量,一般会通过立法明确将足球产业中的部分领域如俱乐部准入、转播权出售等纳入反垄断豁免轨道,但由于我国足球产业政策法规不健全,《体育法》《反垄断法》也缺乏明确规定,行业特殊性并不被认为是反垄断的豁免因素,导致国外成熟的职业足球运作模式被引入我国时,却有与国内反垄断规定冲突的风险。在美国,《体育赛事转播法》给予赛事转播权协议反垄断审查豁免,极大促进了美国的体育赛事发展。[3] 我国在未来的《反垄断法》修法中也亟待对包括足球产业在内的体育产业发展的反垄断法豁免路径给出积极回应。

---

[1] 参见中华人民共和国最高人民法院(2015)民申字第2313号民事裁定书。
[2] 参见姜熙《开启中国体育产业发展法治保障的破局之路——基于中国体育反垄断第一案的思考》,《上海体育学院学报》2017年第2期。
[3] 参见朱雪忠、杨曦《美国体育赛事转播反垄断审查豁免规则及其对中国的启示》,《科技与法律》2016年第2期。

第四，为足球产业发展提供商事和无形资产法律保障。足球产业的快速发展也会带来相当多的商事和无形资产保护问题。就职业足球俱乐部而言，由于其与一般企业并不相同，为了防止其片面追求盈利而妨害足球运动的本质目的，是否有必要对投资者权利予以一定限制呢？在法国，1984年通过的《体育与身体活动组织与推广法》专门规定，超过一定营业额的俱乐部必须成立体育类有限公司或公私合营股份有限公司，虽然其他投资者可以进入，但俱乐部都必须保留至少33%的股份，以维持一定权力，起到限制投资者获得任何分红的作用。① 随着中国经济进入新常态，足球俱乐部未来也必然面临重整、清算等破产法律问题。英国在此领域积累了大量经验。1986~2007年，英国有43个职业足球俱乐部进入"破产管理"程序，进入该程序，俱乐部就获得了合法的机会继续经营并有机会实现重整，其中的"足球债权人规则"可以保证作为债权人的俱乐部球员、教练、管理人员和联盟中其他作为债权人的俱乐部优先于非足球债权人得到清偿。② 但在我国的《公司法》《企业破产法》等商事法律中，对于足球产业特殊性的关注还是一片空白。46号文还提出，"通过冠名、合作、赞助、广告、特许经营等形式，加强对体育组织、体育场馆、体育赛事和活动名称、标志等无形资产的开发，提升无形资产创造、运用、保护和管理水平"。《足改方案》也对足球产业的商事活动和无形资产开发提出了如下要求。第一，加强足球产业开发。加大足球无形资产开发和保护力度，通过打造赛事品牌、开发足球附属产品、培育足球服务市场、探索足球产业与相关产业的融合发展，构建全方位、全过程足球产业链。第二，加大中国足球协会市场开发力度。不断增加联赛、杯赛、国家队等的市场开发收益。加快理顺与下属商务公司的关系，按照现代企业制度改造下属公司。第三，建立足球赛事电视转播权市场竞争机制。实现足球赛事电视转播权有序竞争，探索传统媒体和新媒体在足球领域融合发展的实现形式。第四，鼓励社会力量发展足球。

---

① 参见闫成栋、周爱光《职业体育俱乐部投资者权利的保护和限制》，《首都体育学院学报》2013年第4期。
② 参见姜熙《英国职业足球俱乐部破产制度研究》，《西安体育学院学报》2014年第4期。

引导有实力的知名企业和个人投资职业足球俱乐部、赞助足球赛事和公益项目。不难看出，要实现这些要求，需要立法、执法、司法多管齐下，多方合力，但最关键的仍然是立法问题，如果相关问题无法可依，就会必然导致足球产业商事法律保护不足、无形资产侵权泛滥、同案不同判决的后果。

以上四个方面已经有力地证明，现阶段我国足球产业法治化保障的核心是立法保障。从国外的经验来看，足球立法保障越完善的国家，足球产业和职业足球发展也就越发达。然而，要让立法落地，何其困难。不要说专门的足球产业立法，就是作为根本法的《体育法》修改，经过20余年来的呼吁，仍然未在国家立法机关提上议事日程。所以，更现实的路径是，寻求在立法之外的法律保护途径，提升运用法律技术保护足球产业健康发展的能力。以下几节将从解释论的角度，从足球赞助合同、足球赛事直播节目转播权、足球伤害案中的具体案例实践着手，探讨通过私法技术实现足球产业法律保障的途径。

第二节　足球赞助合同的私法保障机制

一　恒大亚冠违约案引发的思考

2015年11月21日，在恒大亚冠决赛战胜阿赫利队、二度荣膺亚冠冠军后10分钟左右，东风日产公司发布"声明"："在今晚的亚冠决赛中，东风日产发现，原本应该在恒大俱乐部球员比赛服胸前广告上出现的'东风日产启辰T70'却并未如约出现，我司对此表示非常震惊。恒大俱乐部在未征得我司同意的情况下，单方面擅自取消东风日产的赞助权益，我司非常遗憾。对于此次恒大俱乐部的违约行为，我司希望恒大俱乐部能够给予公开的解释说明，同时，我司也将保留进一步行动的权利。"而在后续的补充声明中，东风日产称："恒大第一次提出更换亚冠决赛胸前广告是在11月10日，被当场明确拒绝后，恒大直到赛前一分钟才将更换广告的邮件发给我司。"为此，东风日产启动了法律程序。据报道，2014年2月17日，恒大足球俱乐部与东风日产汽车就后者旗下品牌

"启辰"冠名恒大未来两个赛季球衣胸前广告一事正式确立战略合作伙伴关系,单季合作费达 1.1 亿元。而恒大此次单方违约亦非偶然,早在上赛季亚冠 1/4 决赛第二回合恒大主场比赛期间,恒大队胸前球衣就由"东风启辰"这个约定字样变为"恒大粮油"。当时的纠纷在双方协商之下,以恒大赔付东风日产 800 万元人民币告终。[①]

恒大亚冠违约事件提出了如何通过法律机制保障足球赞助合同实现和如何最大限度保护足球赞助商权益的问题。赞助合同因应现代体育产业之发展而生[②],已经成为我国体育事业发展的重要组成部分和体育产业发展的重要资金来源[③],但由此导致的相关法律纠纷也层出不穷。显然,这是一种具有鲜明行业特性的新型合同,蕴藏了相当丰富的理论资源和现实需求。然而,正如学者指出的那样,赞助合同在我国存在"相关立法和理论研究的双重缺失"[④],这在相当大程度上制约了赞助合同市场的健康发展,一旦像恒大亚冠违约案这样的纠纷出现,赞助商的权益很难得到保障。因此,需要从理论上厘清赞助合同的本质和在我国现行法体系中的位置,了解国外先进国家的比较法经验,以在未来的足球赞助合同实践上通过充分运用法律技术,与国际惯例接轨,最大限度保障赞助合同的稳定性。

二　足球赞助合同的本体界定

对足球赞助合同的理论研究与实务操作,离不开一个先决问题:"赞助合同"是什么?包含了哪些类型?我国理论界与实务界就此的认识视角并不一致。

第一种认识视角主要将赞助合同局限在冠名合同范畴内。一些学者基于冠名合同是"赞助合同中最常见的一种情形"[⑤]、"是体育赞助的主

---

① 参见肖赧《恒大亚冠决赛换球衣广告被指违约　赞助商已启动法律程序　胸前广告拷问金元足球诚信》,《北京青年报》2015 年 11 月 24 日,第 A14 版。
② See Stephen Townley, "Sports Sponsorship and Television", *International Legal Practitioner*, 9, 1984.
③ 参见韩勇《体育法的理论与实践》,北京体育大学出版社,2009,第 79 页。
④ 袁绍义:《论体育赞助合同的法律适用》,《法商研究》2013 年第 2 期。
⑤ 邓春林:《论体育冠名合同的性质及法律保护》,《北京体育大学学报》2005 年第 8 期。

要形式"①之认识,重点考察"体育冠名合同"②或所谓的"体育冠名权合同"③。实践中,上海东部公司与申花足球俱乐部曾经签订《托普集团冠名上海申花足球队协议》并引发违约纠纷,上海市二中院的判决认定,"本案合同俗称冠名权合同,其主要权利义务系由申花俱乐部分割其下属申花足球队名称权,将其球队名称权之一部分冠以其他法人或产品名称以获取对价;东部公司以支付金钱为代价,通过将其所属法人或产品名称附属在有一定社会知名度的申花足球队名称中,以此作为广告的载体,达到扩大公司或其产品社会知名度的目的。"④我国理论界和实务界对体育冠名合同的认识较早,接受度高,可能与体育产业发展之初,赞助形式主要是冠名赞助有关。现今,专就"冠名合同"引发的纠纷在体育行业仍然时有发生⑤,但显然,赞助合同的内容不仅限于冠名权,还包括各种称号的使用权、体育明星形象的使用权、公关活动权、媒体曝光与宣传权、产品的赛场专卖权、礼遇权等⑥,冠名合同只是赞助合同的一种特定类型。⑦

第二种认识视角则按照受赞助方的主体界定赞助合同。有学者认为:"体育赞助合同是指平等主体的自然人、法人、其他组织与体育赛事组织者之间就体育赛事资源的使用与回报而设立、变更、终止权利义务关系的协议。"⑧虽然突破了内容认识上的局限,赞助合同被认为不仅包括冠

---

① 韩勇:《体育法的理论与实践》,北京体育大学出版社,2009,第73页。
② 参见刘志海《体育冠名合同探析》,硕士学位论文,河南大学,2011。
③ 参见常娟、李艳翎《体育冠名权合同性质的研究》,《天津体育学院学报》2008年第1期。
④ 上海市第二中级人民法院(2002)沪二中民四(商)初字第21号民事判决书。
⑤ 参见江苏省镇江市京口区人民法院(2015)京商初字第436号民事判决书。在体育行业之外,冠名合同纠纷多发于文化、娱乐、广告行业,参见江苏省金湖县人民法院(2015)金商初字第00402号民事判决书;新疆维吾尔自治区库尔勒市人民法院(2014)库民初字第1838号民事判决书;徐州市鼓楼区人民法院(2015)鼓商初字第0063号民事判决书;云南省昆明市中级人民法院(2006)昆民五终字第317号民事判决书;上海市徐汇区人民法院(2003)徐民二(商)初字第166号民事判决书;福建省泉州市中级人民法院(2002)泉民终字第1221号民事判决书;广东省深圳市中级人民法院(2006)深中法民三初字第532号民事判决书。
⑥ 参见蔡俊五、赵长杰《体育赞助——双赢之策》,人民体育出版社,2001,第116~126页。
⑦ 参见朱体正《体育赞助冠名合同的法律适用》,《天津体育学院学报》2008年第5期。
⑧ 杨黎明、余宇:《体育赛事合同》,法律出版社,2007,第81页。

名权赞助合同，还应包括广告赞助合同、赛事标志赞助合同、公关礼遇赞助合同等。[①] 但这种观点将受赞助方局限于体育赛事组织者，未涵盖运动员、俱乐部甚至体育行政部门，不免范围过窄，与现实需求不符。[②] 还有学者通过发掘"赞助"的来源界定体育赞助合同："体育事业的主办者通过开发体育资源（电视转播、特许经营、人格权商用、赛事博彩等）的方式来寻求合作伙伴、供应商、赞助商等第三方的资金支持，从而与这些提供费用支持体育事业发展的用户，形成支持、帮助的赞助合同法律关系。"[③] 这同样是一个内容宽泛但主体狭窄的界定。

  还可以观察足球强国意大利的情况。意大利的第一份体育赞助合同订立于1947年，受益人是米兰的Olimpia Borletti篮球队[④]，这比我国第一例体育冠名权交易——1980年10月举办的"万宝路广州网球精英大赛"[⑤] 早了33年。现今，意大利学界积累了丰富的赞助合同理论与判例。特别是，基于判例发展出来的解释立场，赞助合同主要分体育赞助合同、文化和艺术赞助合同、社会赞助合同与电视转播赞助合同四种。[⑥] 1990年8月6日第223号法令规定的电视转播赞助合同是四类赞助合同里唯一得到立法确认的赞助合同类型。[⑦] 我国有学者将该类合同与体育赛事电视转播合同等同[⑧]颇值商榷。后者实际上是一种体育赛事电视转播权的转让合

---

① 参见杨黎明、余宇《体育赛事合同》，法律出版社，2007，第82页。
② 也有很多学者持更广义的主体观，如"体育赞助的被赞助方有：（1）各类运动队、运动俱乐部；（2）著名运动员；（3）具有比赛冠名权等出让权的赛事组委会、运动协会和体育行政部门；（4）体育、教育行政部门和其他事业单位"。邓春林：《体育赞助合同的若干法律问题探析》，《山东体育学院学报》2004年第4期。再如，"被赞助方则涵盖各种体育运动的组织者、参与者，包括体育运动队、体育俱乐部、体育主办方、体育管理机构等"。朱体正：《体育赞助冠名合同的法律适用》，《天津体育学院学报》2008年第5期。
③ 袁绍义：《论体育赞助合同的法律适用》，《法商研究》2013年第2期。
④ Cfr. Giuseppe Liotta – Laura Santoro, Lezioni di Diritto Sportivo, Milano：Giuffrè Editore, 2009, p. 146.
⑤ 参见韩勇《体育法的理论与实践》，北京体育大学出版社，2009，第71页。
⑥ Cfr. Giuseppe Liotta – Laura Santoro, Lezioni di Diritto Sportivo, Milano：Giuffrè Editore, 2009, p. 145.
⑦ Cfr. Giuseppe Liotta – Laura Santoro, Lezioni di Diritto Sportivo, Milano：Giuffrè Editore, 2009, p. 145.
⑧ 参见袁绍义《论体育赞助合同的法律适用》，《法商研究》2013年第2期。

同，客体为体育赛事主办方拥有的体育赛事电视转播权。[1] 而根据第223号法令，电视转播赞助合同为赞助商向电视台或广播电台的节目提供资助，以获得推广产品或自身名声、形象等回报的合同。[2]

按照上述法定定义类推，体育赞助合同即赞助商对运动员、体育运动队或俱乐部、体育协会或体育赛事提供资助，以获得推广产品或自身名声、形象等回报，并将赞助商的形象与受赞助方的形象等同的合同。[3] 一些学者试图进行体育赞助合同类型化的努力，主要依照以下三个标准[4]：基于受赞助的主体标准，分球队（俱乐部）赞助合同、单个运动员赞助合同、体育协会赞助合同和体育赛事赞助合同；基于赞助程度标准，分为独家赞助合同、主要赞助合同、次要或最次赞助合同以及康采恩体育赞助合同[5]；基于赞助内容标准，又分为普通赞助合同、技术赞助合同和官方供应商赞助合同。新技术的发展还带来一些新兴体育赞助合同类型，比如虚拟体育赞助合同、体育电视赞助合同、体育网站赞助合同、体育游戏赞助合同等。[6]

意大利的冠名实践并不发达，因为球队的体育场并不为俱乐部而

---

[1] Cfr. Loredana Tullio, I Contratti di Cessione dei Diritti Audiovisivi su Eventi Sportivi, in Luca di Nella, a cura di, Manuale di Diritto dello Sport, Napoli: Edizioni Scientifiche Italiane, 2010, p. 240.

[2] Cfr. L. Cantamessa, Merchandising, Sponsorizzazioni e Diritti di Immagine, in L. Cantamess, G. M. Riccio, G. Sciancalepore, a cura di, Lineamenti di Diritto Sportivo, Milano: Giuffrè Editore, 2008, p. 511; Giuseppe Liotta – Laura Santoro, Lezioni di Diritto Sportivo, Milano: Giuffrè Editore, 2009, p. 146.

[3] Cfr. Roberto Filosto, Contratto di Sponsorizzazione, Sanzioni Sportive e Responsabilità Contrattuale, Danno e Responsabilità, N. 7, 2007, pp. 817 – 818.

[4] Cfr. L. Colantuoni, Le Sponsorizzazioni Sportive, in Francesco Delfini e Francesco Morandi, a cura di, I Contratti del Turismo, dello Sport e della Cultura, Torino: UTET, 2010, pp. 467 – 477; L. Colantuoni, Diritto Sportivo, Torino: G. Giappichelli Editore, 2009, p. 234.

[5] 根据《意大利民法典》第2602条的规定，康采恩合同是指多个企业可为规范或开展相关企业特定时间的业务而建立共同的组织。康采恩体育赞助合同（pool）指的是数个企业以康采恩的形式联合并组成一个委员会，以赞助一些特别重要的体育赛事，比如世界杯足球赛或是奥运会。这类契约一般存续期限，根据《意大利民法典》第2604条的规定，如果没有特别约定，期限一般为10年。Cfr. L. Colantuoni, Le Sponsorizzazioni Sportive, in Francesco Delfini e Francesco Morandi, a cura di, I Contratti del Turismo, dello Sport e della Cultura, Torino: UTET, 2010, pp. 474 – 475.

[6] Cfr. L. Colantuoni, Diritto Sportivo, Torino: G. Giappichelli Editore, 2009, pp. 244 – 245.

是为地方政府所有①，可能出于对历史传统的尊重，对俱乐部或赛事的冠名也较为鲜见。这与中国的情况颇有不同。但情况也在发生改变，2011~2012赛季，尤文图斯队成功售卖了其新体育场的冠名权，来自英美法的冠名权（naming right）概念也被学理吸收，被纳入体育赞助合同类型。②

学者已经敏锐地意识到，在足球产业蓬勃发展的今天，赞助合同的表现形式是多元的，无论试图用一种统一的标准将之类型化，还是将这些不同类型的赞助合同纳入某一个法律领域，都不现实。③ 这样的观点对我们从本体论上理解赞助合同颇具价值：这是一个具有兼容性、开放性的合同领域，社会生活的发展可能使其与其他合同类型发生交错（比如体育电视赞助合同就兼具体育赞助合同和电视转播赞助合同的特性），足球产业的全球化也会带来吸收别国法律经验的现实需求。这对解释论上将变动中的赞助合同纳入相对稳定的现行法体系提出了更高要求。④

三 足球赞助合同在现行法体系中的位置

囿于立法没有明确规定，如何定位赞助合同在现行法体系下的位置，是解释论上颇有争议之难题。我国《民法典》合同篇及其他单行法并无任何有关"赞助合同""体育赞助合同""冠名合同"的表述，故而，问题的第一个层面表现为，赞助合同到底是非典型合同（无名合同）⑤，还

---

① Cfr. L. Colantuoni, Diritto Sportivo, Torino：G. Giappichelli Editore, 2009, p. 226.
② Cfr. L. Colantuoni, Diritto Sportivo, Torino：G. Giappichelli Editore, 2009, p. 226.
③ Cfr. Guido Valori, Il Diritto nello Sport, Principi, Soggetti, Organizzazione, Torino：G. Giappichelli Editore, 2005, p. 242.
④ 我国学界对赞助合同的研究基本上都是立法论导向的，参见王继远《赞助合同探究》，《求索》2008年第1期；袁绍义《论体育赞助合同的法律适用》，《法商研究》2013年第2期；蒙雪《论体育赞助合同的法律性质以及立法构想》，《广州体育学院学报》2009年第3期；柴方勇《体育赞助之立法思考》，硕士学位论文，中国政法大学，2007；斯婷《体育赞助合同法律问题研究》，硕士学位论文，华中师范大学，2014，第30~33页；刘志海《体育冠名合同探析》，硕士学位论文，河南大学，2011，第25页。
⑤ 我国学界主流观点是将两者等同，参见崔建远《合同法》，北京大学出版社，2013，第22页；王利明《合同法研究》（第一卷），中国人民大学出版社，2002，第25页；朱广新《合同法总则》，中国人民大学出版社，2012，第20页；李永军、易军《合同法》，中国法制出版社，2009，第18页。但已经有学者注意到要慎用"无名合同"一词，参见韩世远《合同法总论》，法律出版社，2008，第39页。

是属于某类《民法典合同篇》或其他单行法有规定的典型合同（有名合同）。如果采前一种定性，法律适用将指向我国《民法典》合同编第467条第1款："本法或者其他法律没有明文规定的合同，适用本编通则的规定，并可以参照适用本编或者其他法律最相类似合同的规定。"该条字面上的解释似乎是，就非典型合同而言，既可选择适用《民法典》合同编通则的规定，也可选择类推适用最相类似的典型合同的规定。[1] 但也有学者认为，合同编通则应当是最后才能适用的规则。[2] 由此，问题的第二个层面就表现为，如果赞助合同被认为是一种非典型合同，那么是直接适用总则规定呢，还是优先类推适用其他典型合同？如果是后者的话，到底类推适用哪一种典型合同？

先看我国学者一些有代表性的观点。就问题的第一个层面而言，有人持买卖合同说，理由是赞助合同的内容属于原《合同法》第131条（现《民法典》第596条）规定的范畴[3]；也有人持赠与合同说，认为应直接适用《合同法》第190、191条（现《民法典》第661、662条）的附义务赠与规则。[4] 就问题的第二个层面而言，更多的学者承认赞助合同属于非典型合同。[5] 一些学者认为其与广告合同最相类似[6]，因此应当类推适用《广告法》有关广告合同的规定；[7] 但也有学者认为应类推适用赠与合同。[8] 还有相当一部分学者认为赞助合同，特别是其中的冠名赞助合

---

[1] 参见朱广新《合同法总则》，中国人民大学出版社，2012，第21页。
[2] 参见王利明《合同法研究》（第一卷），中国人民大学出版社，2002，第27页。
[3] 参见蔡俊五、赵长杰《体育赞助——双赢之策》，人民体育出版社，2001，第223页。
[4] 参见袁绍义《论体育赞助合同的法律适用》，《法商研究》2013年第2期。
[5] 参见王继远《赞助合同探究》，《求索》2008年第1期；斯婷《体育赞助合同法律问题研究》，硕士学位论文，华中师范大学，2014，第6页。
[6] 参见马昌骏《试论冠名权合同法律关系：兼评东部公司与申花俱乐部冠名权合同纠纷》，《法律适用》2003年第11期。
[7] 参见朱正正《体育赞助冠名合同的法律适用》，《天津体育学院学报》2008年第5期。比较法上少有的将赞助合同作为有名合同的立法例为《澳门商法典》第747条，体系上，该条被置于广告合同条下规定，实为广告赞助合同。徐国栋教授的民法典建议稿采纳了此做法，参见徐国栋主编《绿色民法典草案》，社会科学文献出版社，2004，第649页。
[8] 参见张杨《试论体育赞助协议的法律效力》，《天津体育学院学报》2001年第3期。

同，属于授权许可合同①，但正如有人批评的那样，后者本身即是一种非典型合同，并不具备可资准用的资格。② 还有学者认为该类合同与任何一类典型合同皆不相同，由此只能适用原《合同法》总则（现《民法典》合同编通则）的规定。③

对我国法院民事判决书的考察显示④，体育赞助合同裁判文书100%持非典型合同说（见表4-1），这其中，支持类推适用其他典型合同（即广告合同）的只有一个例外（见表4-1案10）；在判决书采纳的实体裁判依据上，无一例适用原《合同法》分则或其他特别法的法条。如果将考察视野放宽到体育领域之外的其他赞助合同（见表4-2），并把演出合同也视为典型合同⑤，持非典型合同说的裁判文书比例为74%，类推适用别的典型合同（即广告合同）的仍然只有案10一例，定性为典型合同的主要有广告合同（见表4-2案18、19、23、30、31，案30又将广告合同视为承揽合同的下位概念）、演出合同（见表4-2案27、29）、附义务赠与合同（见表4-2案21），这其中不乏符合混合合同构成要件，实际上仍然应归于非典型合同的情况（见表4-2案27）。⑥ 在法条适用上，只有一例（3%）适用了原《合同法》分则有关承揽合同的规定（见表4-2案19，虽然定性为广告合同，但法条引用了承揽合同的条

---

① 参见邓春林《论体育冠名合同的性质及法律保护》，《北京体育大学学报》2005年第8期；常娟、李艳翎《体育冠名权合同性质的研究》，《天津体育学院学报》2008年第1期；沈志先、符望《冠名权转让中的法律问题》，法律出版社，2005，第59页；程合红《商事人格权》，中国人民大学出版社，1997，第186页。
② 参见朱体正《体育赞助冠名合同的法律适用》，《天津体育学院学报》2008年第5期。
③ 参见邓春林《体育赞助合同的若干法律问题探析》，《山东体育学院学报》2004年第4期；刘志海《体育冠名合同探析》，硕士学位论文，河南大学，2011，第26~28页。
④ 样本以"赞助合同""冠名合同"为关键词搜索北大法宝、中国裁判文书网和Open Law三大主流案例数据库，再排除相互重合和与主题无关的判决书得出。案例访问截至时间：2015年12月13日。
⑤ 参见王利明《合同法分则研究》（下卷），中国人民大学出版社，2013，第214~222页。
⑥ 这就是"典型合同附其他种类的从给付"情况，参见崔建远《合同法》，北京大学出版社，2013，第23页。也有学者将其视为"准混合合同"，即在一个有名合同中规定其他无名合同事项的合同。参见王利明《合同法研究》（第一卷），中国人民大学出版社，2002，第25~26页。

文），其他裁判文书皆适用的是原《合同法》总则和《民法通则》。整体上看，我国法院的倾向性趋势是把赞助合同视为非典型合同，这种倾向在最近几年则越发明显。

表4-1 体育赞助合同裁判文书

序号	民事判决书文书号	争议合同用名	法院定性	法院适用的实体法律法条（款）
案1	（2015）京商初字第436号	《镇江市中建地产有限公司冠名赞助江苏省羽毛球队合同》	冠名赞助合同	原《合同法》第60、107条
案2	（2014）穗越法民一重字第7号	《2011年"世界脑力锦标赛"项目合作协议》	合同	原《合同法》第107条
案3	（2014）田民二初字第00147号	《合作协议》《参与确认合同》《淮南市第七届运动会篮球项目冠名赞助协议书》	合同	原《合同法》第44、60、107、113条
案4	（2013）海民初字第20447号	《2013中美超级女排对抗赛独家冠名及赛事赞助合同》《协议书》	合同	原《合同法》第8、107、109、120条
案5	（2013）丰民初字第2660号	《2012年国际体联体操世界杯赞助合同书》	合同	原《民法通则》第84、89（1）、108条；原《合同法》第66、94、97、107、109条
案6	（2011）杭上商初字第277号	《联合市场开发合同书》	合同	原《合同法》第60（1）、107、109条
案7	（2009）金民二（商）初字第1561号	《赛事执行协议》	赛事合同，赞助合同	原《合同法》第6、99（1）条
案8	（2008）海民初字第21084号	《冠名赞助第九届世界健美操锦标赛协议书》《冠名赞助第九届世界健美操锦标赛补充协议书》	合同	原《合同法》第8、107条
案9	（2004）沪二中民三（商）初字第376号	《2004年一级方程式摩托艇世界锦标赛上海站比赛合作协议》	赛事承办合同，经营合同	原《合同法》第107条
案10	（2002）沪二中民四（商）初字第21号	《托普集团冠名上海申花足球队协议》	冠名权合同，类似于广告合同	原《合同法》第97、107、124条

表4-2 体育领域外的赞助合同裁判文书

序号	文书号	争议合同用名	法院定性	法院适用的实体法律法条（款）
案11	（2015）深南法沙民初字第200号※	《沛城电子科技赞助协议书》	合同	原《合同法》第94（4）、97条
案12	（2015）金商初字第00402号	《荷乡传媒站台冠名合同》	冠名合同	原《合同法》第60、93、107条
案13	（2015）鼓商初字第0063号民事判决书	《徐州金鹰彭城广场店景观冠名合同》	冠名合同	原《合同法》第107、109、113（1）条
案14	（2014）兴民商初字第496号	《宁夏赛区全程首席冠名赞助合同书》	合同	原《合同法》第107条
案15	（2014）兴民商初字第844号※	《"2014城市旅游小姐"中国赛区总决赛主办合约》	合同	原《合同法》第94、97条
案16	（2014）库民初字第1838号	《活动冠名合同》	合同	原《合同法》第60条
案17	（2014）沪一中民四（商）终字第1184号	《合同书》	服务合同	原《合同法》第60（1）、109条
案18	（2013）深罗法民二初字第872号※	《深圳消防公益宣传赞助合同》《补充协议》	广告合同	原《合同法》第44（1）、60（1）、94（3）、97、107、113（1）条
案19	（2013）青民二（商）初字第217号	《电视剧赞助合同》	广告合同	原《合同法》第8、107、251条
案20	（2012）浦民二（商）初字第2178号※	《2010年上海世博会联合国馆（以下简称联合国馆）赞助合作协议》《联合国馆、巴基斯坦馆赞助合作协议》	赞助合同	无
案21	（2011）志民初字第00261号	口头约定	附义务赠与合同	原《合同法》第185、190条
案22	（2011）京民二初字第107号	《"2011年首届湖北礼仪大赛暨礼仪形象大使评选活动"协议书》，《补充协议书》	合同	原《合同法》第60、107条
案23	（2011）中区民初字第03533号※	《赞助合同》《补充协议》	广告合同	原《合同法》第8、60条

续表

序号	文书号	争议合同用名	法院定性	法院适用的实体法律法条（款）
案 24	（2010）甬慈商初字第 397 号	《"我心中的歌"2009 慈溪市电视歌手大赛赞助合同》	赞助合同，融无偿合同与有偿合同于一体	原《合同法》第 44（1）、60（1）、107 条
案 25	（2009）闵民二（商）初字第 2243 号※	《上海海湾动漫嘉年华赞助合同》	赞助合同，展览合同	原《合同法》第 60（1）、109 条
案 26	（2009）闵民二（商）初字第 2244 号※	《上海海湾动漫嘉年华赞助合同》	赞助合同，展览合同	原《合同法》第 60（1）、109 条
案 27	（2008）一中民初字第 12216 号	《演出合同书》	演出合同，赞助合同	原《合同法》第 8、10、11、55（1）、77 条
案 28	（2006）深中法民三初字第 532 号	《品牌冠名使用合同》	合同	原《合同法》第 94（2）条
案 29	（2006）昆民五终字第 317 号	《大型原生态歌舞集〈云南印象〉巡演合作协议》	演出合同	原《合同法》第 113（1）、121 条
案 30	（2003）徐民二（商）初字第 166 号※	《上海歌剧院与欧华学院合作协议书》	承揽合同中的广告制作合同	原《合同法》第 6、8 条
案 31	（2002）泉民终字第 1221 号	《"特步"之夜、王菲泉州演唱会总冠名协议书》	赞助广告协议	原《合同法》第 58、185、192 条

注：※指二审维持原判。

与我国法院裁判的变化类似，意大利学者早期对体育赞助合同的定性有广告合同说、承揽合同说、合伙合同说、供应合同说、劳动合同说、混合合同说诸种。[①] 但现在的主流观点倾向于认为，尽管第 223 号法令承认了电视转播赞助合同的存在，但体育赞助合同并非现行法上的概念，

[①] 相关综述，Cfr. Lina Musumarra, Il Contratto di "Sponsorizzazione" Sportiva, Premio di Laurea "Artemio Franchi", Università degli Studi di Bologna, 1996, pp. 25 – 37; Maria Vita De Giorgi, Sponsorizzazione e Mecenatismo. I. Le Sponsorizzazioni, Padova: CEDAM, 1998, pp. 97 – 104。

只能视为非典型或无名合同。① 还有学者反对将赞助合同定性为无名合同，因为无论在国家、地区层面的法律法规、体育组织章程，还是在学理、判例和社会现实生活层面，赞助合同之"名"早已得到承认，所以体育赞助合同应视为有名、社会上典型但法律上非典型之合同。② 事实上，前述对我国法院判决书的考察显示，体育赞助合同之"名"亦在我国合同实践和司法判例中被广泛承认。

基于"有名、社会上典型但法律上非典型合同"之定性，体育赞助合同属于《意大利民法典》第1322条第2款规定的"未纳入特别规范规定类型内的契约"。这是一个置于契约自治条款下的兜底规定，当事人既可在法律规定与行业规范的范围内自由确定契约内容，也可自由缔结"未纳入特别规范规定类型内的契约"，但必须以"旨在实现法律保护的利益"为限。这意味着，体育赞助合同要纳入第1322条第2款调整，必须还要符合法定的"旨在实现法律保护的利益"条件。何为"法律保护的利益"？司法实践发展出了各种标准，有的情况下要求合同不能违反强制性规范、公共秩序和善良风俗，这些都属第1343条规定的不法原因；有的情况下则区分法律评价与价值评价，要求合同的社会目的与效果符合现时的经济条件，对利益的约束需要有合法理由，且要与基于宪法标准衡量的社会生活中的需求一致。③ 就体育赞助合同而言，赞助商通过体育活动传播其商标、名称与形象，被赞助方则获得金钱、物质或是服务上的回报，合同的经济社会功能体现在促进了体育赛事的组织和体育运动的发展，既满足了赞助方的广告目的，也使受赞助方获得经济利益，由此，这类合同既不违背第1343条的禁止性规定和宪法原则，也在社会效

---

① Cfr. Guido Valori, Il Diritto nello Sport, Principi, Soggetti, Organizzazione, Torino: G. Giappichelli Editore, 2009, p. 241.

② Cfr. L. Colantuoni, Le Sponsorizzazioni Sportive, in Francesco Delfini e Francesco Morandi, a cura di, I Contratti del Turismo, dello Sport e della Cultura, Torino: UTET, 2010, pp. 478 – 479. 对无名合同与非典型合同等同观的批评，Cfr. E. Betti, Teoria Generale del Negozio Giuridico, Edizioni Scientifiche Italiane, Napoli: Edizioni Scientifiche Italiane, 1994, p. 193。

③ Cfr. L. Colantuoni, Le Sponsorizzazioni Sportive, in Francesco Delfini e Francesco Morandi, a cura di, I Contratti del Turismo, dello Sport e della Cultura, Torino: UTET, 2010, pp. 479 – 480.

用上符合现行法体系上的价值评价标准。①

那么，赞助合同与广告合同之差别何在呢？学者认为，虽然两者有交叉之处，但在一些关键问题上存在差别。第一，就广告合同而言，广告信息以特定的形式和术语规定，内容极为丰富，包含了书面标志、视频和音乐，属债之内容；就赞助合同而言，广告信息独立于债，内容一般只集中于赞助商最具典型性之商标和产品外观。第二，广告是一种直接的产品宣传形式；通过赞助的广告信息发布则是间接的，局限于体育、艺术、文化等特定领域，且在持续时间、强度、频度上都有诸多限制。第三，广告发布的信息对公众是独特和唯一的，而赞助发布的广告信息与体育活动交织，达不到这种效果。②

事实上，我国法院裁判与意大利法将赞助合同朝非典型合同解释的趋势，可能并非偶然。从法律史的角度概览，古典罗马法上严格形式的典型合同在后世就不断处于消解之中，从法律上的典型合同进化为社会上的典型合同，弹性程度在增加。③ 从动态系统论的解释路径看④，非典型合同作为一种弹性的解决办法，契合庞大法律体系中内在独立价值和所要实现目的的多元性，可以克服具体典型合同规定之僵化，法官由此可在考量各种因素的权重和相互作用的基础上进行综合判断，以实现各方利益的最大化。⑤ 已经有学者指出，赞助合同基于其经济社会功能，具有独特性，但在内容上，多元性质的给付又形成了混合合同之特征，这是当事人意思自治和《意大利民法典》合同编总则（第1321条至

---

① Cfr. L. Colantuoni, Le Sponsorizzazioni Sportive, in Francesco Delfini e Francesco Morandi, a cura di, I Contratti del Turismo, dello Sport e della Cultura, Torino: UTET, 2010, p. 480.
② Cfr. V. Franceschelli, I Contratti di Sponsorizzazione, in Giur. Comm, 1987, p. 289; L. Colantuoni, Diritto Sportivo, Torino: G. Giappichelli Editore, 2009, pp. 222 – 223.
③ Cfr. E. Betti, Teoria Generale del Negozio Giuridico, Napoli: Edizioni Scientifiche Italiane, 1994, p. 191.
④ 这是奥地利学者 Wilburg 提倡的理论，该理论试图从诸要素的协动作用中构建法律价值评价的框架，为回应实际生活必要的可能性打开大门。参见〔日〕山本敬三《民法中的动态系统论——有关法律评价及方法的绪论性考察》，解亘译，载梁慧星主编《民商法论丛》（第23卷），金桥文化出版（香港）公司，2002，第177页。
⑤ 参见〔奥〕海尔穆特·库齐奥《动态系统论导论》，张玉东译，《甘肃政法学院学报》2013年第4期。

1469条）适用的领域。①

四 通过合同条款设计技术保障赞助商权益

我国少数持赞助合同属非典型合同说并倡导适用原《合同法》总则（现《民法典》合同编通则）规定的学者担心，总则较为抽象，如果赞助合同没有约定详细，将有法院裁判困难和不公正裁判之虞。② 现实中的一个教训是，1998年托普电脑出资100万元独家冠名赞助"'托普电脑杯'98世界女飞人挑战赛"时，许多媒体的报道用的却是"98世界女飞人挑战赛"。由于赞助合同没有约定赛事组织方与媒体沟通、协调的义务和相关违约责任，托普电脑的百万赞助金打了水漂。③

事实上，立法论的思路无助于解决这一问题，这是成文法的局限性使然，已经有学者意识到，"合同双方对赞助事项可能产生风险的防范必须落实在有效的合同条款中"④。然而，正如学者批评的那样，我国合同法学研究几乎完全忽视了合同的制作和审查，这或许是大陆法系合同法学教育的通病。⑤ 反之，在英美法系，由于未受罗马法以来契约类型论的影响，人们习惯用契约书事无巨细地规范契约关系，契约几乎未有漏洞，也无须到典型合同中寻觅强行规定。⑥

在意大利学者德尔芬尼看来，是否把一部法典当作私法的主要渊源，是两大法系之根本差异。大陆法系的基本观念是，让一部法典总结所有的私人相对于其他人（以及相对于这个国家）的权利和义务。因为法典的完整性需求，条文必须是笼统和抽象的，同时也是强制性规定与非强制性规定的大归纳库。合同当事人仅对约定的一些基本要

---

① Cfr. Lina Musumarra, Il Contratto di "Sponsorizzazione" Sportiva, Premio di Laurea "Artemio Franchi", Università degli Studi di Bologna, 1996, pp. 35 – 37.
② 参见邓春林《体育赞助合同的若干法律问题探析》，《山东体育学院学报》2004年第4期；刘志海《体育冠名合同探析》，硕士学位论文，河南大学，2011，第26~28页。
③ 参加蔡俊五《冠名权必须予以保护》，《市场报》2001年11月1日，第6版。
④ 参见唐宇钧《论体育赛事赞助合同与在先赞助合同的冲突及预防》，《北京体育大学学报》2008年第6期。
⑤ 参见谢鸿飞《合同法学的新发展》，中国社会科学出版社，2014，第11页。
⑥ 参见陈自强《民法讲义Ⅱ：契约之内容与消减》，新学林出版股份有限公司，2004，第283页。

素（比如价金以及标的物）达成协议，而民法典被认为会提供一箩筐规则去解决任何有可能产生的争端。但在英美法系国家，因为法典缺失，律师们习惯于起草自给自足的合同，而不是留下让法官可以造法的空间。[1]

经济全球化猛力推进了法律实务的全球化，"我们从未像今天这样对互有联系的、全球化的法律有着如此巨大的渴求。这不仅意味着法律职业在发生变化，而且意味着律师业要首先面对这些变化，谁能忽略现今这些众多跨越国界的现实呢？"[2] 意大利民事律师已经开始借鉴英美法的经验，起草非常细节化的合同。[3] 原因之一是，英语一般被约定作为合同谈判的语言，普通法也更多地被约定作为合同的准据法；原因之二是，在一些特定的法律领域，成文法无法为特定的商业合同提供有效指引；原因之三是，"涉外合同"（Alien Contract）理念的兴起。这种合同意味着，虽然适用意大利法为合同准据法，但合同仍然基于普通法模型起草。涉外合同一般适用于下列情形：（1）双方只有一方为意籍，但他在合同中的地位非常重要，需要适用意大利法；（2）即使当事人皆为意籍，但合同是一个国际投标的结果；（3）美国人控股的跨国公司要求意大利分公司使用英文起草的、美国模板的标准合同时，合同甚至不需翻译成意大利文。[4]

赞助合同无疑是两大法系融会的领域，受涉外合同思潮影响[5]，赞助合同的条款设计日益受到英美法的影响，其中，又以五种条款最具代表性。[6] 第一，道德条款（morality clauses）。这类条款目的在于预防运动员

---

[1] 参见〔意〕弗朗切斯科·德尔芬尼《民法法系中的律师与体育法》，赵毅、钟旻桔译，《体育与科学》2014年第6期。

[2] 〔意〕约勒·法略莉：《通往全球化法律人的教育：回到罗马法》，赵毅、王丽婷译，载徐国栋主编《罗马法与现代民法》（第九卷），厦门大学出版社，2016。

[3] 参见〔意〕弗朗切斯科·德尔芬尼《民法法系中的律师与体育法》，赵毅、钟旻桔译，《体育与科学》2014年第6期。

[4] Cfr. De Nova, The Alien Contract, Riv. Dir. Priv., 2011, p.487.

[5] Cfr. L. Colantuoni, Le Sponsorizzazioni Sportive, in Francesco Delfini e Francesco Morandi, a cura di, I Contratti del Turismo, dello Sport e della Cultura, Torino: UTET, 2010, pp.481-482.

[6] 参见〔意〕弗朗切斯科·德尔芬尼《民法法系中的律师与体育法》，赵毅、钟旻桔译，《体育与科学》2014年第6期。

因为不良表现而使赞助商的利益受损。1921 年美国环球影业（Universal Studios）拟定的道德条款可资参照："任何演员都须同意，自身行为须符合公共传统与道德，他（她）也须同意，自己不会从事任何在社会上蒙羞或是引发公众愤慨、蔑视、嘲笑之事，亦不能试图攻击、侮辱、触犯社会观念或是违反公共道德与价值观，不准损害环球影业制造公司或动作片行业的利益。如对本段上述条款有任何违反之处，环球影业制造公司有权撤回这一合同或宣布合同无效，但须提前五天通知演员方。"第二，排他条款（exclusivity clauses）。该条款限制被赞助方的组织、运动队或运动员与赞助商的直接竞争对手签订类似合同。第三，对埋伏式营销的保护条款（protection against ambush marketing）。埋伏式营销是一些非官方，也没有支付任何赞助费用的公司的营销手段，通过蓄意将官方赞助商虚假宣传为非赞助商，将自身与体育活动联系起来，由此从官方赞助商处抢得市场份额。第四，出场条款（appearance clauses）。该条款可以保证一旦运动员或运动队的出场出现数量或者质量上的问题，赞助商有撤销赞助的权利。第五，兜底格式化条款（miscellaneous provisions and boilerplate clauses）。这是置于合同尾部的一些经济价值不大且内容各异的条款。包括：合并条款（merger clauses）或完整合约条款（entire agreement clauses），目的是排除不为合同文本所包含内容的条款；不弃权条款（no waiver clauses），目的在于言明当事人是否有提起弃权的可能；分割条款（severability clauses），目的在于使某条条款无效后果不扩及其他条款。[①]

这些外来条款是否符合意大利法的强行性规定呢？对此学者们也有一定反思。[②] 比如，意大利法禁止对个人自由与生活方式的选择进行不适当干预，道德条款是否符合该项原则？排他条款是否符合《意大利民法典》第 2125 条[③]、

---

① Cfr. De Nova, The Alien Contract, Riv. Dir. Priv., 2011, pp. 491-492.
② 参见〔意〕弗朗切斯科·德尔芬尼《民法法系中的律师与体育法》，赵毅、钟旻桔译，《体育与科学》2014 年第 6 期。
③ 该条规定，在约定未采用书面形式，未为提供劳务者的利益确定相应的对价，亦未确定禁止提供劳务者从事的业务范围、期限和地点的情况下，限制提供劳务者在劳动契约终止后从事与企业进行竞争的业务的约定无效。参见《意大利民法典》，费安玲、丁玫译，中国政法大学出版社，1997，第 529 页。

第 2557 条①、第 2596 条②以及第 1379 条③的规定？出场条款也需考虑《意大利民法典》第 1349 条规定的"禁止当事人只按照自己的意愿和考虑而无确定标准来起草契约的主要部分"的原则。还有学者谈到兜底格式化条款是无效的，因为它们复制的是一套标准处理程序，而不是在真正回应当事人的有效意愿。④

我国一些律师留下的《体育赛事赞助商合同范本》和《体育赛事冠名赞助合同范本》正好可以进行对照考察。⑤ 前一合同的权利义务设计简单、笼统，后一合同考虑到了排他条款、埋伏式营销的保护条款，并都设置为受赞助方之义务，但仍然缺乏道德条款和出场条款。两个合同尾部以"其他"为名，皆有一定数量的兜底格式化条款，但这些条款是否符合《民法典》第 497 条有关格式合同的强制性规定，尚待审查。

如果对照 C. Brooks 列举的"赞助协议书商谈要点"⑥，两个合同范本的缺陷是显而易见的：权利义务的约定太过简略。以案 10 为代表的我国足球赞助合同纠纷大部分都表现为，"申花俱乐部未能保证本市主要媒体使用'申花托普'冠名名称是否构成严重违约""是否缺播赛事直播电视广告""是否缺播电视专栏节目广告""申花俱乐部未提供车身广告是否构成违约"，等等。对比该商谈要点之"广告权"部分，相关条款至少应该包括"赞助商可以采用什么方法使赛事组织者或赛事在自身的广告中出现？赞助商的名字能在节目单中出现吗？在什么地方出现？面积多大？赞助商有权在产品推广和广告活动中使用与赞助有关的照片吗？谁负责处理在广告中使用个人照片的事务？这方面有哪些具体规定？"可见，无

---

① 该条规定，避免竞争的约款以不妨碍转让者的任何业务活动为限，约款的期间自转让时起不得超过 5 年。参见《意大利民法典》，费安玲、丁玫译，中国政法大学出版社，1997，第 666 页。
② 该条要求限制竞争的约款应为书面形式，且一般不得超过 5 年。参见《意大利民法典》，费安玲、丁玫译，中国政法大学出版社，1997，第 675 页。
③ 该条规定，以契约确定的禁止转让仅在当事人之间有效，如果该项禁止未包括适当的期间限制或者如果不是为当事人一方应当考虑的利益作出的，则该项禁止无效。参见《意大利民法典》，费安玲、丁玫译，中国政法大学出版社，1997，第 368 页。
④ Cfr. De Nova, The Alien Contract, Riv. Dir. Priv., 2011, p. 492.
⑤ 参见杨黎明、余宇《体育赛事合同》，法律出版社，2007，第 83~97 页。
⑥ 参见蔡俊五、赵长杰《体育赞助——双赢之策》，人民体育出版社，2001，第 224~226 页。

论是英美法、意大利法还是中国法，不同背景的律师可以通过同样的路径在足球赞助合同领域提供法律服务，并在合同条款的设计中开展竞争，最终完成法律实践之融会，并以合同条款设计的法律技术最大限度地保障足球赞助商的利益。

第三节 足球赛事直播节目的私法保障机制

一 足球赛事直播节目的非法盗播问题

近年来，随着网络媒体兴起与移动互联网时代到来，足球赛事转播市场日趋繁荣，但也出现了大量侵权问题。特别是在融媒体时代，通过网络、手机软件非法盗播足球赛事节目，其中以具有较大商业价值的直播节目为主的现象日益增多。电信、广电、互联网三网之融合，使商业网站非法盗播赛事节目变得更为容易。① 已经有研究报告指出：盗播，也即未经授权的足球赛事直播，将削弱转播权销售的收入潜力，由此严重阻碍体育产业发展。免费访问盗播网站，非法观看体育直播，正在成为中国赛事付费订阅业务收入比例下降的主要原因。②

为何足球赛事盗播侵权成为一大问题？立法的滞后是一大主要原因，由此使得该领域之违法成本变得低廉。作为中国知识产权保护主要法律之一的《著作权法》相当长时间内无法适应日新月异的时代发展和技术创新。有鉴于此，学术界已有的大量研究力图聚焦于通过修法解决这一问题。相关路径甚至并不仅限于修改《著作权法》，还有知识产权法学者有力论证了借力《反不正当竞争法》甚至《体育法》修订达致全面保护赛事直播节目的设想。③

---

① 参见赵杰宏、马洪《三网融合下北京冬奥会赛事直播节目的法律保护研究》，《北京体育大学学报》2019 年第 7 期。
② Global Innovation Policy Center, *Leveraging Intellectual Property in the Global Sports Economy Sports as a Tool for Progress and Development*, 2019.
③ 参见李杨《体育赛事视听传播中的权利配置与法律保护》，《体育科学》2017 年第 5 期；刘铁光、张路路《体育赛事的权利配置及其法律选择——基于体育赛事产业发展的充分保障》，《体育科学》2016 年第 2 期。

然而，法学方法论也告诉我们，立法滞后未必意味着法律解释和法官适用法律的滞后。再进一步，即使存在立法疏漏，司法裁判亦可就漏洞开展补充作业。[1] 这是因为，"法无明文规定"是成文法国家无法避免的客观现象，法官不得据此拒绝审判是一条公认的法治原则。[2]《法国民法典》第 4 条就开宗明义地宣称：法官不得借口法律没有规定或者规定不明确、不完备而拒绝审判。[3] 所以，当涉及赛事直播节目的侵权争议提交至法院时，我国法官亦发展出各异的裁判法理，力图在现行法框架下予以审慎应对。仔细分析这些裁判法理，观测它们在未来的进一步发展趋向，亦成研究者的重要工作。

二 足球赛事直播节目的作品保护路径

足球赛事直播节目是否构成我国《著作权法》（注：如无特别说明，皆是 2020 年的最新修改版）第 3 条意义上的"作品"，裁判法理在此争议极大。"新浪网诉凤凰网案"一二审法院在此问题上的迥异态度，为我们提供了一个非常好的分析样本。

一审裁判对赛事直播画面的作品属性持肯定态度。按照裁判法理之论证，赛事录制镜头通过不同的选择与编排，形成了新的可供观赏性的画面，独创性由此得以显现，原告北京新浪互联信息服务有限公司（简称新浪公司）由此拥有对涉案赛事画面作品的著作权。[4] 至于被告侵犯了我国《著作权法》第 10 条规定的何种著作权内容问题，法院认为，赛事直播节目侵权不在该条第 1 款第 12 项"信息网络传播权"保护范围之内，因为该项侵权行为并不能以交互方式使得用户通过互联网在任意的时间、地点获得。法院裁判路径选择了同款第 17 项之兜底规定，即"应当由著作权人享有的其他权利"。这样，被告侵权行为在现行《著作权法》框架下得以证立。

---

[1] 参见杨仁寿《法学方法论》，中国政法大学出版社，2013，第 191 页。
[2] 参见庄绪龙《"法无明文规定"的基本类型与裁判规则》，《法制与社会发展》2018 年第 2 期。
[3] 参见《法国民法典》，罗结珍译，北京大学出版社，2010，第 1 页。
[4] 参见北京市朝阳区人民法院（2014）朝民（知）初字第 40334 号民事判决书。

在案件进入北京知识产权法院的二审中,一审裁判忽略掉的"赛事录制形成的画面到底属于《著作权法》上的哪一种作品"问题,又成争议焦点。二审裁判认为,现有证据无法证明涉案 2 场赛事公用信号所承载的画面能够构成新浪公司主张的《著作权法》(2010 年)第 3 条第 6 项之"电影作品和以类似摄制电影的方法创作的作品"(现该项内容已被修改为"视听作品"),因为根据《著作权法实施条例》第 4 条第 11 项,该类作品应符合"固定"和"独创性"两项要求。中超赛事直播公用信号所承载的连续画面,难有"个性化""故事性"等独创性要求;赛事画面亦未被稳定固定在有形载体上,不符合固定要求。遂判决结果被逆转,新浪公司诉求被驳回。[①]

显然,北京知识产权法院对通过作品路径保护足球赛事直播节目持保守立场。而仔细回望持肯定观点的一审裁判法理,亦可发现,法律适用并未选取《著作权法》(2010 年)第 3 条第 6 项进路。这可能是考虑到在我国著作权法体系中,连续画面两分为"录像制品"(《著作权法实施条例》第 5 条第 3 项)和"电影作品和以类似摄制电影的方法创作的作品"。如要将赛事直播节目归入前者,独创性论证的压力将非常大。所以,一审裁判只是强调,观众在现场与用户在节目上看到的赛事画面并非完全同步,节目赛事画面不断地在全场与局部、球员与观众、场内与场外之间穿梭,这样的画面显然具备了可观赏性,蕴含了创造性劳动。

裁判法理上明确开"类电作品"解释论先河的,是"央视国际诉上海聚力案"。裁判法理论证涉案之伦敦奥运会开幕式报道节目通过对开幕式现场各种表演的拍摄,各类全景、特写镜头的编辑,穿插各类非现场影像,配以解说、字幕,形成了具有较强独创性的作品。与"新浪网诉凤凰网案"一审逻辑一致,法院囿于信息网络传播权仅针对交互式网络传播行为,亦选择通过《著作权法》第 10 条第 1 款第 17 项认定侵权内容。[②] 当然,开幕式节目与纯粹的体育赛事节目不同,表演性、独创性毋庸置疑。就赛事直播节目而言,理论界亦不乏强烈主张为类电作品者。

---

① 参见北京知识产权法院(2015)京知民终字第 1818 号民事判决书。
② 参见上海市浦东新区人民法院(2013)浦民三(知)初字第 241 号民事判决书。

这是因为,赛事直播节目与科教文卫等电视娱乐节目之区别仅在于取材与内容上的区别,通过编导、摄像师和解说员的劳动,节目存在足够的表达空间,能使观众更鲜活体验到体育运动的魅力。① 正如有学者谈到的那样,要将足球赛事进球前后几十秒的瞬间故事讲好,比按照蹩脚电影剧本拍摄的相同时间对白场面要复杂得多,创作者的个性与独创性在前者并非不能强烈展现。② 新近的研究认为,赛事直播节目独创性之判定,应当回归节目画面本身,而非录制节目时所使用的方法和手段,由此,赛事直播节目去除必要的录制过程、环节后,并非复制已有直播画面的内容,就为独创性之体现。③ 进一步的分析指出,按照电影作品标准衡量赛事直播节目的独创性并不公允,后者独创性之高低,应以具有相似创作理念和环境的参照物为准。④

然而,在司法实践中,反对将足球赛事直播节目纳入作品保护的声音也很强大。在"央视国际诉暴风科技案"中,裁判法理认为,摄制者能够按照自主意志作出的选择和表达非常有限,他并不是拍摄过程的主导者,故"2014 巴西世界杯"电视节目所体现的独创性,尚无法满足类电作品的要求。⑤ 如果节目要呈现足球比赛的进球场景,导播通常都会选择最后阶段传球和射门进球全过程的镜头,再对球门各侧机位拍摄的内容进行慢镜头回放;足球队员一旦带球,摄像师也需要跟随球员跑步而移动,不能将镜头对准其他不相关场景,这些都降低了节目个性化选择的可能性。⑥ 这些观点,极大影响了"新浪网诉凤凰网案"的二审裁判。

当然,尽管保守立场在裁判法理中呈主导地位,但足球赛事直播节目是否可通过"作品"路径予以保护,远未一锤定音。"新浪网诉凤凰网

---

① 参见张健《体育赛事直播节目的作品属性与著作权保护》,《体育文化导刊》2017 年第 10 期。
② 参见崔国斌《体育赛事直播画面的独创性标准选择》,《苏州大学学报》2019 年第 4 期。
③ 参见刘铁光《作品独创性判定标准调适的准则及其遵守的路径——以体育赛事直播画面独创性的判定为例》,《苏州大学学报》2019 年第 4 期。
④ 参见张惠彬、刘迪琨《如何认定体育赛事节目的独创性?——以体育赛事节目的制作为中心》,《体育科学》2018 年第 6 期。
⑤ 参见北京市石景山区人民法院(2015)石民(知)初字第 752 号民事判决书。
⑥ 参见王迁《论体育赛事现场直播画面的著作权保护——兼评"凤凰网赛事转播案"》,《法律科学》2016 年第 1 期。

案"二审裁判可供商榷之处在于，赛事直播节目缺乏固定要件，认定似有机械之嫌，《著作权法实施条例》第2条对作品的界定仅在"能以某种有形形式复制"而非"可固定"。① 在网络环境下，流媒体已经成为当前各种音乐和动态图像的主要传输工具，为了避免未经许可的下载、复制并节省储存空间，不在传统载体上固定可能是一种刻意要求。而且，转播过程就是已播出的部分赛事画面固定在服务器或相关数据存储设备等有形载体上的过程，否则，画面数据既无法传输也无法在网上播放。② 按照原《最高人民法院关于审理涉及计算机网络著作权纠纷案件适用法律若干问题的解释》（现已失效）第2条的立场，法院对作品范围的认定相当宽泛，只要具有独创性并能以某种有形形式复制，即使在网络环境下不属于《著作权法》第3条列举之范围，亦可得保护。显然，司法解释对数字化环境下的作品认定只考虑独创性，而并不考虑在某种动态或静态技术节点上的"固定"要求。同样，究竟如何认定独创性，亦仁者见仁、智者见智，由于客观公正评价机制的缺乏，独创性经常沦为利益博弈下价值判断的产物。③ 既然司法解释未否认数字化成果的可作品性，那么将赛事直播节目认定为作品就是可能的。2018年4月20日公布的《北京市高级人民法院侵害著作权案件审理指南》突破性地指出，只要体育赛事节目视频在构成要件上符合类电作品标准，就受著作权法保护。那么，如果采纳了一种非常规拍摄方法，超出于一般观众惯常之预期，赛事直播节目的可作品性是现实存在的。

三 足球赛事直播节目的录像制作者权保护路径

在作为作品的著作权解释路径之外，另有通过邻接权路径解释赛事直播节目的尝试。比较法上不乏可参照的经验。以意大利为例，著作权法为赛事组织者规定了一项名为"体育视听权"的邻接权，配套了专门

---

① 参见严波《论体育直播节目作品性质判定的两难之境与解题关键》，《苏州大学学报》2019年第4期。
② 参见王磊《"网络转播体育赛事"的法律保护路径探讨》，《电子知识产权》2018年第10期。
③ 参见张玉敏、曹博《录像制品性质初探》，《清华法学》2011年第1期。

的施行条例。① 就我国法而言，邻接权的解释思路又有录像制作者权和广播组织权两条小径之分。

裁判法理在选取录像制作者权解释小径时，依据并非《著作权法》（2010 年）第 46 条（现为第 48 条），而是第 42 条（现为第 44 条）。前条规范重心仅在录像制作者有限的广播权，后条则规定录像制作者享有许可他人复制、发行、出租、通过信息网络向公众传播并获得报酬的权利。如何将现《著作权法》第 44 条中"通过信息网络向公众传播"的权利解释为《著作权法》第 10 条第 1 款第 12 项的信息网络传播权，成为一些裁判法理努力的方向。

"央视国际诉华夏城视案"之裁判法理显示，巴西世界杯赛事直播节目因独创性有限，无法达到类电作品的高度，但可根据《著作权法实施条例》第 5 条第 3 项认定为录像制品。遗憾的是，裁判法理未在此方向深入，而将着力点用于论证不正当竞争行为成立上。② 在"央视国际诉世纪龙案"中，被告在其网站上实时转播了中央电视台奥运频道正在直播的 2008 年北京奥运会德国对巴西女足赛，二审裁判认定原告享有录像制作者权，被告侵犯了原告基于此项邻接权的信息网络传播权。③ 在"央视国际诉暴风科技案"中，被告在线播放了央视制作的 2014 年巴西世界杯全部 64 场完整赛事的电视节目内容，法院认为这些节目虽未达到作品高度，但亦可归为录像制品。由此，被告未经授权向公众提供节目在线播放的行为，构成了对原告节目录像制品的复制和信息网络传播，侵害了原告的独占信息网络传播权。④

需要注意的是，后两案结论虽然完全相同，但案情却非一致。就"央视国际诉暴风科技案"而言，涉案节目并非直播作品，适用信息网络传播权保护理所当然。就"央视国际诉世纪龙案"而言，涉案节目为直播赛事，根据《著作权法》第 10 条第 1 款第 12 项，信息网络传播权之

---

① Ben Van Rompuy, Thomas Margoni, *Study on Sports Organisers' Rights in the European Union (Final Report)*, Luxembourg: Publications Office of the European Union, 2014, pp. 54–55.
② 参见广东省深圳市福田区人民法院（2015）深福法知民初字第 174 号民事判决书。
③ 参见广东省广州市中级人民法院（2010）穗中法民三初字第 196 号民事判决书。
④ 参见北京市石景山区人民法院（2015）石民（知）初字第 752 号民事判决书。

本质在于交互性，保障的是公众在选定时间与地点获得作品的权利，但并不调整"非交互式"特点的直播类节目，这可能也正是"新浪网诉凤凰网案"一审裁判拒绝适用录像制作者权解释路径的缘由。

裁判法理将"通过信息网络向公众传播"解释为"信息网络传播权"的做法，亦有考量空间。严格从文义来看，两者并非完全相同。尽管也许这只是立法者用词不严谨所致，但亦为前者留下了超越"信息网络传播权"立法文义的解释空间。如果在解释中将"通过信息网络向公众传播"文义涵盖包括网络直播在内的非交互式传播行为，录像制作者权解释路径也就不存在障碍了。

四　足球赛事直播节目的广播组织权保护路径

我国法上的广播组织权表现为广播电台、电视台享有的对广播和电视节目信号的控制权。按照《著作权法》第47条，他人在未经电台、电视台许可时，不得转播、录制或复制广播、电视的节目信号。这意味着，广播组织权的行使主体只能是电台、电视台。在"央视国际诉世纪龙案"中，法院认为，法律没有规定允许广播电台、电视台将该权利授予其他主体单独行使，故原告不享有广播组织权。[①]

显然，这是选择广播组织权小径解释赛事直播节目时需要考虑的一大法律障碍。现今之赛事转播市场，网站一般通过获取电视台授权，成为合法的赛事节目持权方。按照上一法院之裁判思路，持权网站之法律情势非常不利。"央视国际诉我爱聊案"对此试图进行突破。一审裁判法理论证道，中央电视台是伦敦奥运会电视节目的广播组织权人，原告经央视授权获得相关权利，这些权利虽然难以用信息网络传播权、广播组织权等权利来具体对应，但不能就此否认原告享有在著作权法上应予保护的权利和在反不正当竞争法上应予保护的竞争利益。判决最后直接引用了《著作权法》（2010年）第45条（现为第47条）认定被告侵权。[②]

[①] 参见广东省广州市中级人民法院（2010）穗中法民三初字第196号民事判决书。
[②] 参见北京市海淀区人民法院（2013）海民初字第21470号民事判决书。

广播组织权解释路径的更大障碍出现在对《著作权法》第 47 条中"转播"一词的解释上。此处之"转播"是否涵盖了互联网网站收到电视台信号后再通过互联网进行同步转播的行为呢？裁判法理就此亦成分化之势。

持否定说的裁判法理认为，如果擅自将广播组织权扩大到互联网领域，可能会改变邻接权人与著作权人的权利分配，缩减后者网络传播权的范围，这与立法尚未赋予广播组织在互联网领域控制传播权利的法律现状相悖。而且，即使广播组织权的权利人不能控制互联网领域的"转播"，但著作权人、录音录像制作者以及他们的被许可人，仍皆可基于信息网络传播权之侵害理由获得司法救济。①

亦有裁判法理尝试肯定说。在"央视国际网络有限公司诉广州网易计算机系统有限公司案"中，一审裁判认为，被告在明知未经许可的情况下，在其经营之网站首页显著位置提供"央视"链接方式专题转播中央电视台电视直播视频，又在网易视频专题栏目中提供涉案新闻节目类视频的播放，行为侵犯了原告享有的广播组织权和录像制作者权。② 很明显，一审裁判对广播组织覆盖互联网领域持开放态度。但二审裁判态度发生了逆转："广播组织者享有的专有权并不包括信息网络传播的权利。"③

"新浪网诉凤凰网案"在二审裁判中也回应道，广播组织权在我国现行法中尚不能禁止他人的网络直播行为。④《北京市高级人民法院侵害著作权案件审理指南》指出："广播组织享有的转播权可以控制以有线和无线方式进行的转播，但是不能控制通过互联网进行的转播。"整体而言，就《著作权法》第 47 条中"转播"一词的解释，我国法院裁判所持的是严格遵循文义的保守立场。最主要的原因，还有以下两个因素：

1. 对《著作权法》第 47 条"转播"的解释应当与我国参加的国际

---

① 参见浙江省嘉兴市中级人民法院（2012）浙嘉知终字第 7 号民事判决书。
② 参见广东省广州市天河区人民法院（2012）穗天法知民初字第 817 号民事判决书。
③ 参见广东省广州市中级人民法院（2013）穗中法知民终字第 972 号民事判决书。
④ 参见北京知识产权法院（2015）京知民终字第 1818 号民事判决书。

邻接权条约中的"转播"含义一致。《罗马公约》中广播组织的转播权只能控制无线转播。《与贸易有关的知识产权协定》(TRIPS 协定)重复了《罗马公约》的规定，这是我国唯一加入的涉及广播组织权的国际条约。2001 年我国《著作权法》修改的一大背景即要达到 TRIPS 协定要求的保护水平。这意味着，对《著作权法》中广播组织权的解释应限于 TRIPS 协定的范围之内。有裁判法理就此论证道，我国既然是 TRIPS 协定的成员国，《著作权法》在修改时涉及广播组织权相关内容时，参照了其规定，广播组织权之保护就不应扩展至网络环境。[①]

2. 现行法之体系解释亦不利于将广播组织权适用于互联网领域。根据我国《著作权法》，广播组织者并非信息网络传播权的主体。《著作权法》第 10 条仅确认著作权人享有信息网络传播权，表演者通过第 39 条规定享有"许可他人通过信息网络向公众传播其表演，并获得报酬"之权，录音录像制作者则通过第 44 条规定享有"通过信息网络向公众传播并获得报酬"之权。有裁判法理即认为，由于不是信息网络传播权之主体，广播组织者无权控制互联网领域的传播。[②] 当然，由于我国信息网络传播权只适用于交互式传播，对于非交互式的直播而言，著作权人一般通过《著作权法》第 10 条第 1 款第 11 项的"广播权"获得保护。此处"广播权"能否适用于网络环境呢？换言之，该项规定了作者享有控制"以有线传播或者转播的方式向公众传播广播的作品"的权利，其中"有线"是否包括互联网呢？基于历史解释，该项内容是从《保护文学艺术作品伯尔尼公约》(1971 年文本)借鉴而来，当时互联网尚未诞生，所以答案很可能为否。故而，在一些权利人起诉网站未经许可盗播的案件中，请求权基础往往另诉诸《著作权法》第 10 条中的兜底权利即"应当由著作权人享有的其他权利"[③]。"新浪网诉凤凰网案"的一审裁判亦是如此，并未强行对"广播权"进行扩大解释。

[①] 参见北京市第一中级人民法院 (2014) 一中民终字第 3199 号民事判决书。
[②] 参见浙江省嘉兴市中级人民法院 (2012) 浙嘉知终字第 7 号民事判决书。
[③] 参见北京市海淀区人民法院 (2012) 海民初字第 20573 号民事判决书。

如果未来修改《著作权法》时扩张广播组织者的转播权范围，使其能够适用于网络环境①，那么广播组织权的解释路径似能达成对赛事直播节目的最优保护。广播组织权保护的是赛事节目信号，至于信号所载节目是否为符合独创性要求的作品，或者节目内容到底源于何人，并无要求。那么，修法之前，解释论是否可能有所作为？特别是，用当年的立法原意去僵化解释现行法律规定，是否妥当？网站等新媒体与传统电视台的播放行为不存在本质差异，仅因技术手段不同就予以不同法律定性，又是否真的符合技术中立原则？② 事实上，《著作权法》并未对何为"转播"进行定义，虽然立法时对日后网络转播的兴起未曾预料，但这并不意味着将网络转播纳入"转播"范畴就明显违背了立法者的意旨，因为立法者要保护的并非某个特定的传播手段，而是节目直播者投入的资金与劳动。如果广播组织权只保护线下利益，那它就成了一张画饼，在网络时代失去意义。③ 广播组织可以制止他人通过传统的电视台或电台转播，却不能阻止受众范围更广的转播，这显然有违最朴素的法感情。所以，如果在缺乏《著作权法》其他保护途径的情况下仍然僵化地限缩第47条"转播"的文义，带来的可能是赛事盗播行为的泛滥，最终受损害的是赛事产业市场的法治环境。在这个意义上，对"转播"进行目的性扩张是必要的④，只要未出现显著之利益失衡，就可自然扩展适用于网络环境。

五 足球赛事直播节目的竞争法一般条款保护路径

著作权侵权与不正当竞争的行为在现实生活中往往相互交织，侵权人利用他人的知识成果进行宣传经营活动，往往会挤占他人的市场空间，造成他人的财产损失。在这种情况下，原告往往根据自己对权利保护的

---

① 参见王迁《论广播组织转播权的扩张——兼评〈著作权法修订草案（送审稿）〉第42条》，《法商研究》2016年第1期。
② 参见游凯杰《著作权法体系下体育赛事直播画面的权利保护》，《武汉体育学院学报》2019年第2期。
③ 参见刘文杰《互联网时代广播组织权制度的完善》，《环球法律评论》2017年第3期。
④ 参见赵双阁、艾岚《体育赛事网络实时转播法律保护困境及其对策研究》，《法律科学》2018年第4期。

意愿，择一诉讼或者对数个行为同时起诉，要求他人承担著作权侵权和不正当竞争双重责任。在"新浪网诉凤凰网案"一审中，原告一方面认为被告侵犯了涉案节目的作品著作权，另一方面也提出，赛事组织者对赛事转播的授权是一种值得法律保护的正当竞争秩序，被告行为破坏了这种商业模式构成的竞争秩序和其所体现的商业道德，构成了不正当竞争。但是一审裁判基于已经肯定了著作权保护且同一事实不能通过2个不同法律调整的理由，未支持原告的不正当竞争诉请。① 这就导致在二审中，由于作为一审原告的被上诉人对这一认定并未上诉，二审法院裁判时根据《民事诉讼法》的相关规定，"本院对该诉由无法进行审理"②。因为实体上对法律解释的不同认识，新浪公司在二审中没有获得著作权法上的保护；因为程序上的原因，新浪公司又被剥夺了通过竞争法保护的可能性，最终从赢家变成了输家，这无疑是相当遗憾的。

在无法有效运用《著作权法》打击足球赛事直播节目侵权的情况下，竞争法解释路径无疑可以发挥相当重要的兜底作用。在理论界，即使赛事直播节目因独创性有限无法构成作品，录像制作者权路径无法保护直播作品，广播组织权又无法适用于网络环境，一些学者仍然承认，对于未经授权盗播赛事直播节目的行为，在现行法律机制下通过竞争法解释路径救济才更为可取。③ 这其中的理由在于，盗播方与持权方的竞争实质是利用权利人的权利与权利人自身竞争，这显然是不公平的竞争。

裁判法理就此亦已累积了相当经验。与"新浪网诉凤凰网案"的一审裁判立场不同，"央视国际诉我爱聊案"的一审裁判并未否认对同一事实不可用2种不同的法律规制路径，被告被认定广播组织权侵权和不正当竞争皆告成立。就后者而言，一审的裁判法理论证原告经合法授权通过网络传播中央台的节目信号，被告通过手机客户端接入互联网进行传播，二者的竞争性是天然的：只要用户选择观看一方的节目，另一方的

---

① 参见北京市朝阳区人民法院（2014）朝民（知）初字第40334号民事判决书。
② 参见北京知识产权法院（2015）京知民终字第1818号民事判决书。
③ 参见王迁《论体育赛事现场直播画面的著作权保护——兼评"凤凰网赛事转播案"》，《法律科学》2016年第1期。

收视率或点击浏览量就会降低，权利人之收益就会受到损害。被告作为同业竞争者，在未获得 2012 年伦敦奥运会相关节目合法授权的情况下，在有线机顶盒开机广告中利用伦敦奥运会专题节目对其公司进行宣传，以此获取商业利益，构成反不正当竞争法上的"搭便车"行为，不仅违反诚信原则与公认的商业道德，也构成损害原告利益的不正当竞争行为。① 二审裁判法理进一步补充道：涉案行为客观上减少了原告网站的访问量，替代了原告的类似网络服务，明显有违公平竞争的市场原则，构成《反不正当竞争法》第 2 条第 2 款规定的不正当竞争行为。②

该类解释路径一开，后续法院从者众。"央视国际诉上海悦体案"的裁判法理显示，即使赛事节目不被认定为《著作权法》上的作品，但未经授权的转播与录播仍然损害了赛事节目转播的交易秩序，使持权人利益受损，构成不正当竞争。③ "咪咕公司诉新湃公司保全申请案"采用了同样逻辑。杭州中院在裁决书中论证道：新湃公司明知或应知旗下主播未经许可使用了 2018 世界杯直播赛事节目，以此增加网站流量并吸引用户关注，损害了咪咕公司依据合法授权获得的市场竞争优势，损害了赛事节目市场的正常竞争秩序，亦构成《反不正当竞争法》第 2 条之不正当竞争。④ "央视国际诉华夏城视案"更是结合录像制作者权与不正当竞争两条路径，认定被告侵权成立。⑤

然而，对于《反不正当竞争法》一般条款的解释适用而言，更为细致的裁判法理考察指出，该条款在独立适用时，到底功能是立足于权益保护，还是通过该条适用确立某种相关权益或原则？以最高人民法院为代表的司法机关在实践中态度不定，影响了该条适用模式的确定性，并不能完全确保当事人的合理预期。⑥ 就赛事直播节目之保护，亦有学理观点对于竞争法解释路径表示怀疑。对"央视国际诉我爱聊案"裁判法理的反思指出，仅依原则规定就对不正当竞争行为的类型进行扩张解释，

---

① 参见北京市海淀区人民法院（2013）海民初字第 21470 号民事判决书。
② 参见北京市第一中级人民法院（2014）一中民终字第 3199 号民事判决书。
③ 参见上海市闵行区人民法院（2015）闵民三（知）初字第 1057 号民事判决书。
④ 参见浙江省杭州市中级人民法院（2018）浙 01 民初 1842 号民事裁定书。
⑤ 参见广东省深圳市福田区人民法院（2015）深福法知民初字第 174 号民事判决书。
⑥ 参见吴峻《反不正当竞争法一般条款的司法适用模式》，《法学研究》2016 年第 2 期。

违反了《反不正当竞争法》中除明示列举或可涵摄之一般限制性商业行为以外的竞争活动皆为自由竞争的理解方式，在司法适用之合理性和普适性上都难言圆满。[1] 知识产权法与竞争法对于知识产权的不正当竞争行为存在分工：前者通过划定权利范围并制止不当行为非法进入的方式实现保护；后者则通过规定竞争秩序并制止不当行为非法破坏的方式实现保护，尤要表现的是对法定且不能随意扩大解释的不正当竞争行为的规制。《反不正当竞争法》立法之时并无规制赛事直播节目领域的需求，不能贸然进入赛事直播节目版权保护的私权领地，否则有架空《著作权法》、使其形同虚设之嫌。[2] 按照这样的逻辑，赛事直播节目的持权人作为私主体，权利保护的最佳途径仍是作为私法的《著作权法》而非作为市场规制法的竞争法。所以，竞争法的解释路径作用到底如何，仍待未来裁判法理的进一步探索。但无论如何，在当前适用《著作权法》解释路径尚有争议与缺失时，"竞争法一般条款"解释路径至少提供了一种可选择性。

六　私法保护的未来走向

基于解释论而非立法论的立场，在现行《著作权法》和《反不正当竞争法》之外，作为无体物的赛事直播节目还可回归到传统民法保护框架下，这或可成为未来裁判法理的发展趋势。在早期的"体某动力诉全某科技案"中，原告就基于当时的《民法通则》《物权法》《侵权行为法》，主张被告侵犯了亚足联相关赛事在中国境内的实况播放权和后续播放权。但裁判法理稍显保守，一审裁判以物权法定原则驳回[3]，二审裁判亦重复了无形财产（权利）需要法律明文规定的要求。[4]

事实上，根据我国《民法典》第 126 条，民事主体享有法律规定的其他民事权利和利益。在目前我国没有对赛事直播节目进行权利化规定

---

[1] 参见李杨《体育赛事视听传播中的权利配置与法律保护》，《体育科学》2017 年第 5 期。
[2] 参见游凯杰《著作权法体系下体育赛事直播画面的权利保护》，《武汉体育学院学报》2019 年第 2 期。
[3] 参见上海市浦东新区人民法院（2012）浦民二（商）初字第 2451 号民事判决书。
[4] 参见上海市第一中级人民法院（2013）沪一中民五（知）终字第 59 号民事判决书。

的情况下，可认为赛事直播节目具有一般民法意义上的财产利益，即为一种娱乐产品，持权人由此可享受赛事直播带来的利益。[①] 如果相关权利受到侵犯，基于一般的民事权益认定，通过侵权责任法的方式获得救济，亦无不妥。《民法典》第1165条第1款专门通过一般条款的方式规定，行为人因过错侵害他人民事权益造成损害的，应当承担侵权责任。"赛事直播节目权"虽非一项法定列举的权利，但完全可以被视为一种新型民事权益，纳入《民法典》"民事权益"的涵摄范围。

民事侵权法解释路径还可有效应对三网融合背景下的盗播泛滥问题。现今的信息技术发展日新月异，移动终端非常普及，每个人都可能成为传播者，网友直播、上传相关赛事视频已不鲜见，移动终端则利用这种方式赚取点击率。在有赛事节目直播的情况下，如果还有观众用手机摄像头现场直播并实时传播到移动端同步播出，选择民事侵权法的救济路径将比知识产权法或竞争法路径便利许多。

第四节　足球伤害的私法保障机制

一　足球伤害案件及其私法适用

足球活动具有一定危险性，容易发生伤害事件。与其他体育活动不同，足球活动又是一种具有身体对抗性的群体活动，一方的伤害往往由另一方身体行为引发，容易造成纠纷。在我国的法制实践中，较早引发学术界关注的是2002年发生在北京的"石景山足球伤害案"。案件系争双方为同学，原告于某日在校午休期间与其他数名同学在学校操场踢足球。被告射门踢出的足球经过原告手挡之后，打在原告左脸，造成伤害。经诊断，原告左外伤性视网膜脱离。经行左网膜复位术，网膜复位，黄斑点区前膜增殖，鉴定为十级伤残。原告以被告和所在学校为共同被告起诉，要求人身赔偿。北京市石景山区法院认为，足球运动中出现的正当危险后果是被允许的，参与者有可能成为危险后果的实际承担者，而正

---

① 参见李岩《民事法益基本范畴研究》，法律出版社，2016，第381页。

当危险的制造者不应该为此付出代价。被告行为不违反运动规则，不存在过失，不属于侵权行为。此外，学校对原告伤害亦无过错。故法院最终驳回了原告的诉讼请求。①

如果比照18年后也即2020年全国人大通过的《民法典》，北京市石景山区法院的判决显然会被赞誉为具备了准确的可预见性。《民法典》第1176条第一次在中国法上明确了对抗性体育活动的法律适用问题，这将对未来足球伤害案件的法律适用发挥重要指引作用。

从传统民法理论来看，侵权行为（也包括了体育侵权）的免责抗辩事由主要有两种：一为受害人同意规则，二为自甘风险规则。在没有《民法典》的年代，两者作为法理嵌入法官的裁判说理，作为足球伤害的私法保障机制发挥着重要作用。随着《民法典》的颁布，从字面意思看，中国的立法机关似乎接受的是"体育侵权自甘风险原则"。因为第1176条的表述是"自愿参加具有一定风险的文体活动，因其他参加者的行为受到损害的，受害人不得请求其他参加者承担侵权责任"。这与晚近以来对受害人同意规则的既有研究存在认识误区和弱化趋势有一定关系。事实上，竞技体育比赛与受害人同意规则的关联最早可追溯到西方的古希腊和古罗马文明。从罗马法开始，受害人同意规则在两大法系主要国家已经成为侵权法理论中的一项主要免责事由，有的国家通过成文法明文规定之，亦有国家通过法院判例和学说上的解释论对其予以适用。在我国，受害人同意规则一般作为非法定免责事由予以适用，且在适用中应注意"同意"的限度和与自甘风险规则的区别。在《民法典》第1176条的背景下，深入了解受害人同意规则，并厘清其与自甘风险规则的区分，对于足球伤害的私法保障机制来说，是相当有必要的。

二　受害人同意规则的历史起源和现代表现形式

（一）受害人同意规则的适用误区

受害人同意规则是指受害人就他人特定行为的发生或者他人对自己

---

① 参见杨立新《学生踢球致伤应否承担侵权责任》，载《侵权司法对策》第3辑，吉林人民出版社，2003，第99页。

权益造成的特定损害后果予以同意并表现在外部的意愿。① 它与自甘风险规则是体育运动伤害赔偿责任的两种主要抗辩事由。然而，相比于我国体育法学界对自甘风险规则日渐增多的研究成果②，对受害人同意规则的研究却走入了一个误区，主要表现在以下两点。其一，片面突出自甘风险规则的作用，从而弱化受害人同意规则作为体育侵权责任主要免责事由之一的地位。如有学者认为，相比较包括受害人同意规则在内的其他体育侵权抗辩事由而言，自甘风险规则"说服力更强，也符合体育运动的惯例"③。段荣芳博士在论述体育侵权责任的抗辩事由时，也将自甘风险规则作为重点，而受害人同意规则被归类为"其他抗辩事由"④。其二，在一些专题研究体育侵权中的受害人同意规则的论文中，对受害人同意规则的法律定位与适用范围也出现了较大失误。比如，温州大学政法学院的方益权、陈英认为："受害人同意应包括自甘风险。"⑤ 这是对两者本质的误读，因为已有研究成果表明，两者在适用领域、适用对象、适用方式和心理状态上都殊为不同。⑥ 另有学者则认为，受害人同意规则可为受害人故意规则所囊括，从而应适用我国原《侵权责任法》第 27 条（现《民法典》第 1174 条）。⑦ 这个判断也违反了侵权法最基本的原理，因为前者实为受害人对其权利的处分或放弃，而后者在本质上是受害人对自

---

① 参见程啸《论侵权行为法中受害人的同意》，《中国人民大学学报》2004 年第 4 期。
② 刘雪芹、黄世席：《美国户外运动侵权的法律风险和免责问题研究——兼谈对中国的借鉴》，《天津体育学院学报》2009 年第 3 期；李燕：《"自愿承担风险"抗辩在体育伤害责任中的适用》，《山东体育学院学报》2009 年第 4 期；田雨：《论自甘风险在体育侵权案件中的司法适用》，《武汉体育学院学报》2009 年第 11 期；韩勇：《体育伤害自甘风险抗辩的若干问题研究》，《体育学刊》2010 年第 9 期；艾湘南：《体育侵权案中如何适用自甘风险规则——以侵权责任法为视角》，《武汉体育学院学报》2010 年第 12 期；彭婕：《体育侵权中的风险自负》，硕士学位论文，烟台大学，2007；周勇：《论体育伤害侵权中的自甘冒险》，硕士学位论文，中国政法大学，2008。
③ 赵豫：《体育人身伤害侵权纠纷的法律适用探讨》，《中国体育科技》2004 年第 3 期。
④ 参见段荣芳《体育运动伤害赔偿责任基本问题研究》，《体育与科学》2011 年第 2 期。
⑤ 方益权、陈英：《论"受害人同意"及其在学生伤害事故中的适用》，《政治与法律》2007 年第 4 期。
⑥ 参见彭婕《受害人同意和风险自负在体育运动侵权领域的应用》，《广西政法管理干部学院学报》2007 年第 2 期。
⑦ 参见艾湘南《体育侵权案中如何适用受害人同意规则》，《武汉体育学院学报》2012 年第 3 期。对该文的批判性分析，参见赵毅《对体育侵权中受害人同意规则的再认识——与艾湘南老师商榷》，《武汉体育学院学报》2013 年第 9 期。

我保护义务的违反。① 可见，无论是法学界还是体育学界的学者，对体育侵权中受害人同意规则的认识都还不甚清晰，在研究中也有片面弱化其作用的做法。

（二）受害人同意规则的历史起源

事实上，受害人同意规则在侵权法上的地位，远比自甘风险规则重要和古老得多。一般的民法或侵权法理论都无一例外地将受害人同意规则作为侵权责任的主要免责事由之一，王泽鉴教授则将其与正当防卫、紧急避险、自助行为、无因管理和权利行使一并列为六种侵权法中的"违法阻却事由"②。学者们普遍承认，在司法实践中，在法律或道德所允许的极少数特殊场合，受害人同意可以成为免责事由，如医疗手术、器官捐献、竞技体育比赛等。③ 在医疗手术和器官捐献中适用受害人同意规则是现代科技与法律结合的产物，而竞技体育比赛与受害人同意规则的关联则最早可以追溯到西方的古希腊和古罗马文明。

在古希腊时代，足球活动虽不发达，但也不乏对抗性体育活动中的伤害案例。古代奥运会的竞赛项目包括赛跑、摔跤、五项竞技、拳击、混斗、赛战车、赛马及其他竞技项目等，其中，大部分是具有相当危险性的对抗性身体运动，如混斗的规则就规定，该项目允许采用的方法是：绊脚、堵鼻、揪耳、折断手指、掐脖子（不许掐死）等，为了取胜，有人还采用一些更危险的动作，所以，比赛中受伤致残、流血丧命的事件经常发生。法律对该类伤害的态度也是显而易见的，根据公元前4世纪的演说家狄摩西尼记录的一条雅典法律，"如果一个人在一场体育比赛中无意杀死另一人……不会作为杀人犯而遭流放"（Demosthenes Against Aristokrates, 53）。可以说，尽管古代社会的竞技规则相较于现代更为原始和残酷，尽管古希腊人自身在实践理性上的局限使其并不以法律技艺擅长，但在这些竞技规则中，我们已经发现了受害人同意规则的萌芽。

---

① 参见程啸《论侵权行为法中受害人的同意》，《中国人民大学学报》2004年第4期。
② 参见王泽鉴《侵权行为》，北京大学出版社，2009，第221~230页。
③ 参见李建伟《民法60讲》，人民法院出版社，2010，第303页。

对于球类运动而言，罗马人喜欢这几种类型。（1）女孩玩的一种叫作浮力斯（follis）的很轻柔的球。这种球的危险性应该不强。（2）三个人玩的比拉（pila）球，这种球相当坚硬，应该有一定的危险性。（3）在乡村或是城郊玩的帕咖尼卡（paganica）球。由于场地开阔，人也多，这种球也应该有一定危险性。（4）类似今天橄榄球赛的哈勒帕斯图（harpastum），玩的人一般会将球从对手手中抢出来，这是一种激烈的球类活动，危险性最强。[1] 罗马法经典文献《学说汇纂》中记录了一个球类运动发生的伤害（D.9，2，52，4）："数人玩球，其中一人在接球时将一个正在试图捡球的奴隶推开，奴隶摔倒折了腿，有人问，这个学徒的主人是否可以依《阿奎流斯法》对推倒其学徒的人提起诉讼。"在这一案件中，法学家阿尔芬努斯否决了任何使球员承担责任的可能性，因为伤害很可能由坏运气（casu）而非过失（culpa）造成。按照法略莉教授的解读："阿尔芬努斯只是很简单地说明了他这样认定的理由：坏运气排除了不法性。任何球员都自愿地接受了或者被击中或者被击倒的风险。"[2]

同一文献中的另一个法言论述得更为细致：

> D.9，2，7，4。乌尔比安：《告示评注》第18卷。如果在摔跤、混斗或拳击中，一人将他人杀死，而这事发生于公开的竞赛里，则不适用《阿奎流斯法》，因为这种损害乃由于声誉和勇敢而被导致，并不是不法实施。但这不得适用于奴隶，因为只有生来自由人才进行公开竞赛；但如果参加竞赛的受伤者是个家长则可适用。不过如果某人伤害了退阵者，则可以适用《阿奎流斯法》诉讼；这同样适用于某人不是在竞赛中将一个奴隶杀死，除非这是其主人的怂恿——这时阿奎流斯法诉讼不予提出。[3]

---

[1] 参见〔意〕约勒·法略莉《在游戏表演与身体活动之间：古代罗马的体育与法》，赵毅译，《体育与科学》2017年第6期。
[2] 〔意〕约勒·法略莉：《在游戏表演与身体活动之间：古代罗马的体育与法》，赵毅译，《体育与科学》2017年第6期。
[3] 《学说汇纂（第九卷） 私犯、准私犯与不法行为之诉》，米健、李均译，中国政法大学出版社，2012，第21页。

通说认为，受害人同意规则体现在"允诺阻却违法"（volenti non fit injuria）这句古老的拉丁格言中。① 以上法言则证明受害人同意规则的历史起源远非如此简单，因为在古罗马时代，尤其是乌尔比安所处的罗马法古典时期，对体育侵权责任的处理规则已经由于体育运动源远流长的实践和古罗马法学家务实的研讨而具有了完整的内在机理。事实上，《阿奎流斯法》本为罗马保民官提议制定的平民会决议，后逐渐发展成一套有关因果关系、损害、过错和不法等丰富内容的学理体系，为日后大陆法系侵权法的理论和立法建构奠定了基础。② 历史的有趣之处在于，现代体育侵权中的受害人同意规则只是一般侵权法理论中的受害人同意规则适用的情形之一，但最初是实践中先存在对体育伤害的关注，才由此归结出作为一个法律原则的受害人同意规则。可以说，是古代社会频繁出现的体育伤害案件成就了受害人同意规则本身，而不是相反。

通过对该段法言的分析，我们可以得出以下要点。第一，受害人同意规则主要出现在对抗性体育活动中，如摔跤、混斗、拳击等。第二，"同意"的内容较现代残酷许多，甚至包括了死亡，这是古希腊传统的延续。第三，适用该规则的条件包括：（1）该比赛是"公开"的比赛，这意味着，私下决斗不能适用该规则，表明古代的受害人同意规则主要适用于竞技运动，而非一般的业余体育比赛；（2）伤害须是在比赛过程中发生的，故运动员如有退阵行为，将意味着撤销"同意"；（3）该规则只适用于自由人之间的比赛，因为根据罗马法，奴隶不能参加比赛，也没有健全的人格，对奴隶的伤害类似财产损害，无须额外保护。第四，法言还论述了受害人同意规则的法理，即运动员参加比赛是为了"声誉和勇敢"。可见，法学家们对体育运动的本质有着深刻的认知，因为在比赛中，运动员为了取得荣誉必须要全力以赴，由此，竞赛自然会充满危险性，只是古代法理解的"同意"甚至囊括了"同意"承受此等危险带来的伤害和死亡，也正是在这个意义上，如果运动员退赛，则不能再加害

---

① 参见王泽鉴《侵权行为》，北京大学出版社，2009，第226页。
② 参见黄文煌《〈阿奎流斯法〉研究——大陆法系侵权法的罗马法基础》，博士学位论文，厦门大学，2011，第224页。

于他，否则应被提起《阿奎流斯法》之诉。

可以说，早在古罗马时代，立法者就清楚地认识到，体育比赛（尤其是危险的对抗性体育比赛）基于其自身的特殊性和精神激励作用，使得其中发生的伤害事故具有相当程度的免责基础，对伤害者并无不法性的适用余地。受害人同意规则是历史形成的，是体育实践与法学技艺充分融会贯通的结果。

（三）受害人同意规则的比较法经验

从罗马法开始，后世无论是以法典编纂为特征的大陆法系，还是建立在判例法基础上的英美法系，随着侵权法理论的成熟和人们对免责事由认识的深入，受害人同意规则在大多数国家已经成为侵权法理论中的一项主要免责事由。同时，随着体育运动的普及，受害人同意规则的适用领域也开始从竞技体育扩展到一般的业余体育活动。

在英美法系国家，受害人同意规则是一个广受承认的违法阻却事由。英美法院将受害人同意作为被告的一项抗辩事由使用，从而从根本上否定侵权行为的存在。《美国第二次侵权法重述》第892A条第1款即规定："就他人意图侵犯其利益的行为给予有效的同意的，不得就该行为或该行为而导致的伤害，提起侵权行为诉讼而请求赔偿。"第892B条第1款规定："除本条第2款规定外，就他人行为之允诺，对于该行为的所有结果及因该行为而致任何利益的侵犯均有效力。"此外，《美国第二次侵权法重述》特别注意受害人同意的意思表示之真实和自愿问题，其第892B条第2款规定："如果一个人就他人行为的同意，是因有关侵犯其利益的本质或者该他人行为预料的伤害程度产生重大的错误且该错误为他人所知悉，或因他人的虚假陈述而诱使作出的，该同意就未曾预料的侵害或伤害不产生效力。"在举证责任的分配上，一般由被告对有效的受害人同意的存在负举证责任；但在侵犯人身的诉讼中，由于欠缺受害人的同意是侵权责任的构成要件之一，因此必须由原告对自己并未同意加以证明。[①]

大陆法系诸国对受害人同意规则的处理并不一致。在法国法和比利时法中，受害人的同意并不能除去被告行为中的过错因素，根据 Jean

---

① 参见程啸《论侵权行为法中受害人的同意》，《中国人民大学学报》2004年第4期。

Limpens 的说法,这是因为"一个谨慎的人不会从事一项可归责的行为,即使受害人同意时亦如此。倘若受害人明确向他表示,请求他造成伤害,他也应当依法予以抵制"[1]。当然,由于受害人是故意造成自己损害的,法院可以判决由受害人的过错抵消侵权行为人的过错。德国、瑞士、奥地利诸国对此的处理又不相同。在这些国家中,受害人同意规则虽然并未在民法典中明确规定,但学说和法院判例都承认之。根据 B. S. Markesinis 和 Hannes Unberath 的观点,受害人就他人所施加的损害作出的有效同意,将构成违法阻却事由,他人的损害行为因而不具有违法性,无须承担损害赔偿责任。[2] 在已知的各国民法典中,最早规定了受害人同意规则的是《葡萄牙民法典》,其第 340 条规定:"一、在取得他人同意之情况下作出损害该人权利之行为,为法律所容许。二、然而,如上述行为系法律所禁止或违背善良风俗之行为,受害人之同意不阻却行为之不法性。三、为受害人之利益及按其可推定之意思而造成之损害,视为经受害人同意之损害。"[3] 与上述罗马法的规定相比,该条规定有三大显著不同。第一,其适用范围已经不局限于体育竞技行为,而成为一项一般性侵权责任抗辩规则,当然,这是立法不断抽象化的大趋势使然;第二,对"同意"增加了不得违背法律和公序良俗原则的限定;第三,"受害人利益说"成为一项适用受害人同意规则的推定理由。无独有偶,1992 年颁布的新《荷兰民法典》明确承认了受害人同意规则的法律地位,采纳的理由亦是"受害人利益说",该法典被誉为以其彰显的两大法系的融合性,开创了新的潘德克吞体系,日益取代法、德民法典而成为现代许多国家编纂民法典的范本,第 6 编第 178 条(d)项规定:"损害由于为受害人自身利益而……造成,如果将受害人置于损害危险之下是合理的。"但是 2002 年 3 月 19 日第 4 稿的《欧洲民法典·侵权行为法草案》并没有接受这种解释,其第 6∶105 条规定:"如果损失或伤害是受害人所同意的而且他知道或者应当知道同意的后果,则不属于具有法律上相关

---

[1] 参见程啸《论侵权行为法中受害人的同意》,《中国人民大学学报》2004 年第 4 期。
[2] 参见程啸《论侵权行为法中受害人的同意》,《中国人民大学学报》2004 年第 4 期。
[3] 《葡萄牙民法典》,唐晓晴等译,北京大学出版社,2009,第 61 页。

性的损害。如果受害人将自己暴露于某种通常被适当地接受作为一个整体的危险行为的危险，该危险的实现不构成法律上的相关性的损害。"[①] 可见，从大陆法系各主要国家一般的侵权法理论与实践来看，受害人同意规则已经被大多数国家所接受，且在晚近的法典编纂中已多有采纳，但对其法律性质的理解，并未达成统一。

在由著名比较法学家勒内·达维德起草的《埃塞俄比亚民法典》中，体育比赛和受害人同意规则又一次得到了完美的融合，其第2068条规定："在进行体育活动的过程中，对参加同一活动的人或在场观众造成伤害的人，如果不存在任何欺骗行为或者对运动规则的重大违反，不承担任何责任。"[②] 该条既反映了立法者回归罗马法传统的努力，又展现出若干有智慧的创新，比如并未将体育活动局限于对抗性体育活动，受害人也并不局限于参加比赛的运动员，而是扩展到了观众。由此，立法者的关注点开始由单纯规定受害人同意原则渐向兼及规定自甘风险原则扩张，因为受害人同意规则并不适用于非对抗性体育活动和非比赛参与者，有一定局限性，这就产生了自甘风险原则的适用空间。但需确定的是，受害人同意规则仍然是对抗性体育活动中主要的抗辩理由，自甘风险理论——尤其是大陆法系国家的自甘风险理论——是在受害人同意规则的基础上发展起来的。当然，自甘风险规则一旦产生，它就与受害人规则具有了本质不同，《埃塞俄比亚民法典》第2068条将两者纳入同一条文并不意味着两者是同样的概念，而只是说明在不同的情况下应适用不用的规则而已。

除了在体育比赛或体育竞技中发生的损害，即使在非正式的体育活动甚至体育游戏中，在参与者是未成年人的情况下，大陆法系惯常的理论与实践亦承认受害人同意规则之适用。瑞士盛行一种追击游戏，参加之人，得持木棍追击他人，被追击者，得以各种方法，尤其是掷小石头加以戏弄，某少年眼睛在游戏中为小石子所击伤，瑞士最高法院认为受伤者应忍受此种损害。奥地利最高法院亦认为抛雪球属于一种普通之嬉

[①] 梁慧星：《中国民法典草案建议稿附理由》（侵权行为编·继承编），法律出版社，2004，第27页。

[②] 《埃塞俄比亚民法典》，薛军译，中国法制出版社，2002，第378页。

戏，纵因此致生损害，亦非属不法。日本法院认为孩童作战争游戏，伤害眼睛，只有在损害超过被害人甘愿忍受之危险程度者，行为人始负赔偿责任。我国台湾地区出现过所谓"摔跤游戏伤人案"，解释论上的主流观点也认为，该项游戏系台湾中小学普遍之课外活动，非法令所不许，因此应认为参与者是默示在他人于不违反运动规则下，愿意忍受此种运动或游戏通常所生之损害。[①]

总之，受害人同意规则已经普遍为侵权法理论和实践所接受，至于该规则在体育侵权中的处理，有的国家通过成文法明文规定，亦有国家通过法院判例和学说上的解释论对其予以适用。受害人同意规则绝不是体育侵权中的次要抗辩事由，在很多时候，尤其是在对抗性的体育运动中，它或许是首要的甚至是唯一的抗辩事由。在对我国《民法典》第1176条的解释中，或许应该考虑到这些因素。

（四）受害人同意规则的法理基础及在我国法上的适用

受害人同意规则的核心是"同意"，对这种同意的法理基础，学界理解并不一致。法律行为说认为，受害人之同意是赋予行为人实施一定侵害行为的权利，因此，它是一种法律行为。史尚宽先生即认为："允诺，依从来之意义，为一方的法律行为。然被害人之允诺，其意思非以法律效力，唯以事实上之效果为其内容，可视为准法律行为，准用关于法律行为之规定。"[②] 杨立新教授亦将其定义为"受害人容许他人侵害其权利，自己自愿承担损害后果，且不违背法律和公共道德的一方意思表示"[③]。而利益扬弃说则认为，该原则是在权利本位的基础上，受害人与相对人达成的一致意见，他们通过抛弃某些法益，达到张扬其追求的其他法益之目的；而国家通过综合评价受害人同意的行为价值和同意行为造成的结果价值后，将加害人和受害人的行为视为合法，由此阻却了行为的违法性。[④] 王泽鉴教授即认为，受害人同意规则之所以成为世界各国

[①] 参见王泽鉴《摔跤游戏之违法性》，载王泽鉴《民法学说与判例研究》（第1册），北京大学出版社，2009，第171页。
[②] 史尚宽：《债法总论》，中国政法大学出版社，2000，第127页。
[③] 杨立新：《侵权责任法》，复旦大学出版社，2010，第128页。
[④] 参见段荣芳《体育运动伤害侵权责任研究》，博士学位论文，山东大学，2011，第94页。

公认的阻却违法事由，在于它体现了个人主义的精神，使个人得以自由决定如何处理其身体或财产等权益。① 笔者以为，后一种观点更能反映该规则在明示的受害人"同意"和默示的国家"评价"中取得的平衡，它反映了受害人同意规则的本质，即个人自由意志的表达，但同时也是国家将这种自由意志予以合法化的结果。特别在一些对抗性较强、具有人身危险性的体育运动中，运动员的参与意味着其预见到了并同意可能受到的一定伤害，这是其自由意志的表达，而国家应当尊重这种选择而非过分干预之，也正是在这个意义上，有学者将受害人同意理解为人的自我意识的现实化，是人发挥主观能动性的表现，是一种自然法上的权利。②

在我国，无论是过去作为民事基本法的《民法通则》还是于2009年颁布的《侵权责任法》，都没有规定受害人同意规则。《侵权责任法》规定的法定免责事由只有过错相抵、受害人故意、第三人原因、不可抗力、正当防卫及紧急避险六种。但这并不意味着我国法不承认受害人同意规则。根据杨立新教授的介绍，在《侵权责任法》的制定过程中，立法者还对包括受害人同意在内的其他一些非法定免责事由进行过讨论，之所以没有规定受害人同意规则，是因为其过于简单，但法官在司法实践中当然可以适用之。③ 段荣芳博士也认为，虽然我国法律没有明确规定受害人同意规则，但它是私法自治、意思自治在侵权法中的具体运用，受害人有权处分自己的权利，但也必须以合法并符合善良风俗的方式进行。④ 值得一提的是，教育部于2002年颁发的《学生伤害事故处理办法》第12条第5项规定，"在对抗性或者具有风险性的体育竞赛活动中发生意外伤害的"，学校如果已经履行了相应职责，行为并无不当，无法律责任。虽然本项规定主要目的在于免去作为监护人的学校的责任，但其中也蕴涵了受害人同意规则的法理。

在体育侵权案件中适用受害人同意规则还需注意两点。其一，把握

---

① 参见王泽鉴《侵权行为》，北京大学出版社，2009，第226页。
② 参见杨雄文《受害人同意的效力基础》，载《侵权法评论（2）》，人民法院出版社，2005，第67~73页。
③ 参见杨立新《法官适用〈侵权责任法〉应当着重把握的几个问题》，《法律适用》2010年第2、3合期。
④ 参见段荣芳《体育运动伤害侵权责任研究》，博士学位论文，山东大学，2011，第95页。

好"同意"的限度。竞技体育固然具有危险性，运动员无疑对此也有相当程度的认知，同意的但运动员并非会同意承担由此产生的一切损害后果。既然是"同意"，对同意之对象就需要有相当程度的认知，同意的是属于正常的、确定的、可预知范围内的风险，而不能包括一些超出规则范围之外的重大恶意犯规。① 可见，与古代法不同，现代法中"同意"的范畴缩小了，即使受害人真的同意重大伤残或死亡的后果出现，这种同意也会因违反法律禁止性规定或公序良俗而归于无效。其二，把握与自甘风险规则的基本区别。② 一般说来，受害人同意规则适用于对抗性体育运动中，适用的对象是造成了加害行为的对方运动员。在非对抗性体育运动，如汽车拉力赛、蹦极等运动中，受害人并没有直接受到竞争对手的伤害，潜在的诉讼对象是赛事组织者，而此时，运动参与者面临的只是不确定的风险，并无"同意"的适用空间。另外，体育赛事的观众和非运动员的其他工作人员（如报道比赛的记者）也不适用受害人同意规则，因为从常理就可以判断，如果观看比赛存在危险性，将不会有观众"同意"观看，这时如发生意外，比赛组织者也只能适用自甘风险规则进行抗辩。当然，即使在对抗性体育比赛中，受害人同意规则的适用也不是完全绝对的。有一种介于受害人同意和公序良俗之中的中间状态，即虽然超出了受害人同意的程度，但又在公序良俗允许的范围之内，如在正式拳击比赛中被"打瞎双眼"的风险。如前所述，有正常理性的运动员都不可能"同意"双眼被打瞎，但根据拳击比赛的规则，运动员是以握紧的拳头击打对方腰际以上侧面、正面部位，在多次奥运会、亚运会的比赛中都发生过运动员因眼睛受伤，或者坚持或者退出比赛的情况，理论上也有"打瞎双眼"的风险发生③，且拳击运动的目的就是为了击倒对方，击打眼睛并不违背公序良俗。如此一来，适用自甘风险规则而非受害人同意规则将对非故意的侵权人提供一种更

---

① 参见王伟《竞技体育运动致害的侵权行为法定位及救济方式》，硕士学位论文，烟台大学，2007，第20页。
② 在下一部分，将对此问题展开详细讨论。
③ 参见彭婕《受害人同意和风险自负在体育运动侵权领域的应用》，《广西政法管理干部学院学报》2007年第2期。

合理的抗辩理由。

(五) 小结

通过对体育侵权中受害人同意规则的历史、比较法和法理基础上的分析，我们可以看出，受害人同意规则自古就有，是从对体育伤害事故的规制中总结而来的一项法律规则。从其由古代法至现代法的演变看，受害人同意规则的适用领域经历了一个从竞技性体育运动向一般业余体育运动、从体育侵权法向一般侵权法的不断扩大的过程。在我国，受害人同意规则作为非法定免责事由，已经被学理广泛承认，在一些部门规章和司法实践中亦已有所适用。受害人同意规则不等同于自甘风险规则，对于非对抗性体育活动中不确定的风险，不能适用受害人同意规则。由此，自甘风险规则从弥补受害人同意规则的局限上，获得了更广阔的适用空间。但是，就受害人同意规则从古至今的演变看来，它始终应该是对抗性体育活动伤害特别是足球伤害案件中的首要抗辩事由。

三 受害人同意与自甘风险之二元适用

(一) "石景山足球伤害案"的理论争议

受害人同意和自甘风险同属体育侵权抗辩事由，但对两者之关系，学者们并未形成一个统一的认识。在"石景山足球伤害案"中，由于法院在判决中并未对其所适用之侵权抗辩事由进行准确定性，造成学者在理解该案时就其属于受害人同意还是自甘风险存有分歧。最早对该案进行研究的杨立新教授认为该项判决援引的是自甘风险规则[1]，这也是多数说的观点，李燕博士[2]、段荣芳博士[3]甚至认为这是我国法院第一起以自甘风险规则作为抗辩事由的体育运动伤害案件。少数说则认为该案法官裁判的依据是受害人同意规则。[4] 另外，无论多数说还是少数说的观点，

---

[1] 参见杨立新《学生踢球致伤应否承担侵权责任》，载《侵权司法对策》第3辑，吉林人民出版社，2003，第100页。

[2] 参见李燕《"自愿承担风险"抗辩在体育伤害责任中的适用》，《山东体育学院学报》2009年第4期。

[3] 参见段荣芳《体育运动伤害侵权责任研究》，博士学位论文，山东大学，2011，第88页。

[4] 参见艾湘南《体育侵权案中如何适用受害人同意规则》，《武汉体育学院学报》2012年第3期。

其出发点是将受害人同意与自甘风险进行区分的二元论立场,但也有学者在一元论的基础上阐释该案,如方益权、陈英认为该案体现的是受害人同意规则,但"受害人同意应包括自甘风险"①。中国人民大学的一份案件评析则称,本案涉及侵权行为法中的自愿承担危险抗辩事由理论,但自愿承担危险就是受害人同意。② 可见,我国学界对体育侵权抗辩事由的研究虽然已经取得了一定进展,但仍然未能从本质上对受害人同意和自甘风险规则有一个清楚的认识。由此,本部分以对"石景山足球伤害案"判决的再解读为契机,力求对该两种规则进行一个正本清源的研究,以厘清足球伤害案件的私法适用之道。

(二) 受害人同意和自甘风险之语义生成

在《民法典》通过之前,我国民事立法并未明确规定受害人同意和自甘风险规则,学理上,也有学者不承认它们是侵权责任的抗辩事由③,但大部分民法学教科书还是肯定了受害人同意规则的地位。如史尚宽将其与权利之行使、无因管理、自卫行为一起列为阻却违法之事由④;魏振瀛分正当理由和外来原因介绍了侵权责任的免责事由,受害人同意即为正当理由之一⑤;王利明则认为侵权民事责任的免责事由有不可抗力、受害人的过错、正当防卫、紧急避险和受害人同意五种。⑥ 相比之下,自甘风险被民法学教科书接受则是晚近的事,且争议颇多。台湾学者曾世雄虽然承认自甘风险有单独组成一个阻却违法事由类型之必要,但又认为该规则是基于受害人同意之法理开放出来的,局限于"被害人在损害事故发生前单方之默示同意"⑦。但王泽鉴反对这种说法,认为自甘风险不应被定性为受害人同意,甚至也不应作为违法阻却之事由,而应被纳入

---

① 参见方益权、陈英《论"受害人同意"及其在学生伤害事故中的适用》,《政治与法律》2007年第4期。
② 参见《学生在学校踢足球受伤,责任如何承担》,http://www.doc88.com/p-509541641153.html,最后访问时间:2014年7月13日。
③ 参见马俊驹、余延满《民法》(第四版),法律出版社,2010,1037~1039页。
④ 参见史尚宽《债法总论》,中国政法大学出版社,2000,第125~129页。
⑤ 参见魏振瀛《民法》(第四版),北京大学出版社,2010,第687~688页。
⑥ 参见王利明《民法》(第四版),中国人民大学出版社,2008,第679~681页。
⑦ 参见曾世雄《损害赔偿法原理》,中国政法大学出版社,2001,第91页。

与有过失的范畴。① 杨立新则认为受害人同意与自甘风险都属于我国侵权法中的"非法定免责事由"②。

可见，学者在"石景山足球伤害案"之判决定性上出现的问题，实囿于侵权法学界自身理论储备之不足。如果纯粹从体系上考察该两种原则之关系，作用不大，因为我们首先需要厘清，该两种原则是否真如一些学者所说，实为同一个范畴。而也只有对该判断先行证伪，才能进一步考察两者之区别。由此，如果能从语义生成上揭示两种规则之不同，当较有说服力。

关于受害人同意之语义生成，郑玉波认为，其来自罗马法格言"Volenti non fit injuria（同意不生损害）"③。程啸、张民安等学者引用 Rogers 在《Winfield 和 Jolowicz 论侵权》一书中的观点认为，该格言源远流长，可以追溯到亚里士多德时代，并在罗马法学家的著作中得到承认。但程啸认为该格言是受害人同意的起源④，张民安却将该格言归之于自甘风险。⑤ 根据汪传才援引彼得·斯坦等著《西方社会的法律价值》一书，罗马法格言"Volenti non fit injuria"被译为"对自愿者不构成伤害"，即如果一个人自愿从事一项危险性的工作，那么他就不能由这个危险而造成的自身伤害请求赔偿，因此，该格言应该是自甘风险规则的起源。⑥ 徐爱国甚至否认"Volenti non fit injuria"来自罗马法，而认为其是普通法的一个古老原则，意为"自愿承担风险"⑦。两种解读大相径庭。一些研究者受此误导，出现了在同一篇文章中同时援引并承认郑玉波与徐爱国观点的自相矛盾之情况。⑧ 艾湘南为了避免这种矛盾，认为受害人同意和自甘风险都是从该格言进化而来，它是被两大法系侵权法共同采纳后成为一

---

① 参见王泽鉴《侵权行为》，北京大学出版社，2009，第228页。
② 参见杨立新《侵权责任法》，复旦大学出版社，2010，第127~132页。
③ 参见郑玉波《法谚（一）》，法律出版社，2007，第95页。
④ 参见程啸《论侵权行为法中受害人的同意》，《中国人民大学学报》2004年第4期。
⑤ 参见张民安《过错侵权责任制度研究》，中国政法大学出版社，2002，第731页。
⑥ 参见汪传才《自冒风险规则研究》，《法律科学》2009年第4期。
⑦ 参见徐爱国《英美侵权行为法学》，北京大学出版社，2004，第12页。
⑧ 参见段荣芳《体育运动伤害侵权责任研究》，博士学位论文，山东大学，2011，第79~94页。

项公认基本原则的结果。① 汪传才亦认为"这条格言分出二条枝权,一是作为故意侵权抗辩的受害人同意;另一是作为过失侵权抗辩的自冒风险"②。但因为两大法系起源并不相同,如果该格言真为罗马法,它也只能是某个大陆法规则的起源,而普通法主要是通过法官造法而形成的判例法。可以说,对该格言,亦有相当程度的误读。

根据方益权、陈英援引刘铁诚在中国刑事法律网发表的《浅析被害人承诺之行为》一文中的介绍,"Volenti non fit injuria"是从乌尔比安《学说汇纂》第47卷所述"以被害人的意志所产生的,不是不法的"一语发展而来。③ 笔者由是对《学说汇纂》拉丁文本逐一查阅,发现该法言出现于 D.47,10,1,5,引用的是乌尔比安在《告示评注》第56篇中的论述,其辞曰:"……如果有人以家子同意为由出卖之,家父将以损害为由受诉,但家子除外,因为自愿之人并不招致损害。"④ "自愿之人并不招致损害"一语拉丁文为"quia nulla iniuria est, quae in volentem fiat",与"Volenti non fit injuria"具有极大程度的相似,认为后者由前者发展而成,或者是前者之"简称"⑤,并最终形成大陆法系的受害人同意规则这种观点,更为可信。而无论从拉丁文语义上还是私法史的一般常识上,将"Volenti non fit injuria"理解为英美法中的自甘风险并不准确。我国学者援引颇多的 Rogers 教授也无法拿出确切的证据,证明罗马法中的"自愿之人并不招致损害"与英国法之间到底具有怎样的关联。⑥ 故而,亦可认为,自甘风险只是英美法在自身实践中形成的一个抗辩规则。

笔者的考证亦被我国不少有关自甘风险的研究成果证明。英美法系国家严格区别故意侵权和过失侵权的抗辩事由。同意(consent)是故意

---

① 参见艾湘南《体育侵权案中如何适用受害人同意规则》,《武汉体育学院学报》2012 年第 3 期。
② 参见汪传才《自冒风险规则研究》,《法律科学》2009 年第 4 期。
③ 参见方益权、陈英《论"受害人同意"及其在学生伤害事故中的适用》,《政治与法律》2007 年第 4 期。
④ Paul Krueger, Theodor Mommsen. Corpus Iuris Civilis, Volumen Primum, Berolini: Apud Weidmannos, 1888, p.779.
⑤ 参见黄芬《侵权责任法中受害人同意的法律性质探究》,《求索》2011 年第 6 期。
⑥ 参见张民安《过错侵权责任制度研究》,中国政法大学出版社,2002,第 731 页。

侵权中的抗辩事由之一[①],自甘风险(assumption of risk)则适用于过失侵权之抗辩[②],两者泾渭分明。早有学者指出,自甘风险规则是普通法的一个古老侵权行为抗辩事由[③],产生于英国早期,最早适用于雇佣领域。[④]根据汪传才的介绍,该规则最早可见于英国 1305 年一个记录在案的判例,而 1799 年的 Cruden v. Fentham 和 1837 年的 Priestley v. Fowler 二案则最终确立了该项原则。[⑤] 美国法中的自甘风险原则是 1900 年确立的。[⑥] 还有学者考察了体育运动中最早适用该规则的历史,认为其来源于 1929 年的 Murphy v. Steeplechase 案,在该案中,一个从马上摔下的参赛者导致原告受伤,法官 Cardozo 指出,只要此类运动项目存在的某些内在风险是明显的和必然的,参加此类运动项目的当事人就应当承认该风险的存在。[⑦]

通过以上知识考古学的考察,可以发现受害人同意与自甘风险之语义生成并不相同,在罗马法的 D. 47,10,1,5 中便有"自愿之人并不招致损害"的论述,而自甘风险之语义或起源于英美法,是在判例中逐渐生成的。

(三) 受害人同意和自甘风险之内在机理

既然受害人同意和自甘风险非属同一范畴,自然也具有不同之运作机理。

通说认为,受害人同意和自甘风险在以下四个方面表现出不同。第一,适用领域不同。前者适用于故意侵权,后者适用于过失侵权。这也就是说,受害人只有针对他人故意的侵权行为才可能予以同意,而过失行为往往是难以预料的,受害人不可能"同意"[⑧]。受害人同意涉及的是

---

① 参见李响《美国侵权法原理及案例研究》,中国政法大学出版社,2004,第 107 页。
② 参见李响《美国侵权法原理及案例研究》,中国政法大学出版社,2004,第 427 页。
③ 参见高晓《论自愿承担风险》,《福建政法管理干部学院学报》2005 年第 4 期。
④ 参见魏汝领、杨绛梅、刘小学《自甘风险在户外运动侵权中的适用研究及案例分析》,《运动》2011 年第 30 期。
⑤ 参见汪传才《自冒风险规则研究》,《法律科学》2009 年第 4 期。
⑥ 参见张念明、崔玲《摒弃"公平"的公平之路——以体育领域中的风险自负为视角》,《政法论丛》2008 年第 3 期。
⑦ 参见刘雪芹、黄世席《美国户外运动侵权的法律风险和免责问题研究——兼谈对中国的借鉴》,《天津体育学院学报》2009 年第 3 期。
⑧ 参见程啸《论侵权行为法中受害人的同意》,《中国人民大学学报》2004 年第 4 期。

有意图的加害行为，同意使得故意的加害行为失去了加害性，但自甘冒险并不意味着受害人真的希望产生危险，只不过是愿意承受这种风险发生的可能性而已。英美法学者一直在术语上将"同意"与"自愿"予以区分，就是这个道理，自愿只能成为过失侵权的相对概念；法国学术界也倾向于将同意排除出过失责任范畴，而通过自甘风险来填补由此造成的漏洞。[①] 第二，对象不同。受害人同意的对象是一种确定的损害，而自甘风险的对象是不确定的风险。[②] 由此看来，"石景山足球伤害案"中"十级伤残"之发生，应该属于风险而非损害，因为学校体育活动的参加者们根本无法预料该种风险之发生。第三，适用方式不同。在明示作出的情况下，受害人同意和自甘风险都是明确地通过语言文字将可能发生的损害或危险予以承认。明示的自甘风险只能概括作出，如在美国的"滑雪案"中，原告在滑雪季开始前事先购买了这一季的滑雪通行证，并签署了危险同意文件，确认滑雪是危险的，如果发生危险愿意自己承担风险，不需场方负责。[③] 明示作出的受害人同意则应相当具体和明确，甚至有学者否认同意可以是默示的，如杨立新教授就认为："权利人没有明示准许侵害自己的权利的承诺，不得推定其承诺。"[④] 但默示同意事实上还是存在的，它是基于受害人特定的行为而推断出其对他人针对其所实施的特定行为或损害后果的同意。[⑤] 如伸出手臂让护士抽血即为一例，因为被抽血者虽然没有明示同意手被抽血，但伸出手臂的行为已经表明其默示同意之，且该意思表示是明确具体的，受到损害的后果也是确定无疑。相比之下，默示的自甘风险既无对特定风险的明确认知，损害后果亦是不确定的。大部分情况下，默示的自甘风险都存在于体育比赛中，正如参加体操跳马项目的运动员尽管经过了科学训练，仍然不能避免在某次跳跃中发生身体伤害，小则骨折，大则脑震荡，甚至发生类似桑兰

[①] 参见〔德〕克雷斯蒂安·冯·巴尔《欧洲比较侵权行为法》（下卷），焦美华译，法律出版社，2001，第631页。
[②] 参见彭婕《受害人同意和风险自负在体育运动侵权领域的应用》，《广西政法管理干部学院学报》2007年第2期。
[③] 参见杨立新《侵权责任法》，复旦大学出版社，2010，第131页。
[④] 参见杨立新《侵权责任法》，复旦大学出版社，2010，第128页。
[⑤] 参见程啸《论侵权行为法中受害人的同意》，《中国人民大学学报》2004年第4期。

的悲剧。但并非任何跳马运动员在每一次跳跃的过程中都会发生如此悲剧，它只是一种不确定的风险，可能发生，也可能不发生，运动员对其的默示承认可以从其参加训练或比赛的行为中推定出来。第四，受害人的主观状态不同。受害人同意更多体现的是对个人自身权益之处分，表征了现代民法中的个人主义精神，在体育运动中，具体体现为运动员对自己身体之自由处分权；而自甘风险由于风险之不确定性和偶然性，受害人主观上并不希望自己的人身遭受危险。①

以上传统观点对受害人同意与自甘风险之辨析较好地揭示了两者机理之不同，一语以贯之，前者面对的损害是确定的，后者面临的风险是不确定的。但这仍然不能充分揭示出两者在体育侵权伤害中的本质不同。体育运动与一般的侵权行为相比，有一定的特殊性。它不仅与身体有关，更关乎勇气、荣誉、理想等人类价值。在考虑体育侵权中的抗辩事由时，理应考虑到体育运动的特殊性。当然，即使在体育运动内部，也存在学校体育运动、业余体育运动和职业体育比赛的不同，在对抗性体育运动（如拳击、跆拳道、摔跤、足球等）与非对抗性体育运动（如体操、自行车）中，它们的当事人、损害发生概率和危险程度亦不相同。除此之外，体育运动还涉及观众、非运动员等其他比赛相关主体（如记者）的伤害问题，对此究竟适用受害人同意还是自甘风险的抗辩事由，亦需一一考察。

在非对抗性体育运动中，因为并无对手，伤害都非来自故意侵权，故而此时适用的侵权抗辩事由应是风险自负，抗辩主张方主要是体育比赛的组织者或场地运营者。在对抗性体育运动中，由于"故意"伤害对手为规则所允许，甚至是比赛的主要看点，运动员之参赛行为又表明其对可预见的身体损害或不可预见的潜在危险予以同意或承认，此时应区别情况适用受害人同意或自甘风险规则。在可预见的身体伤害范围内，如足球比赛中常见的因被对方踢倒而导致的软组织挫伤，侵权人自可以受害人同意作为抗辩免责理由。事实上，此类纠纷几乎不存在，因为运动员对此都做好了充分的心理准备。但对抗性体育比赛亦可能出现

---

① 参见段荣芳《体育运动伤害侵权责任研究》，博士学位论文，山东大学，2011，第97页。

参赛者无法预料的严重伤害,一方拳击手在合理规则范围内的一拳导致对方眼睛被打瞎(这并非没有可能,正常情况下受击方只会眼部瘀青,但恰好此次受害人因为对保护动作的处理不到位,或者因为比赛时分心,或者因为当日体质原因,等等),侵权人能适用的抗辩理由只能是自甘风险,因为受害方绝对不可能"同意"眼睛被打瞎的情况出现,对此风险亦无预见能力。而且,越是业余比赛,"同意"的范围就越狭窄,因为业余运动员对伤害的预见能力与职业运动员完全不可比拟。"石景山足球伤害案"是在学校体育运动中发生的,"十级伤残"对于一个职业足球运动员,应该在"同意"的范畴之内,因为从事这项职业的荣耀、高额的经济回报、完善的保险可以抵消这种伤害,但对于一个在校生,将完全是不可预料的,法院判决援引的依据只能是自甘风险。

同时,对于观看比赛的观众或者参与比赛组织的工作人员而言,如果他们明确地知道自身将受到特定的身体伤害,亦很难证明他们仍然会"同意"前来观赏或参与比赛,而一个观众或现场直播的记者当然会面临被飞来足球砸中受伤的可能性,此时,运动员也只能援引自甘风险作为其抗辩事由。这样看来,在体育侵权中,受害人同意主要存在于对抗性体育运动中,主要是面对对方运动员可能的赔偿请求而进行的抗辩;自甘风险则具有更宽泛的适用主体、适用对象和适用空间。

(四) 受害人同意和自甘风险之司法适用

"石景山足球伤害案"虽然在我国体育法学界影响颇大,但它既不是第一个,也非最后一个需要审慎考量伤人者抗辩事由的案件。2002 年 10 月,山东高密发生的一起篮球比赛伤害案曾激起过讨论。在一场校际篮球比赛中,中学生王某在争抢篮板球中将李某撞伤,两人皆无违反规则之处,李某将王某及其中学告上法庭,诉求人身损害赔偿。[①] 从对案件的描述看,该撞伤应不严重,故法院并未追究被告责任,而以王某所在学校参照工伤事故对其补偿了结此案。实际上,被告免责之基础即为受害人同意规则,因为在中学之间举行篮球比赛是正常且必要的教育行为,

---

① 参见解立军、王琳《学生在球赛中受伤责任由谁负》,《教学与管理》2003 年第 28 期。

一定程度的撞伤在所难免，当在参加者的同意范围内，中学生亦已具有了此等预见能力。我国台湾地区出现过所谓"摔跤游戏伤人案"，解释论上的主流观点也认为，该项游戏系台湾中小学普遍之课外活动，非法令所不许，因此应认为参与者是默示在他人于不违反运动规则下，愿意忍受此种运动或游戏通常所生之损害。①

1998年于南京发生的"刘涛因替他人球队作守门员扑球时被撞伤诉参赛双方及碰撞人赔偿案"则是一个更早的相关案件，原告刘涛在上前扑球时腿部受伤，经医院诊断为左髌骨粉碎性骨折。南京市中院在二审判决中认为："足球比赛是一种激烈的竞技性运动，此性质决定了参赛者难以避免地存在潜在的人身危险。参赛者自愿参加比赛，属甘冒风险行为，在比赛中受到人身损害时，被请求承担侵权民事责任者可以以受害人的同意作为抗辩理由。"②该判决之处理完全正确，但在说理上混淆了自甘冒险与受害人同意，误将其等同看待。实际上，该案的抗辩理由应是自甘风险，因为该项足球比赛并非职业比赛，原告亦非职业运动员，既不可能预见"粉碎性骨折"的伤害后果，亦不可能对该后果予以同意。在2006年中超联赛中发生的"班古拉案"后果则严重得多。在该赛季第13轮的一场比赛中，班古拉正准备用头球将球摆渡给队友时，此时对方运动员吕刚突然抬起右脚大力解围，导致其右脚球鞋的鞋钉重重地踢在班古拉的右眼上，最后导致右眼完全失明。班古拉在咨询律师后，最终放弃了对吕刚的赔偿请求。③可以想象，即使班古拉提起诉请，吕刚的抗辩理由也应该是自甘风险而非受害人同意规则，因为即使作为中国顶级足球联赛的运动员，也无法同意以失明为代价进行运动比赛。且在如此损害中适用自甘风险亦需特别慎重，因为极有可能触碰"受害人同意和自甘风险不得违反法律禁止性规定和公序良俗"的高压线。在学校体育和业余体育活动中，诸如眼睛失明等严重损害身体官能的伤害将使自甘

---

① 参见王泽鉴《摔跤游戏之违法性》，载王泽鉴《民法学说与判例研究》（第1册），北京大学出版社，2009，第171页。
② 参见公丕祥主编《典型裁判案例（2）》，法律出版社，2011。
③ 参见牛杰冠《中美竞技体育运动伤害侵权典型案例对比分析》，《山东体育科技》2012年第3期。

风险不生阻却违法之效力，而在职业的对抗性体育比赛中，损害程度固然可以稍许放宽，但仍不可以生命或类似双目失明之终身残疾为代价，"班古拉案"中的单目失明已经是自甘风险适用之极限。有学者认为，如果运动选手遵守了相关的运动规则，而因过失造成对手死亡，则不会有责任。[①] 这种说法值得商榷，因为任何价值在位阶上都无法与生命相比拟，如果一项运动在规则允许范围之内可能导致死亡的后果，该项规则也就丧失了合法性归依，在这种情况下，自甘风险规则将丧失适用余地。

受害人同意和自甘风险规则在我国司法实践中得到的广泛运用，或许是《民法典》第1176条规定的主要动因。在学理上，将受害人同意作为阻却违法事由之一并无异议，但对自甘风险规则之定位，大陆法系之学理仍有异议。德国通说即认为，此属与有过失的问题，王泽鉴先生亦持如此看法，从而排除自甘风险作为阻却违法之事由。[②] 按照这样的思路，自甘风险在我国法中可以适用《民法典》第1173条的规定，即"被侵权人对同一损害的发生或者扩大有过错的，可以减轻侵权人的责任"。但事实上，在体育侵权中将自甘风险同与有过失联系在一起并不科学，因为过失的核心是注意义务的违反，而自甘风险之核心是冒险性。以足球比赛为例，某运动员导致对手受伤，此时很难说其具有过错，侵害者可能会被出示黄牌或者红牌，但并不需要承担侵权损害赔偿责任，伤者由其自己或其运动队承担损害后果。如果按照与有过失的理论，此时伤者承担的后果是因为自身之过错，将得出一个极其荒谬的结论：侵害者没有过错，被侵害者反而有过错。[③] 可见，与有过失理论并不能解释体育比赛中的抗辩事由，自甘风险应作为一个独立的抗辩事由而适用。

（五）结论

以上论述表明，在足球伤害侵权的抗辩事由中，应二元适用受害人同意和自甘风险规则，两者各有功用，各司其职。在生成上，受害人同意与自甘风险不同，前者起源于罗马法，后者是普通法中的规则；在机

[①] 参见段荣芳《体育运动伤害侵权责任研究》，博士学位论文，山东大学，2011，第99页。
[②] 参见王泽鉴《侵权行为》，北京大学出版社，2009，第228页。
[③] 参见郭佳宁《侵权责任免责事由研究》，博士学位论文，吉林大学，2008，第121页。

理上，前者所"同意"的损害是确定的，后者甘冒的风险不确定。

在《民法典》编纂过程中，我国诸多民法典草案建议稿皆承认受害人同意与自甘风险在侵权抗辩中的二元适用，如梁慧星的建议稿第1558条规定："受害人同意加害人对其实施加害行为或者自愿承担危险及其相应后果的，加害人不承担民事责任。"① 杨立新的"侵权法草案建议稿"第29条也认为："受害人明确同意行为人对其实施加害行为，自愿承担损害后果的，或者自甘风险，行为人不承担侵权责任。"② 教育部于2002年颁发的《学生伤害事故处理办法》或许是第一个明确规定了该两项规则的立法，其第12条第5项规定，"在对抗性或者具有风险性的体育竞赛活动中发生意外伤害的"，学校如果已经履行了相应职责，行为并无不当，无法律责任。虽然该项规定主要目的在于免去作为监护人的学校之责任，但其中完全蕴涵了受害人同意和自甘风险的法理。《民法典》第1176条在未来司法实务中的解释走向，也颇为值得关注。当然，再好的立法也难以囊括体育侵权中各种纷繁芜杂的特殊情况，法官只要在实践中把握受害人同意和自甘风险二元适用之精神，注意到法律禁止性规定和公序良俗的高压线，区分好对抗性与非对抗性体育活动之性质，且合理考虑正规足球比赛和业余足球运动在危险程度上的不同认知，当能准确作出判决，并在促进足球运动健康发展和保护运动员权益间做好平衡。

---

① 梁慧星：《中国民法典草案建议稿附理由》（侵权行为编·继承编），法律出版社，2004，第27页。
② 杨立新：《中华人民共和国侵权责任法草案建议稿及说明》，法律出版社，2007，第89页。

第五章 结论

一 用法治促进足球行业自治的必然性

1949年,"自治"(autonomy)这一概念首次出现于《奥林匹克宪章》,按照国际奥委会的立场,体育运动只有实现自我控制、自我管理、不受外界干涉,才可以实现一种生活的哲理,保证身体素质、意志与精神的平衡和升华。[1] 然而,在各国的体育自治实践中,尽管体育组织享有的自治权已经获得了高度尊重,且单项体育协会经常被授予公共权力,但各国的体育行政管理部门仍然通过相当多的立法和政策,让体育行业不游离于国家的监管之外。本书的考察指出,通过法治促进足球行业自治是一种必然,已具备深厚的理论基础和现实需求。特别是,在当前足球改革浪潮下,法治的角色不但不应当被削弱,反而应当被进一步增强。立基于中国的特殊国情,法治应全方位介入并参与中国的足球行业自治,在下述方面发挥重要作用。

第一,构筑足球行业自治的法理基础。足球行业自治并非绝对市民社会意义上的自治,应在充分承认国家作用基础上实现以法治为主导的自治。

第二,用法治手段准确定位改革背景下中国足协的法律地位。本质上,中国足协权力来源于成员签订协会章程这一社会契约,将中国足协定位为私法主体符合本次足球改革的目的。由此,中国足协可以获得行政诉讼上的豁免,但不能排除刑事监督、行政监管和民事司法审查。应

---

[1] See Jean-Loup Chappelet, *Autonomy of Sport in Europe*, Council of Europe Publishing, 2010, pp. 11-14.

当积极发挥私法上社团罚的救济机制,解决足协处罚无法得到外部救济的困境。

第三,加大足球协会内部治理的法治化程度。足球领域虽然具有巨大的行业特殊性,但在尊重行业自治的同时,法治的审视仍然是必要的。劳动法规制模式虽然与足球行规存在较大差异因而作用较弱,但竞争法、合同法等其他规制模式仍然可以在足球行业的内生机制建设中扮演重要角色。足球行业内部纠纷解决机制的合理构建也离不开法治化程度的评估,中国足协内部仲裁机构的规则完善、独立性强化和外部监督机制引入都至关重要。

第四,通过法治保障足球行业发展的外部环境。足球发展的外部法治环境特别是足球产业法治环境不容乐观。从立法论的角度看,当前争议颇大的球员工作合同、纠纷解决机制、反垄断豁免、体育赛事转播权等问题亟待通过国家立法予以明确,足球产业的税费优惠、无形资产权益等也亟待通过国家立法予以保障。从解释论的角度看,足球产业发展中出现的新兴问题正在现有法律体系框架下,通过法律技术的运用和司法实践的能动尝试提出解决路径,但也面临如何在法律适用中有效平衡个案特殊性和类案统一性的问题。

二 私法的作用与进路

显然,足球行业的法律问题更多是一种跨法律部门的问题,是一种行业法、领域法问题,单纯的私法路径是非常有限的。但是也不可否认,由于足球自治的存在,基于行业自治与私法自治的天然契合,私法可以对足球行业的自治与法治问题提供最多的手段、最多的抓手,将是未来分析足球行业的自治与法治问题时最重要的法源和思维模式。

在《民法典》的背景讨论私法的作用与进路尤为意义重大。《民法典》第5条规定的自愿原则,实际上就是整个私法基石的私法自治原则(private autonomy)。此一原则下,行业自治可以基于会员之间缔结的契约——章程得以展开。故而,国家法应该尊重行业内部的自身秩序,不能过度将手伸入行会的内部治理中。正是在这个意义上,《民法典》第11条的法源条款进行了如下规定:法律没有规定的,可以适用习惯,但是不得违背公序良俗。行业内部的思维模式、行为方式、规章制度，构成了行业习惯，通过该条之管道，获得了民法上的效力。所以，在私法自治、行业自治的维度上，私法构成了探讨足球行业自治与法治问题的基础。也可以这样认为，整个足球行业的内部治理，都可以基于《民法典》第 5 条而有效展开。

由此分析路径，可以发现，即使《民法典》未对球员、俱乐部、足球协会等的法律地位进行特殊规定，但也需要在私法自治的分析框架下认识这些不同治理主体的法律地位和相互关系。由此，将球员与俱乐部的工作合同定位为一种民法上的非典型合同而非劳动合同更具现实性，将足球协会对违纪球员或俱乐部的处罚定位为一种民事领域的社团罚或许更能熄灭很多理论上无谓的争议。在《体育法》尚不能提出一个中立的纠纷解决机构之前，也需要肯定足球协会内部纠纷解决机制存在的合理性（当然不妨碍其不断改进制度设计），或许还可以考虑就在现行的商事仲裁机制下纳入足球行业内部纠纷解决机制（只要相关合同、章程同意将争端纳入商事仲裁机制）。所以，私法自治理念的提升，将为足球行业的各类自治与法治问题提供更多可能的路径。

无疑，《民法典》中的各项规定也将为足球行业的自治与法治化进展提供更多指引。根据《民法典》，中国足协和各地方足协都属于非营利法人中的社会团体法人，《民法典》第 91 条就此提供的内部治理指引在于，社会团体法人应当依法制定法人章程，应当设会员大会或者会员代表大会等权力机构，应当设理事会等执行机构，理事长或会长等负责人应当按照法人章程的规定担任法定代表人。中国足协的内部治理水平无疑是整个体育行业的典范，但到了各级地方足协就有很多问题，所以《民法典》的要求对于地方足协提升内部治理水平亦意义重大。对于未来的中国足球职业联盟，也需要根据营利法人或非营利法人的考量进行不同的内部治理架构的设计。

《民法典》完善了合同规则，架构了更多非权利的权益保护管道，为未来足球赞助合同和足球赛事转播权的保护提供了更多可能。《民法典》第 1176 条自甘风险规则的引入为足球领域伤害多发事故提供了更多的豁免空间，有助于更多人抛却顾虑参加足球这一勇敢者的游戏。当然，该规则并不能直接适用于校园足球领域。对于学生参加校园足球运动而言，学校和相关培训机构需要根据《民法典》第1199、1200条尽到足够的教育、管理义务，否则将为学生的受伤承担相应赔偿责任。如此家长才会更放心让自己的孩子参与足球运动，中国足球的后备力量才会不断涌入。

  国家在私法自治中的角色通过管制得以实现。自治和管制的范围在现今的法律体系中早已变得你中有我、我中有你，"管制常常倒过来成为自治的工具，管制只是为了让私法自治有更大的发挥空间"①。所以即使从私法的视角分析，足球行业的国家管制也是现实存在的。"私法可能独立于任何公共统治，也可能被一些外在统治者所统治。该统治可能表现为（在不同程度上）垄断法的创制和实施，也可能表现为私法的政治工具化，区别于从非工具的、矫正正义的角度理解的私法。"② 从这个意义上，未来从私法视野下对足球行业自治与法治问题的探索，还有更多空间。

---

① 苏永钦：《走入新世纪的私法自治》，中国政法大学出版社，2002，自序。
② 〔德〕尼尔斯·扬森、〔美〕拉尔夫·迈克尔斯：《私法与国家——比较分析和历史考察》，叶浩拉译，载徐国栋、方新军主编《罗马法与现代民法》（第十卷），厦门大学出版社，2019，第87~88页。

参考文献

一 中文文献

(一) 专著

蔡俊五、赵长杰:《体育赞助——双赢之策》,人民体育出版社,2001。

曾世雄:《损害赔偿法原理》,中国政法大学出版社,2001。

常法宽:《图说中国古代足球》,商务印书馆国际有限公司,2008。

陈晴主编《中国足球运动百余年发展史》,华中科技大学出版社,2017。

陈自强:《民法讲义 II:契约之内容与消减》,新学林出版股份有限公司,2004。

程合红:《商事人格权》,中国人民大学出版社,1997。

《辞海》,上海辞书出版社,1979。

崔国斌:《著作权法:原理与案例》,北京大学出版社,2014。

崔建远:《合同法》,北京大学出版社,2013。

董保华主编《劳动法精选案例六重透视》,中国劳动社会保障出版社,2006。

龚波:《文明视野:中国足球的困境与出路》,北京体育大学出版社,2014。

郭树理,周青山:《体坛说法——体育运动中的法律问题》,湖南大学出版社,2009。

郭树理:《体育纠纷的多元化救济机制探讨——比较法与国际法的视野》,法律出版社,2004。

郭树理主编《外国体育法律制度专题研究》,武汉大学出版社,2008。

韩世远:《合同法总论》,法律出版社,2008。

韩勇：《体育法的理论与实践》，北京体育大学出版社，2009。

韩勇：《体育与法律——体育纠纷案例评析（二）》，人民体育出版社，2017。

何海波：《行政诉讼法》，法律出版社，2016。

胡建淼：《行政法学》，法律出版社，2015。

胡康生主编《中华人民共和国著作权法释义》，法律出版社，2002。

黄世席：《国际体育争议解决机制研究》，武汉大学出版社，2007。

黄世席：《欧洲体育法研究》，武汉大学出版社，2010。

黄文煌：《阿奎流斯法——大陆法系侵权法的罗马法基础》，中国政法大学出版社，2015。

黄越钦：《劳动法新论》，翰庐图书出版有限公司，2012。

金自宁：《公法/私法二元区分的反思》，北京大学出版社，2007。

黎军：《行业自治与国家监督：行业协会实证研究》，法律出版社，2006。

黎军：《行业组织的行政法问题研究》，北京大学出版社，2002。

李响：《美国侵权法原理及案例研究》，中国政法大学出版社，2004。

李永军、易军：《合同法》，中国法制出版社，2009。

林鸿潮：《行政法与行政诉讼法》，北京大学出版社，2015。

刘秉果、赵明奇：《中国古代足球》，齐鲁书社，2008。

鲁篱：《行业协会经济自治权研究》，法律出版社，2003。

路云亭：《文明的冲突：足球在中国的传播》，上海人民出版社，2016。

路云亭：《现代足球：人类动作镜像的终极美学》，上海人民出版社，2015。

马宏俊主编《体育法案例评析》，中国政法大学出版社，2017。

马长山：《法治进程中的"民间治理"——民间社会组织与法治秩序关系的研究》，法律出版社，2006。

马长山：《国家、市民社会与法治》，商务印书馆，2002。

裴洋：《反垄断法视野下的体育产业》，武汉大学出版社，2009。

沈建华主编《中国足球职业俱乐部法治建设透视》，北京体育大学出版社，2008。

沈志先、符望：《冠名权转让中的法律问题》，法律出版社，2005。

宋海燕：《中国版权新问题——网络侵权责任、Google 图书馆案、比赛转播权》，商务印书馆，2011。

苏永钦：《走入新世纪的私法自治》，中国政法大学出版社，2002。

孙春苗：《论行业协会：中国行业协会失灵研究》，中国社会出版社，2010。

孙国华：《法学基础理论》，天津人民出版社，1998。

谭小勇：《Lex Sportiva 研究》，上海交通大学出版社，2016。

王利明：《合同法分则研究》（下卷），中国人民大学出版社，2013。

王利明：《合同法研究》（第一卷），中国人民大学出版社，2002。

王利明：《民法》（第四版），中国人民大学出版社，2008。

王泽鉴：《民法学说与判例研究》（第 1 册），北京大学出版社，2009。

王泽鉴：《民法总则》，北京大学出版社，2009。

肖永平主编《体育争端解决模式研究》，高等教育出版社，2015。

谢鸿飞：《合同法学的新发展》，中国社会科学出版社，2014。

徐国栋主编《绿色民法典草案》，社会科学文献出版社，2004。

阎世铎：《忠诚无悔：我与中国足球》，新华出版社，2006。

杨黎明、余宇：《体育赛事合同》，法律出版社，2007。

杨立新：《侵权责任法》，复旦大学出版社，2010。

杨丽芳：《我国单项运动协会体制改革研究》，北京体育大学出版社，2016。

叶传星：《转型社会中的法律治理：当代中国法治进程的理论检讨》，法律出版社，2012。

余凌云：《行政法讲义》，清华大学出版社，2010。

远山：《袁伟民与体坛风云》，江苏人民出版社，2009。

赵子江：《由控制、互动到多元发展——体育社会组织的分析框架与发展策略》，北京体育大学出版社，2016。

周青山：《体育领域反歧视法律问题研究》，武汉大学出版社，2015。

朱广新：《合同法总则》，中国人民大学出版社，2012。

朱力宇主编《法理学原理与案例教程》，中国人民大学出版社，2007。

(二) 析出文献

杨立新:《学生踢球致伤应否承担侵权责任》,载《侵权司法对策》(第3辑),吉林人民出版社,2003。

郭春玲、郑璐、徐嘉若:《中国足球运动员转会的契约管理研究》,载郑璐、刘舒辉、张记国《体育法律问题研究》,中国社会科学出版社,2016。

严强:《足球是一面镜子》,载郑东兴、王剑涛《内幕:中国足球曾经发生的事》,新华出版社,2012。

郑璐:《中国足球协会纪律处罚制度设计研究》,载郑璐、刘舒辉、张记国《体育法律问题研究》,中国社会科学出版社,2016。

黄世席:《欧洲足球仲裁之实证分析:以CAS为例》,载肖金明、黄世席主编《体育法评论》(第2卷),山东大学出版社,2009。

李洪雷:《其他承担行政任务的主体》,载应松年主编《当代中国行政法》(上卷),中国方正出版社,2005。

李赞乐:《中国足球协会法律主体地位研究》,载王小平、马宏俊主编《体育法学专题研究》,中国政法大学出版社,2012。

李志强:《转型社会治理中的法律结构——兼论一元多样的混合法结构之现实必要性》,载罗豪才主编《软法的理论与实践》,北京大学出版社,2010。

林峰:《论足协及其他自治组织的行政可诉性:中国与三个普通法管辖区域的比较研究》,载浙江大学公法与比较法研究所编《公法研究》(第二辑),商务印书馆,2004。

赵忠龙:《比较法视野下的职业运动员法律性质研究——基于体育法、劳动法与反垄断法的协同调整》,载《人大法律评论》编辑委员会组编《人大法律评论》(2014年卷第1辑),法律出版社,2014。

周爱光:《日本体育法学的发展及研究动向》,载中国法学会体育法学研究会编《中国体育法学十年(2005—2015)》,中国法制出版社,2016。

〔意〕约勒·法略莉:《通往全球化法律人的教育:回到罗马法》,赵毅、王丽婷译,载徐国栋主编《罗马法与现代民法》(第九卷),厦门大学出版社,2016。

〔日〕山本敬三：《民法中的动态系统论——有关法律评价及方法的绪论性考察》，解亘译，载梁慧星主编《民商法论丛》（第23卷），金桥文化出版（香港）公司，2002。

〔乌拉圭〕霍拉西奥·冈萨雷斯·穆林、〔乌拉圭〕费利佩·瓦斯奎兹·里维拉：《〈国际足联代理人规程〉在乌拉圭的实施》，董双全译，载田思源主编《体育法前沿》（第2卷），中国政法大学出版社，2017。

〔德〕尼尔斯·扬森、〔美〕拉尔夫·迈克尔斯：《私法与国家——比较分析和历史考察》，叶浩拉译，载徐国栋、方新军主编《罗马法与现代民法》（第十卷），厦门大学出版社，2019。

（三）译著

〔奥〕欧根·埃利希：《法社会学原理》，舒国滢译，中国大百科全书出版社，2009。

〔德〕贡塔·托依布纳：《法律：一个自创生系统》，张骐译，北京大学出版社，2004。

〔德〕曼弗雷德·魏斯、马琳·施米特：《德国劳动法与劳资关系》，倪斐译，商务印书馆，2012。

〔德〕卡尔·拉伦茨：《德国民法通论》（上册），王晓晔等译，法律出版社，2003。

〔古希腊〕亚里士多德：《政治学》，吴寿彭译，商务印书馆，1983。

〔美〕R.M.昂格尔：《现代社会中的法律》，吴玉章、周汉华译，译林出版社，2001。

〔美〕哈罗德·J.伯尔曼：《法律与革命——西方法律传统的形成》，贺卫方等译，中国大百科全书出版社，1993。

〔英〕洛克：《政府论（下篇）——论政府的真正起源、范围和目的》，叶启芳、瞿菊农译，商务印书馆，1996。

〔英〕史蒂芬·多布森、约翰·戈达德：《足球经济》，樊小平、张继业译，机械工业出版社，2004。

〔英〕弗里德利希·冯·哈耶克：《法律、立法与自由》（第一卷），邓正来、张守东、李静冰译，中国大百科全书出版社，2000。

〔英〕米歇尔·贝洛夫、蒂姆·克尔、玛丽·德米特里：《体育法》，郭树理译，武汉大学出版社，2008。

〔英〕比尔·莫瑞：《世界足球史话》，郑世涛译，光明日报出版社，1998。

〔英〕戴维·米勒、〔英〕韦农·波格丹诺主编《布莱克维尔政治学百科全书》，邓正来译，中国政法大学出版社，2004。

〔瑞士〕卡米尔·博利亚特、〔瑞士〕拉法莱·波利：《世界各国足球协会与职业联赛治理模式研究报告》，刘驰译，天津人民出版社，2017。

〔瑞士〕卡米尔·博利亚特、〔法〕凯文·塔利克·马斯顿：《世界各国足球联赛与俱乐部治理模式研究报告》，刘驰译，天津人民出版社，2017。

《意大利民法典》，费安玲、丁玫译，中国政法大学出版社，1997。

(四) **期刊**

〔奥〕海尔穆特·库齐奥：《动态系统论导论》，张玉东译，《甘肃政法学院学报》2013年第4期。

〔德〕托马斯·巴赫：《多样中的团结：尊重、责任、信誉——在2009年哥本哈根奥林匹克大会上的演讲》，潘霞译，《体育文化导刊》2010年第11期。

〔意〕弗朗切斯科·德尔芬尼：《民法法系中的律师与体育法》，赵毅、钟旻桔译，《体育与科学》2014年第6期。

〔意〕约勒·法略莉：《在游戏表演与身体活动之间：古代罗马的体育与法》，赵毅译，《体育与科学》2017年第6期。

Lucio Colantuoni, Edoardo Revello, Andrea Cattaneo：《足球教练（经理）合同的特性与解除——国际视野下的比较研究》，唐勇、吴方圆译，《体育科研》2015年第3期。

毕进杰、梁进：《中国足球改革的路径选择》，《体育与科学》2003年第5期。

毕诗永、关莉、张辉：《我国职业足球俱乐部法制环境的研究》，《沈阳体育学院学报》2008年第4期。

蔡立东、刘思铭：《社会团体法人自治与司法审查的实证研究》，《法学杂志》2016年第12期。

蔡晓卫、唐闻捷：《体育雇佣关系的定位和法律调整模式》，《北京体育大学学报》2005 年第 9 期。

曹锦秋、狄荣：《论行业协会的自治权及其限制》，《辽宁大学学报》（哲学社会科学版）2011 年第 1 期。

岑剑梅：《反思法在现代社团治理中的意义——兼评长春亚泰足球俱乐部诉中国足协案》，《浙江社会科学》2004 年第 1 期。

曾文、王鹏：《关于中国足球管理体制建设的探讨》，《黑龙江科技信息》2008 年第 2 期。

常娟、李艳翎：《体育冠名权合同性质的研究》，《天津体育学院学报》2008 年第 1 期。

陈博：《司法介入职业足球裁判"黑哨"的两个焦点问题》，《体育学刊》2003 年第 6 期。

陈承堂：《论中国足协社团罚的生成逻辑》，《北京体育大学学报》2009 年第 6 期。

陈承堂：《社团罚的合法性审思——武汉光谷足球俱乐部退赛事件的法理解读》，《武汉体育学院学报》2009 年第 7 期。

陈浩、焦现伟、杨一民：《我国职业足球监管制度改革方向研究》，《中国体育科技》2008 年第 1 期。

陈华荣：《实施全民健身国家战略的政策法规体系研究》，《体育科学》2017 年第 4 期。

陈陆隆：《我国足球产业发展面临的困境与突破研究》，《经济研究导刊》2018 年第 1 期。

陈婉玲：《法律监管抑或权力监管——经济法"市场监管法"定性分析》，《现代法学》2014 年第 3 期。

陈婉玲：《经济法权力干预思维的反思——以政府角色定位为视角》，《法学》2013 年第 3 期。

陈婉玲：《经济法调整：从"权力干预"到"法律治理"》，《政法论坛》2014 年第 1 期。

陈蔚：《在中超实行财政公平政策的思考》，《体育成人教育学刊》2016 年第 6 期。

陈晓东：《从国际足联腐败看商业化大潮下国际体育单项组织的监督》，《广州体育学院学报》2016年第2期。

丛湖平、石武：《我国职业足球运动员转会制度研究》，《体育科学》2009年第5期。

丛立先：《体育赛事直播节目的版权问题析论》，《中国版权》2015年第4期。

邓春林：《论体育冠名合同的性质及法律保护》，《北京体育大学学报》2005年第8期。

邓春林：《体育赞助合同的若干法律问题探析》，《山东体育学院学报》2004年第4期。

邓志、伏创宇：《论司法介入竞技性体育纠纷的正当性——兼对特别权力关系的质疑》，《政治与法律》2013年第6期。

董聪：《体育赛事直播节目转播权的法律性质与保护方式》，《人民司法·应用》2017年第16期。

董金鑫：《论我国单独的体育仲裁法的制定》，《北京体育大学学报》2016年第3期。

董金鑫：《我国足球劳动合同争议的司法处理》，《西安体育学院学报》2016年第6期。

董振瑞：《邓小平的足球情怀》，《党史文汇》2008年第4期。

冯之东、徐志强：《特别权力关系理论在行业自治中的适用——以中国足协为研究个案》，《社科纵横》2007年第2期。

朱雪忠、杨曦：《美国体育赛事转播反垄断审查豁免规则及其对中国的启示》，《科技与法律》2016年第2期。

高峰：《足球改革：上升为国家战略》，《新产经》2015年第5期。

高家伟、张玉录：《论"黑哨"中的行政法问题》，《政法论坛》2002年第3期。

高景芳：《职业自由价值论》，《科学·经济·社会》2011年第2期。

高鸣：《状告中国足协——代理无锡日报社与中国足球协会名誉侵权案一审诉讼前后》，《法学天地》2000年第4期。

高升、陆在春、金涛：《论司法对体育协会内部纠纷的介入——从足协风暴谈起》,《体育与科学》2011 年第 2 期。

高天翼:《论体育赛事直播节目的著作权保护》,《河南财经政法大学学报》2017 年第 2 期。

高薇:《论司法对国际体育仲裁的干预》,《环球法律评论》2017 年第 6 期。

高治、郑原、王岗:《"足球改革"对中国体育发展的启示》,《武汉体育学院学报》2017 年第 3 期。

耿宝建:《行政授权新论——走出理论与现实困境的一种认识尝试》,《法学》2006 年第 4 期。

龚波:《足球改革进程中的利益冲突与兼容》,《武汉体育学院学报》2013 年第 2 期。

郭成岗:《中国足球协会的性质界定》,《南京体育学院学报》2003 年第 2 期。

郭树理:《体育组织内部纪律处罚与纠纷处理机制的完善——以中国足球协会为例》,《法治论丛》2003 年第 3 期。

郭树理:《足球与法律》,《读书》2007 年第 7 期。

国金证券:《足球:产业迎发展黄金时代》,《股市动态分析》2016 年第 21 期。

韩勇:《体育伤害自甘风险抗辩的若干问题研究》,《体育学刊》2010 年第 9 期。

韩勇:《职业球员劳动合同解除研究》,《河北师范大学学报》(哲学社会科学版) 2013 年第 6 期。

郝春龙、贾文彤:《我国职业足球俱乐部法律问题研究概述及启示》,《河北师范大学学报》(自然科学版) 2006 年第 1 期。

侯玲玲、王全兴:《我国职业足球运动员的劳动者地位和劳动法保护》,《当代法学》2006 年第 4 期。

胡国梁:《经济法逻辑:权力干预抑或法律治理辨——与陈婉玲教授商榷》,《政治与法律》2016 年第 2 期。

黄璐:《〈中国足球改革发展总体方案〉中的国家战略思想》,《体育成人教育学刊》2015 年第 2 期。

黄璐：《博斯曼法案的国际政治经济本质》，《天津体育学院学报》2010年第5期。

黄璐：《权力旋涡与民主的价值——国际足联腐败丑闻的深层思考》，《武汉体育学院学报》2015年第10期。

黄璐：《社会足球伤害案件的运动技术合规性审查》，《上海体育学院学报》2016年第3期。

黄世昌：《论政府干预与足球自治的关系》，《体育成人教育学刊》2018年第1期。

黄世席：《巴西体育法律规制介评》，《河北法学》2003年第4期。

黄世席：《国际足联善治的法律解读》，《体育科学》2016年第1期。

黄世席：《足球暴力法律规制之比较研究——以英意西为例》，《体育与科学》2008年第1期。

贾文彤、郝永朝：《欧洲职业足球中的法律制度对我国职业足球法制建设的启示》，《天津体育学院学报》2004年第3期。

贾文彤、张华君：《我国职业足球行业规范若干问题研究》，《上海体育学院学报》2005年第3期。

姜保良：《足球球员劳动争议解决机制应规范——山东德衡律师事务所召开"规范中国足球球员劳动争议解决机制座谈会"》，《中国律师》2014年第5期。

姜浩峰：《足球改革，这次能否真正翻篇》，《新民周刊》2015年第47期。

姜世波、姜熙、赵毅等：《国际体育组织自治的困境与出路——国际足联腐败丑闻的深层思考》，《体育与科学》2015年第4期。

姜世波、孔伟：《私立惩罚的空间：基于国际足联诉马图扎伦案的思考》，《甘肃政法学院学报》2015年第3期。

姜世波：《国际体育组织法律问责机制之缺失与对策——基于国际足联官员腐败案的思考》，《西安体育学院学报》2016年第2期。

姜世波：《游戏规则与法律治理——谢晖教授学术访谈录》，《体育与科学》2017年第1期。

姜世波等：《国际体育组织自治的困境与出路——国际足联腐败丑闻

的深层思考》,《体育与科学》2015年第4期。

姜熙:《〈体育法〉修改增设"体育纠纷解决"章节的研究》,《天津体育学院学报》2015年第5期。

姜熙:《反垄断法视角下我国职业体育联盟建构的理论研究》,《武汉体育学院学报》2016年第3期。

姜熙:《开启中国体育产业发展法治保障的破局之路——基于中国体育反垄断第一案的思考》,《上海体育学院学报》2017年第2期。

姜熙:《英国职业足球俱乐部破产制度研究》,《西安体育学院学报》2014年第4期。

蒋大兴:《社团罚抑或合同罚:论股东会对股东之处罚权——以"安盛案"为分析样本》,《法学评论》2015年第5期。

焦海涛:《行业协会的反垄断法主体地位——基于中国体育反垄断第一案的分析》,《法学》2016年第7期。

雷振:《中国足球职业球员转会制度的变迁与法治化》,《河北师范大学学报》(哲学社会科学版)2013年第6期。

黎军:《基于法治的自治——行业自治规范的实证研究》,《法商研究》2006年第4期。

李庚全、范博华:《习近平体育强国思想研究》,《北京体育大学学报》2017年第4期。

李琳琳、张杰:《从足球改革看体育发展》,《体育科技文献通报》2016年第2期。

李岩、施志社:《从"周海滨转会事件"管窥中国足球转会制度的弊端》,《山西师大体育学院学报》2010年第1期。

李杨:《体育赛事视听传播中的权利配置与法律保护》,《体育科学》2017年第5期。

李永刚、谷平:《校园足球开展中运动伤害事故的法律责任认定探析》,《运动》2015年第17期。

李智:《国际足联腐败案冲击下体育自治的反思与完善》,《天津体育学院学报》2016年第4期。

李宗辉:《职业运动员转会中的法律问题探析》,《天津体育学院学报》2015 年第 4 期。

刘海飞：《习近平体育思想的主要内涵》，《社会发展研究》2017 年第 3 期。

刘建刚、连桂红：《中国职业足球运动员高收入的现状及限薪利弊的经济学分析》，《中国体育科技》2005 年第 1 期。

刘剑文：《论领域法学：一种立足新兴交叉领域的法学研究范式》，《政法论丛》2016 年第 5 期。

刘进：《关于欧盟足球运动员转会费规则的竞争法思考》，《体育学刊》2008 年第 2 期。

刘米娜：《"足球梦"与"中国梦"——〈体育与科学〉学术工作坊"足球改革与社会变革"论坛综述》，《体育与科学》2015 年第 4 期。

刘文杰：《互联网时代广播组织权制度的完善》，《环球法律评论》2017 年第 3 期。

陆扬逊：《教练员合同解除问题研究——以国际体育仲裁院裁决为样本》，《武汉体育学院学报》2018 年第 1 期。

路云亭：《国家战略：中国足球文化的纵深维度》，《体育与科学》2015 年第 4 期。

罗嘉司、王明辉：《足球运动领域裁判问题之刑法规治辨析》，《中国体育科技》2014 年第 4 期。

罗浏虎：《职业足球运动员第三方所有权的法律规制》，《体育科学》2015 年第 4 期。

罗思婧：《我国体育行业自治及其法律规制重构》，《北京体育大学学报》2017 年第 3 期。

罗小霜：《论国际足联对单边延期选择条款效力的认定》，《西安体育学院学报》2013 年第 3 期。

罗小霜：《论职业球员合同解除的体育性正当理由》，《体育科研》2014 年第 6 期。

罗小霜：《论职业足球合同违约的体育制裁》，《西安体育学院学报》2012 年第 6 期。

马昌骏：《试论冠名权合同法律关系：兼评东部公司与申花俱乐部冠

名权合同纠纷》,《法律适用》2003 年第 11 期。

毛景:《足协 U23 新政的劳动法分析——以平等就业权为分析工具》,《沈阳体育学院学报》2017 年第 6 期。

蒙雪:《论体育赞助合同的法律性质以及立法构想》,《广州体育学院学报》2009 年第 3 期。

潘月仙:《国际职业足球劳动合同争议解决机制的法律探析》,《体育与科学》2013 年第 6 期。

裴洋:《反垄断法视角下的中国足球职业联赛》,《武汉体育学院学报》2009 年第 2 期。

裴洋:《欧盟竞争法视野下的足球运动员转会规则》,《体育科学》2009 年第 1 期。

彭昕:《体育行业自律困境的立法学释疑》,《武汉体育学院学报》2011 年第 5 期。

彭昕:《体育自治原则的法理解读》,《天津体育学院学报》2010 年第 6 期。

戚建刚:《长春亚泰足球俱乐部诉中国足协案再评析——以公共职能为视角》,《行政法学研究》2004 年第 3 期。

钱静:《中国足球协会内部纠纷解决机制的完善——以体育自治为基础的考量》,《体育与科学》2014 年第 3 期。

戎朝:《互联网时代下的体育赛事转播保护：兼评"新浪诉凤凰网中超联赛著作权侵权及不正当竞争纠纷案"》,《电子知识产权》2015 年第 9 期。

荣发等:《"博斯曼法案"的影响及其对中国足球转会制度的启示》,《体育文化导刊》2007 年第 10 期。

尚成、石岩:《国内外反球场观众暴力的立法》,《体育学刊》2004 年第 2 期。

沈军、海刚:《我国足球改革进程中的法律学思考》,《山西师大体育学院学报》2004 年第 1 期。

孙科、乔凤杰、林俐:《中国足球改革的社会文化透视》,《武汉体育学院学报》2016 年第 3 期。

孙科：《中国足球改革诠释——对〈中国足球改革发展总体方案〉的思考》，《体育与科学》2015 年第 3 期。

孙丽岩：《仲裁法框架内体育仲裁模式的构建》，《北京体育大学学报》2011 年第 3 期。

孙喜峰：《当代巴西足球法律规制介评》，《北京体育大学学报》2005 年第 5 期。

孙笑侠：《论行业法》，《中国法学》2013 年第 1 期。

谭刚：《国家主义视野下的竞技体育》，《体育学刊》2013 年第 6 期。

谭建湘、邹耀明：《我国足球职业俱乐部法律规范问题分析》，《体育科学》1999 年第 2 期。

谭小勇、罗逆：《我国体育行业协会自治研究论纲》，《体育科研》2017 年第 3 期。

谭小勇：《依法治体语境下的体育行业自治路径》，《上海体育学院学报》2016 年第 1 期。

谭小勇：《中国"体育仲裁"制度建设之中间道路——以建立统一而相对独立的内部仲裁制度为视角》，《西安体育学院学报》2016 年第 6 期。

谭小勇：《中国体育行会内部纠纷解决机制的重构——基于我国现实》，《南京体育学院学报》（社会科学版）2009 年第 5 期。

唐宇钧：《论体育赛事赞助合同与在先赞助合同的冲突及预防》，《北京体育大学学报》2008 年第 6 期。

陶克祥：《习近平足球情怀浅述》，《浙江体育科学》2017 年第 1 期。

王存忠：《对运动员转会行为的法律调整》，《山东体育学院学报》1996 年第 4 期。

王方玉：《论善治指标在足球改革中的应用》，《体育与科学》2015 年第 4 期。

王继远：《赞助合同探究》，《求索》2008 年第 1 期。

王迁：《论广播组织转播权的扩张——兼评〈著作权法修订草案（送审稿）〉第 42 条》，《法商研究》2016 年第 1 期。

王迁：《论体育赛事现场直播画面的著作权保护——兼评"凤凰网赛事转播案"》，《法律科学》2016 年第 1 期。

王迁：《论我国〈著作权法〉中的"转播"——兼评近期案例和〈著作权法修改草案〉》，《法学家》2014年第5期。

王显荣：《关于确立我国竞技体育纠纷解决有限自治原则的思考》，《天津体育学院学报》2012年第1期。

王志威：《英国非营利组织体系下的体育自治》，《上海体育学院学报》2013年第2期。

王紫薇：《从"刘健案"探讨中国足球协会内部仲裁制度的不足及完善》，《山东农业工程学院学报》2015年第6期。

韦志明：《论体育行业自治与法治的反思性合作——以中国足球协会为中心》，《体育科学》2016年第4期。

韦志明：《论中国足协行业规范的法源地位》，《天津体育学院学报》2015年第3期。

翁建锋：《我国职业足球竞赛市场秩序研究》，《体育文化导刊》2011年第5期。

吴峻：《反不正当竞争法一般条款的司法适用模式》，《法学研究》2016年第2期。

吴炜、Daniel Munoz Sirera：《国际足联球员合同稳定性》，《体育科研》2011年第6期。

吴炜：《FIFA及CAS规则在中国足球职业联赛球员合同纠纷中的实务应用——以球员合同争议管辖为视角》，《体育科研》2012年第6期。

武俊昊：《中国足球立法可行性及困境》，《体育科技文献通报》2011年第10期。

席志文：《职业足球联赛中单边续约选择条款问题研究》，《中国体育科技》2016年第4期。

向会英、Alejandro Pascual Madrid、姜元哲：《我国国际职业足球运动员合同违约纠纷解决关涉的主要法律问题——以巴里奥斯案为例》，《天津体育学院学报》2014年第5期。

向会英：《体育自治与国家法治的互动——兼评Pechstein案和FIFA受贿案对体育自治的影响》，《上海体育学院学报》2016年第4期。

肖江涛：《国际体育纠纷解决机制的困境与出路：穆图系列案的法理

分析》,《首都体育学院学报》2017年第5期。

谢新胜:《巴西体育法的发展及对我国职业足球管理制度的启示》,《河北法学》2005年第11期。

闫成栋、周爱光:《职业体育俱乐部投资者权利的保护和限制》,《首都体育学院学报》2013年第4期。

杨红:《足球改革对中国社会影响力评估》,《体育与科学》2015年第6期。

杨铄、郑芳、丛湖平:《欧洲国家职业足球产业政策研究——以英国、德国、西班牙、意大利为例》,《体育科学》2014年第5期。

杨天红:《论职业运动员与俱乐部间法律关系的定位——与朱文英教授商榷》,《中国体育科技》2015年第3期。

姚魏:《行业协会的行政诉讼法律地位——由足协被诉引发的行政法思考》,《法治论丛》2004年第1期。

叶金育:《体育产业税收优惠的财税法反思》,《武汉体育学院学报》2016年第3期。

殷泽锋:《中国体育社会团体自治权的法理研究》,《北京体育大学学报》2011年第12期。

尤陈俊:《作为问题的"问题意识"——从法学论文写作中的命题缺失现象切入》,《探索与争鸣》2017年第5期。

于浩:《共和国法治建构中的国家主义立场》,《法制与社会发展》2014年第5期。

袁绍义:《论体育赞助合同的法律适用》,《法商研究》2013年第2期。

袁曙宏、苏西刚:《论社团罚》,《法学研究》2003年第5期。

张春良:《论竞技体育争议的程序法治——行业自治与接近正义的关系视角》,《体育与科学》2012年第2期。

张春良:《体育纠纷救济法治化方案论纲》,《体育科学》2011年第1期。

张春良:《体育协会内部治理的法治度评估——以中国足协争端解决机制为样本的实证考察》,《体育科学》2015年第7期。

张恩利：《英国职业足球运动员自由流动权利保障制度的演变及启示》，《沈阳体育学院学报》2017年第2期。

张慧德：《走上法制轨道的足球——评意大利足球法》，《足球世界》1998年第23期。

张琪、龚正伟：《国家改革背景下的足球改革价值》，《体育学刊》2016年第5期。

张文显：《部门法哲学引论——属性和方法》，《吉林大学社会科学学报》2006年第5期。

张杨：《试论体育赞助协议的法律效力》，《天津体育学院学报》2001年第3期。

张志伟：《体育赛事转播权法律性质研究——侵权法权益区分的视角》，《体育与科学》2013年第2期。

赵毅、陈刚、王家宏：《从江苏法院裁判看校园足球伤害的学校责任之最新动向》，《体育与科学》2017年第3期。

赵毅、王扬：《以市场经营权能为依托的地方足协自治路径研究》，《北京工业大学学报》（社会科学版）2018年第1期。

赵毅、张学丽：《实证研究视角下的校园足球损害赔偿范围论》，《中国体育科技》2017年第5期。

赵毅：《自治的黄昏？——从我国法院裁判考察司法介入体育的边界》，《体育与科学》2015年第5期。

赵毅：《对体育侵权中受害人同意规则的再认识——与艾湘南老师商榷》，《武汉体育学院学报》2013年第9期。

赵豫：《对司法介入"黑哨"问题的思考》，《体育学刊》2002年第5期。

郑家鲲、金卓：《论中国足球法治化建设——以意大利足球"电话门"事件为视点》，《西安体育学院学报》2009年第3期。

郑萌：《足球运动发展倒逼中国社会全面改革意义探析》，《沈阳体育学院学报》2016年第1期。

周青山：《职业体育运动员工作合同的美国特色与中国前景》，《武汉体育学院学报》2015年第11期。

朱体正：《体育赞助冠名合同的法律适用》，《天津体育学院学报》2008年第5期。

朱文英：《2017运动员工作合同论坛综述》，《体育成人教育学刊》2017年第3期。

朱文英：《劳动合同法视野下职业球员工作合同的解除》，《武汉体育学院学报》2009年第1期。

朱文英：《职业足球运动员转会的法律适用》，《体育科学》2014年第1期。

（五）学位论文

柴方勇：《体育赞助之立法思考》，硕士学位论文，中国政法大学，2007。

高磊：《试论中国足球协会的性质及法律地位》，硕士学位论文，中央民族大学，2013。

韩进飞：《职业球员工作合同性质研究》，硕士学位论文，苏州大学，2017。

侯文均：《从德罗巴案审视国际足球合同的稳定性》，硕士学位论文，山东大学，2014。

李赟乐：《中国足球协会法律主体地位研究》，硕士学位论文，中国政法大学，2011。

李梓：《组织外形化：行业协会与政府关系分析——以中国足球协会为例》，硕士学位论文，吉林大学，2007。

刘彬：《中国足球协会法律地位研究》，硕士学位论文，西南财经大学，2005。

刘严泽：《论职业足球联盟的法律规制》，硕士学位论文，重庆大学，2014。

刘志海：《体育冠名合同探析》，硕士学位论文，河南大学，2011。

刘时剑：《论投资西班牙足球产业的法律风险及应对》，硕士学位论文，北京外国语大学，2016。

罗思婧：《体育行业自治与法律规制问题研究》，博士学位论文，武汉大学，2014。

斯婷：《体育赞助合同法律问题研究》，硕士学位论文，华中师范大学，2014。

苏辛格：《意大利体育法初探》，硕士学位论文，湘潭大学，2007。

宋宇凡：《我国职业足球劳动纠纷解决机制研究》，硕士学位论文，辽宁大学，2016。

屠世超：《契约视角下的行业自治研究——基于政府与市场关系的展开》，博士学位论文，华东政法大学，2008。

汪流：《我国体育社团改革与发展研究——中华全国体育总会及地方体育总会改革与发展的思考》，博士学位论文，北京体育大学，2008。

肖江涛：《国际足联治理改革法律问题研究》，博士学位论文，武汉大学，2017。

张韬：《欧盟法视野下运动员自由流动权利的演变》，硕士学位论文，西南政法大学，2012。

张成元：《法治观念下的体育行业自治研究》，博士学位论文，吉林大学，2007。

张剑利：《职业体育联盟及其相关法律研究》，博士学位论文，北京体育大学，2004。

张丽：《中国足球协会自治及规制的研究——兼论监督机制的构建》，硕士学位论文，山东大学，2007。

周来鹤：《从"法治"理念探究中外职业足球裁判之社团治理与司法介入》，硕士学位论文，首都体育学院，2008。

朱睿：《中国职业足球联赛中的垄断行为及其法律》，硕士学位论文，华东政法大学，2012。

（六）报纸

蔡俊五：《冠名权必须予以保护》，《市场报》2001年11月。

陈磊：《行业协会商会脱钩改革亟须立法保障》，《法制日报》2015年12月。

陈夏红：《改变足坛的博斯曼案》，《法治周末》2016年6月。

梁慧星：《中国是否需要体育产业法》，《市场报》2001年11月。

刘素楠：《李毓毅详解中国足球改革：近两年有5个明显进步》，《界面新闻》2017年1月。

吕伟:《从国际足联受贿案看司法长臂管辖权》,《检察日报》2015年6月。

马剑、刘硕阳:《中国足球 从头开始从根改起》,《人民日报》2015年3月。

王丽丽:《当侵犯版权搭上"网络快车"》,《检察日报》2016年4月。

汪大昭:《中国足球改革反思录(下)》,《人民日报》2004年11月。

肖赧:《恒大亚冠决赛换球衣广告被指违约 赞助商已启动法律程序 胸前广告拷问金元足球诚信》,《北京青年报》2015年11月。

新华社:《共同开启中英全面战略伙伴关系的"黄金时代" 为中欧关系全面推进注入新动力》,《人民日报》2015年10月。

新华社:《习近平会见国际足联主席》,《人民日报》2017年6月。

新华社:《习近平主持召开中央全面深化改革领导小组第十次会议强调 科学统筹突出重点对准焦距 让人民对改革有更多获得感》,《人民日报》2015年2月。

二 外文文献

(一) 英语专著

Alexander Wild ed., *CAS and Football: Landmark Cases*, T. M. C. Asser Press, 2012.

Antoine Duval, Ben Van Rompuy ed., *The Legacy of Bosman, Revisiting the Relationship between EU Law and Sport*, T. M. C. Asser Press, 2016.

Ben Van Rompuy, Thomas Margoni, *Study on Sports Organisers' Rights in the European Union (Final Report)*, Publications Office of the European Union, 2014.

Bram Cohen, *Ancient Chinese Football*, in A. Wild ed., *CAS and Football: Landmark Cases*, T. M. C. Asser Press, 2012.

De Smith, Woolf & Jowell, *Principles of Juricial Review*, Sweet & Maxwell, 1999.

Fausto Martin De Sanctis, *Football, Gambling, and Money Laundering A*

Global Criminal Justice Perspective, Springer International Publishing, 2014.

Frans de Weger, *The Jurisprudence of the FIFA Dispute Resolution Chamber*, T. M. C. Asser Press, 2016.

Jean – Loup Chappelet, *Autonomy of Sport in Europe*, Council of Europe Publishing, 2010.

Jens Alm ed., *Action for Good Governance in International Sports Organisations*, Play the Game/Danish Institute for Sports Studies, 2013.

Katarina Pijetlovic, *EU Sports Law and Breakaway leagues in Football*, T. M. C. Asser Press, 2013.

Leanne O'Leary, *Employment and Labour Relations Law in the Premier League, NBA and International Rugby Union*, T. M. C. Asser Press, 2017.

Michaël Mrkonjic, *Sports Orgnisations, Autonomy and Good Governance*, in Jens Alm ed., *Action for Good Governance in International Sports Organisations*, Play the Game/Danish Institute for Sports Studies, 2013.

Michele Colucci, *Italy*, in Frank Hendrickx ed., *International Encyclopaedia of Laws*, Vol. 1 Sports Law, Kluwer Law International, 2004.

（二）英语论文

Alexander Lelyukhin, "A federal Law on Hosting Confederation Cup 2017 and World Cup 2018 in Russia. An Overview, State Commitments and Specific Provisions", *Int Sports Law J*, 2014（14）.

Alexandra Veuthey, "Match – fixing and Governance in Cricket and Football: What is the Fix?", *Int Sports Law J*, 2014（14）.

Arnout Geeraert, Jeroen Scheerder & Hans Bruyninckx, "The governance Network of European Football: Introducing New Governance Approaches to Steer Football at the EU Level", *International Journal of Sport Policy and Politics*, 2013（5）.

Birgit Clark, "World Cup Trade Mark Dispute: 1 – 0 says the German Federal Supreme Court", *Journal of Intellectual Property Law & Practice*, 2010（5）.

Christian Frodl, "Neuer, Hummels, Müller, Götze & Co: the Legal Framework Governing Industrial Relations in German Professional Football",

Int Sports Law J, 2016 (16).

Daniel Geey, "Football League Financial Fair Play: Domestic League Regulation", *ESLJ*, 2012 (10).

Daniel Geey, "The Battle for the Ownership of Liverpool Football Club", *Entertainment and Sports Lawyer*, 2011 (28).

Darren Meale, "Premier League 1, Internet Pirates 0: Sports Streaming Website the Latest to be Blocked", *Journal of Intellectual Property Law & Practice*, 2013 (8).

Durante Rapacciuolo, "Michele Colucci (ed.): The FIFA Regulations on Working with Intermediaries", *Int Sports Law J*, 2016 (16).

Duval, Antoine & Oskar van Maren, "The Labour Status of Professional Football Players in the European Union: Unity in/and/or Diversity?", *European Labour Law Journal*, 2017 (8).

Erhard Blankenburg, "The Poverty of Evolutionism: A Critique of Teubner's Case for 'Reflexive Law'", *Law & Society Review* 273, 1984 (18).

Joel Smith et al., "The Premier League and the Pub Landlady", *Journal of Intellectual Property Law & Practice*, 2012 (7).

Johan Lindholm, "Can I Please Have A Slice of Ronaldo? The Legality of FIFA's Ban on Third-party Ownership under European Union Law", *Int Sports Law J*, 2016 (15).

Johan-Michel Menke, "What to Know about International Football Player Transfers to Germany", *Int Sports Law J*, 2014 (14).

Johanna Peurala, "Match-manipulation in Football - the Challenges Faced in Finland", *Int Sports Law J*, 2013 (13).

John T. Wendt, Peter C. Young, "Protecting Spectator Rights: Reflections on the General Law of the Cup", *Int Sports Law J*, 2014 (14).

Jonathan Michie, Christine Oughton, "The Corporate Governance of Professional Football Clubs in England", *Corporate Governance An International Review*, 2005 (13).

Kate Youd, "The Winter's Tale of Corruption: The 2022 FIFA World

Cup in Qatar, the Impending Shift to Winter, and Potential Legal Actions against FIFA", *Nw. J. Int'l L. & Bus.* 2014 (35).

Manase Kudzai Chiweshe, "The Problem with African Football: Corruption and the (under) Development of the Game on the Continent", *African Sports Law and Business Bulletin*, 2014 (2).

Margot Priest, "The Privatization of Regulation: Five Models of Self-Regulation", *Ottawa Law Review*, 1997-1998 (29).

Mark Giancaspro, "Buy-out Clauses in Professional Football Player Contracts: Questions of Legality and Integrity", *Int Sports Law J*, 2016 (16).

Mark James & Geoff Pearson, "Banning Orders: Analysing their Use in Court", *Journal of Criminal Law*, 2006 (70).

Martín Martínez Navarro, Martín Martínez Navarro, "The Ombudsman Decision on the State-aid Complaint Concerning Certain Spanish Football Clubs: The Ombudsman as an Alternative Route for State-aid and Anti-Trust Complainants?", *Journal of European Competition Law & Practice*, 2015 (6).

Mathias Schubert, Thomas Könecke & Hermann Pitthan, "The Guardians of European football: UEFA Financial Fair Play and the Career of Social Problems", *European Journal for Sport and Society*, 2016 (13).

Michele Colucci, Arnout Geeraert, "The Social Dialogue in European Professional Football", *Comp. Lab. L. & Pol'y J.*, 2011 (33).

Michele Giannino, "Unincorporated Sport Associations can Seek Trade Mark Protection for the Names of Non-professional Football Clubs", *Journal of Intellectual Property Law & Practice*, 2014 (9).

Noam Shemtov, "'Trade mark use' in Europe: Revisiting Arsenal in the Light of Opel and Picasso", *Journal of Intellectual Property Law & Practice*, 2007 (2).

Oskar van Maren, "Camille Boillat and Raffaele Poli: Governance Models Across Football Associations and Leagues (2014)", *Int Sports Law J*, 2015 (15).

Oskar van Maren et al., "Debating FIFA's TPO Ban: ASSER International Sports Law Blog symposium", *Int Sports Law J*, 2016 (15).

Oskar van Maren, "How to Bail Out your Local Club: the Application of the State Aid Rules to Professional Football Clubs in Financial Difficulty", *Int Sports Law J*, 2017 (16).

Pat Treacy, David George, "Football broadcasting: Advocate General opines that Internal Market Freedoms Trump Copyright", *Journal of Intellectual Property Law & Practice*, 2011 (6).

Pedro R. Fortes, "The Law Relating to Brazilian Sports Fans: An Introduction for a British Audience", *ESLJ*, 2013 (11).

Peter T. M. Coenen, "The Proposed Dutch Football Law and Lessons Learned from the English Approach to Spectator Violence Associated with Football", *European Journal for Sport and Society*, 2009 (1).

Piotr Drabik, "Compatibility of Fixed-term Contracts in Football with Directive 1999/70/EC on Fixed-term Work: the General Framework and the Heinz Müller Case", *Int Sports Law J*, 2016 (15).

R. Craufurd, B. Böttcher, "Football and Fundamental Rights: Regulating Access to Major Sporting Events on Television", *European Public Law*, 2002 (8).

Richard Craven, "Football and State Aid: Too Important to Fail?", *Int Sports Law J*, 2014 (14).

Robert Siekmann, "Labour Law, the Provision of the Services, Transfer Rights and Social Dialogue in Professional Football in Europe", *ESLJ*, 2006 (4).

Roger Pielke Jr., "How Can FIFA Be Held Accountable?", *Sport Management Review*, 2013 (16).

Ruud van der Velden, "Image rights in The Netherlands—injunction Prohibiting Use of Football Player's Image and Name", *Journal of Intellectual Property Law & Practice*, 2006 (1).

Ryan J. Becker, "World Cup 2026 Now Accepting Bribes: A Fundamental Transformation of FIFA's World Cup Bid Process", *Int Sports Law J*, 2013 (13).

Sara Moya Izquierdo, Miguel Troncoso Ferrer, "Football Broadcasting Business in the EU: Towards Fairer Competition?", *Journal of European Competition Law & Practice*, 2014 (5).

Sarah Van Nevel, "No Protection of Image Rights Afforded to the Belgian national Football Team", *Journal of Intellectual Property Law & Practice*, 2014 (9).

Simon Gardiner, Roger Welch, "Bosman – There and Back Again: the Legitimacy of Playing Quotas under European Union Sports Policy", *European Law Journal*, 2011 (17).

Stephen Townley, "Sports Sponsorship and Television", *International Legal Practitioner*, 1984 (9).

Sylvia Elwes, "Football Hooliganism", *Business Law Review*, 2002 (23).

Thomas A. Baker et al., "Football v. Football: A Comparison of Agent Regulation in France's Ligue 1 and the National Football League", *Pace Intell. Prop. Sports & Ent. L. F.*, 2012 (2).

Terence D. Brennan, "Over compensation: the Battle for Training Compensation and Solidarity in United States Soccer", *Int Sports Law J*, 2017 (16).

Tim Wilms, "Lunch and learn: FIFA and Dispute Resolution Chamber update Summary and Comment", *Int Sports Law J*, 2013 (13).

Tom Evens, Katrien Lefever, "Watching the Football Game: Broadcasting Rights for the European Digital Television Market", *Journal of Sport and Social Issues*, 2011 (35).

Tom Serby, "British football club insolvency: Regulatory Reform Inevitable?", *Int Sports Law J*, 2014 (14).

Vanja Smokvina, "New Issues in the Labour Relationships in Professional Football: Social Dialogue, Implementation of the First Autonomous Agreement in Croatia and Serbia and the New Sports Labour Law Cases", *Int Sports Law J*, 2016 (15).

（三）意大利语专著

Andrea Greco, La Giustizia Sportiva nel Calcio dopo la Riforma, Milano: Edizioni FAG, 2016.

Chiara Alvisi, Autonomia Private e Autodisciplina Sportive, il C. O. N. I. e la regolamentazione dello sport. Milano: A. Giuffre, 2000.

De Nova, The Alien Contract, Riv. Dir. Priv., 2011.

E. Betti, Teoria Generale del Negozio Giuridico, Edizioni Scientifiche Italiane, Napoli: Edizioni Scientifiche Italiane, 1994.

Enrico Lubrano, L'ordinamento Giuridico del Giuoco Calcio, Roma: Istituto Editoriale Regioni Italiane S. R. L., 2004.

Gaetano Aita a cura di, Manuale Giuridico – Pratico di Diritto Calcistico, Castello: Edizioni Nuova Prhomos, 2006.

Giuseppe Liotta – Laura Santoro, Lezioni di Diritto Sportivo, Milano: Giuffrè Editore, 2009.

Guido Valori, Il Diritto nello Sport, Principi, Soggetti, Organizzazione, Torino: G. Giappichelli Editore, 2005.

Guido Valori, Il Diritto nello Sport, Principi, Soggetti, Organizzazione, Torino: G. Giappichelli Editore, 2009.

L. Cantamessa, Merchandising, Sponsorizzazioni e Diritti di Immagine, in L. Cantamess, G. M. Riccio, G. Sciancalepore, a cura di, Lineamenti di Diritto Sportivo, Milano: Giuffrè Editore, 2008.

L. Colantuoni, Diritto Sportivo, Torino: G. Giappichelli Editore, 2009.

L. Colantuoni, Le Sponsorizzazioni Sportive, in Francesco Delfini e Francesco Morandi, a cura di, I Contratti del Turismo, dello Sport e della Cultura, Torino: UTET, 2010.

Loredana Tullio, I Contratti di Cessione dei Diritti Audiovisivi su Eventi Sportivi, in Luca di Nella, a cura di, Manuale di Diritto dello Sport, Napoli: Edizioni Scientifiche Italiane, 2010.

Lorenzo Gelmini, Le Società di Calcio Professionistiche nella Prospettiva Dell'economia D'AZIENDA Modelli di Bilancio e Valore Economico, Milano: Dott. A. Giuffrè Editore S. p. A., 2014.

Maria Vita De Giorgi, Sponsorizzazione e Mecenatismo. I. Le Sponsorizzazioni, Padova: CEDAM, 1998.

Remo Morzenti Pellegrini, L'evoluzione dei Rapporti tra Fenomeno Sportivo e Ordinamento Statale, Milano: Dott. A. Giuffrè Editore S. p. A. , 2007.

Roberta Lombardi, Salvatore Rizzello, Franco Gaetano Scoca & Mario R. Spasiano a cura di, Ordinamento Sportivo e Calcio Professionistico: tra Diritto ed Economia, Milano: Dott. A. Giuffrè Editore S. p. A. , 2009.

(四) 意大利语论文

Andrea Lepore, Il Contratto di Cession di Calciatori Professionisti: Unità Dell'ordinamento Giuridico e Giudizio di Validità, Rassegna di Diritto ed Economia dello Sport, 2011, (1).

Camilla Rivani Farolfi, L'avvocato – agente di Calciatori: Incompatibilità e Disciplina Dell'attività, Rassegna di Diritto ed Economia dello Sport, 2007, (2 – 3).

Chiara alvisi, Associazioni di Tifosi di Calico e Autodisciplina, 2011, (3).

Enrico Lubrano, Ammissione ai Campionati di Calico e Titolo Sportive: un Sistema da Rivedere?, Analisi Giuridica dell'Economia, 2005, 4 (2).

Enrico Lubrano, I Rapporti tra Ordinamento Sportivoed Ordinamento Statle nella loro Attuale Configurazione, Lineamenti di Diritto Sportivo, 2008.

Federico Pochini Frediani, Aspetti Sostanziali e Processuali del Vincolo del Calciatori Professionisti, Rivista di Diritto Sportivo, 1967.

Filippo Zatti, Ordinamento Sportive e Ordinamento Giuridico Statuale tra Autonomia e Riserva di Giurisdizione; Dal Diritto dei Privati all'Ordinamento Settoriale: verso la Lex Sportive, Rassegna di Diritto ed Economia dello Sport, 2007, (2 – 3).

Francesca Cardini, La Responsabilità Civile in Ambito Sportive, Università di Pisa, 2007/2008.

Francesco Bof, Fabrizio Montanari & Simone Baglioni, Il Calcio tra Contesto Locale ed Opportunità Globali. il Caso del Barcellona FC, Mès que un club, Rivista di Diritto ed Economia dello Sport 2007, 3 (2).

Francesco Bof & Pietro Previtali, Codice Etico, Modelli Organizzativi e Responsabilità Amministrativa: l'applicazione del D. Lgs 231/2001 alle Società di Calcio Professionistiche, 4 Rivista di Diritto ed Economia dello Sport 2008, 4 (1).

Francesco Fimmanò, Le Società di Calico Professionistico tra Crisi D'impresa e Crisi di Sistema, Rassegna di Diritto ed Economia dello Sport, 2008, (1).

Giovanni Berti de Marinis, Ruolo Dell'autonomia Negoziale Nell'evoluzione dei Rapport fra Ordinamento Statale e Fenomeno Sportive, Rassegna di Diritto ed Economia dello Sport, 2012, (1 - 2).

Giovanni di Giandomenico, Sport e Ordinamento Giuridico, Rassegna di Diritto ed Economia dello Sport, 2007, (2 - 3).

Giuseppe Manfredi, Le Situazioni Giuridiche Soggettive delle Associazioni di Tifosi di Calico: Interessi Legittimi?, 2011, (3).

Giuseppe Manfredi, Ordinamento Statale e Ordinamento Sportivo. Tra Pluralismo Giuridico e Diritto Globale, Diritto Amministrativo, 2012, (3).

Guido Vidiri, Lo Sport del Calico è una Attività Pericolosa?, n. 4 Corriere Giuridic, 2007, (4).

Lina Musumarra, Il Contratto di "Sponsorizzazione" Sportiva, Premio di Laurea "Artemio Franchi", Università degli Studi di Bologna, 1996.

Lorenzo Ripa, La Responsabilità Oggettiva delle Società Calcistiche: Meritevolezza, Proporzionalità e Prospettive di Riforma delle Regole del Codice di Giustizia Sportive, Rassegna di Diritto ed Economia dello Sport, 2013, (1 - 2).

Luca di Nella, Il Tifoso e lo Sport: Tutele Giusconsumeristiche e Rapport Istituzionali, 2011, (3).

Luca di Nella, Potere Regolamentare della F. I. F. A. e Attività degli Agenti di Calciatori, Rassegna di Diritto ed Economia dello Sport, 2008, (1).

Luca Longhi, La Questione della Vendita dei Diritti Televisivi nel Calico di Fronte ai Processi di Globalizzazione e Integrazione Europea. Aspettando la

Sentenza Murphy, 2011, (2).

Maria Cimmino, L'indisponibilita del Diritto All'integrita Fisica della Persona Umana in Ambito Sportivo e i Limiti al Rischio, Ius Humani. Rivista de Derecho, 2016, (5).

Mario Stella Richter Jr. , L'agente di Calciatori: Natura e ragioni, Rassegna di Diritto ed Economia dello Sport, 2008, (1).

Massimo Coccia, Società di Calico Participate da Associazioni di Tifosi, 2011, (3).

Massimo Zaccheo, Gli Enti Esponenziali degli Interessi dei Tifosi di Calico e i Requisiti Minimali Dell'associazionismo per L'accesso alla Tutela Giurisdizionale, 2011, (3).

Matteo Di Francesco, Il Recesso Ante Tempus dal Contratto di Lavoro Sportive nel Settore del Calico Professionistico, Rivista di Diritto ed Economia dello Sport, 2007, 3 (3).

Mauro Sferrazza, La Tutela del Marchio delle Società di Calico, Rassegna di Diritto ed Economia dello Sport, 2012, (1-2).

Michele Cannistraci, Ii Contratto di Lavoro Sportivo in Generale e con Particolare Riferimento al Rapporto tra Calciatori Professionistici e Società Sportive, Università LUISS Guido Carli, 2006/2007.

Raffaele Caprjoli, Il Significato Dell'Autonomia nel Sistema delle Fonti del Diritto Sportivo Nazionale, Nuova Giurisprudenza Civile Commentate, 2007.

Roberto Bentani, Il Rapporto di Lavoro del Calciatore Professionista, Alma Mater Studiorum Università'di Bologna, 2004/2005.

Roberto Filosto, Contratto di Sponsorizzazione, Sanzioni Sportive e Responsabilità Contrattuale, Danno e Responsabilità, N. 7, 2007.

Sabino Gisonda, Lo Status e i Trasferimenti del Calciatori a Livello Nazionale e Internazionale, Università LUISS Guido Carli, 2012/2013.

V. Franceschelli, I Contratti di Sponsorizzazione, in Giur. Comm. , 1987.

Vittorio Santoro, La Responsabilià degli Amministratori ex art. 2395 c. c. nei Confronti delle Associazioni di Tifosi di Calico, in caso di Iscrizione

Fraudolenta di una Società Sportive al Campionato, 2011, (3).

Walter Bressi, I Diritti Audiovisivi del Calcio in Italia e in Europa, Università LUISS Guido Carli, 2012/2013.

三 案例

(一) 我国案例

《南京安盛财务顾问有限公司诉祝鹍股东会决议罚款纠纷案》,《最高人民法院公报》2012 年第 10 期。

安徽省合肥市中级人民法院 (2015) 合少民终字第 00065 号民事判决书。

安徽省六安市裕安区人民法院 (2013) 六裕民一 (民) 初字第 01599 号民事判决书。

安徽省桐城市人民法院 (2014) 桐民一初字第 01831 号民事判决书。

北京市朝阳区人民法院 (2014) 朝民 (知) 初字第 40334 号民事判决书。

北京市第二中级人民法院 (2002) 二中行审字第 37 号行政裁定书。

北京市第一中级人民法院 (2003) 一中刑终字第 345 号刑事裁定书。

北京市第一中级人民法院 (2014) 一中民终字第 3199 号民事判决书。

北京市海淀区人民法院 (2012) 海民初字第 20573 号民事判决书。

北京市海淀区人民法院 (2013) 海民初字第 21470 号民事判决书。

北京市石景山区人民法院 (2015) 石民 (知) 初字第 752 号民事判决书。

北京市西城区人民法院 (2015) 西少民初字第 28726 号民事判决书。

北京市宣武区人民法院 (2003) 宣刑初字第 32 号刑事判决书。

北京知识产权法院 (2015) 京知民终字第 1818 号民事判决书。

成都市温江区人民法院 (2015) 温江民初字第 1069 号民事判决书。

大连经济技术开发区人民法院 (2016) 辽 0291 民初 706 号民事判决书。

大连市中级人民法院 (2016) 辽 02 民终 3691 号民事判决书。

福建省泉州市中级人民法院（2002）泉民终字第 1221 号民事判决书。

福建省厦门市海沧区人民法院（2014）海民初字第 26 号民事判决书。

广东省广州市天河区人民法院（2012）穗天法知民初字第 817 号民事判决书。

广东省广州市中级人民法院（2010）穗中法民三初字第 196 号民事判决书。

广东省广州市中级人民法院（2013）穗中法知民终字第 972 号民事判决书。

广东省深圳市中级人民法院（2006）深中法民三初字第 532 号民事判决书。

广西壮族自治区南宁市江南区人民法院（2001）江经初字第 3 号民事判决书。

河北省邯郸市峰峰矿区人民法院（2014）峰民少初字第 6 号民事判决书。

河北省晋州市人民法院（2015）晋民二初字第 00025 号民事判决书。

呼和浩特市赛罕区人民法院（2016）内 0105 民初 3429 号民事判决书。

湖北省武汉市黄陂区人民法院（2013）鄂黄陂前民初字第 00355 号民事判决书。

湖北省武汉市青山区人民法院（2014）鄂青山民一初字第 00700 号民事判决书。

湖北省武汉市中级人民法院（2014）鄂武汉中民二终字第 00343 号民事判决书。

吉林省白城市洮北区人民法院（2014）白洮民一（民）初字第 663 号民事判决书。

江苏省高淳县人民法院（2015）高民初字第 1196 号民事判决书。

江苏省建湖县人民法院（2014）建少民初字第 0011 号民事判决书。

江苏省金湖县人民法院（2015）金商初字第 00402 号民事判决书。

江苏省南京市中级人民法院（2014）宁少民终字第117号民事判决书。

江苏省南京市中级人民法院（2016）苏01民终87号民事判决书。

江苏省南通市人民法院（2015）通中民终字第01213号民事判决书。

江苏省邳州市人民法院（2014）邳民初字第4787号民事判决书。

江苏省镇江市京口区人民法院（2015）京商初字第436号民事判决书。

江西省鹰潭市中级人民法院（2013）鹰民一终字第218号民事判决书。

辽宁省高级人民法院（2015）辽民三终字第00252号民事判决书。

辽宁省沈阳市中级人民法院（2014）沈中民一终字第1712号民事判决书。

辽宁省铁岭市中级人民法院（2012）铁刑一初字第00020号刑事判决书。

南京市江宁区人民法院（2014）江宁汤民初字第58号民事判决书。

南京市浦口区人民法院（2013）浦少民初字第91号民事判决书。

南京市栖霞区人民法院（2015）栖民初字第423号民事判决书。

陕西省城固县人民法院（2016）陕0722民初36民事判决书。

上海市第二中级人民法院（2002）沪二中民四（商）初字第21号民事判决书。

上海市第一中级人民法院（2012）沪一中民三（民）终字第1759号民事判决书。

上海市第一中级人民法院（2012）沪一中民一（民）终字第1348号民事判决书。

上海市金山区人民法院（2015）金民一（民）初字第3012号民事判决书。

上海市闵行区人民法院（2014）闵少民初字第30号民事判决书。

上海市浦东区人民法院（2015）浦少民初字第633号之一民事判决书。

上海市浦东新区人民法院（2011）浦民一（民）初字第22837号民事判决书。

上海市徐汇区人民法院（2003）徐民二（商）初字第166号民事判决书。

上海市长宁区人民法院（2012）长少民初字第40号民事判决书。

沈阳市铁西区人民法院（2013）沈铁西民四初字第1005号民事判决书。

沈阳市铁西区人民法院（2014）沈铁西民四初字第1000号民事裁定书。

沈阳市铁西区人民法院（2015）沈铁西民四初字第01195号民事判决书。

沈阳市铁西区人民法院（2015）沈铁西民四初字第01658号民事裁定书。

沈阳市铁西区人民法院（2015）沈铁西民四初字第01661号民事裁定书。

沈阳市铁西区人民法院（2015）沈铁西民四初字第01662号民事裁定书。

沈阳市铁西区人民法院（2015）沈铁西民四初字第01691号民事裁定书。

沈阳市铁西区人民法院（2015）沈铁西民四初字第01692号民事裁定书。

沈阳市铁西区人民法院（2015）沈铁西民四初字第01693号民事裁定书。

沈阳市铁西区人民法院（2015）沈铁西民四初字第01694号民事裁定书。

沈阳市铁西区人民法院（2015）沈铁西少民初字第00193号民事裁定书。

沈阳市铁西区人民法院（2015）沈铁西少民初字第00202号民事裁定书。

沈阳市铁西区人民法院（2015）沈铁西少民四初字第00203号民事裁定书。

沈阳市铁西区人民法院（2016）辽0106民初字7190号民事判决书。

沈阳市中级人民法院（2015）沈中民五终字第578号民事裁定书。
沈阳市中级人民法院（2016）辽01民终1936号民事裁定书。
沈阳市中级人民法院（2016）辽01民终1937号民事裁定书。
沈阳市中级人民法院（2016）辽01民终1939号民事裁定书。
沈阳市中级人民法院（2016）辽01民终1948号民事裁定书。
沈阳市中级人民法院（2016）辽01民终1952号民事裁定书。
沈阳市中级人民法院（2016）辽01民终1972号民事裁定书。
沈阳市中级人民法院（2016）辽01民终1979号民事裁定书。
沈阳市中级人民法院（2016）辽01民终4140号民事裁定书。
沈阳市中级人民法院（2016）辽01民终4145号民事裁定书。
沈阳市中级人民法院（2016）辽01民终4149号民事裁定书。
沈阳市中级人民法院（2017）辽01民终6076号民事裁定书。
沈阳市中级人民法院（2016）辽01民终字第1986号民事判决书。
新疆维吾尔自治区库尔勒市人民法院（2014）库民初字第1838号民事判决书。
新疆维吾尔自治区乌鲁木齐市米东区人民法院（2014）米东民一初字第897号民事判决书。
最高人民法院（2015）民申字第2313号民事裁定书。
徐州市鼓楼区人民法院（2015）鼓商初字第0063号民事判决书。
云南省昆明市中级人民法院（2006）昆民五终字第317号民事判决书。
浙江省嘉兴市南湖区人民法院（2011）嘉南知初字第24号民事判决书。
浙江省嘉兴市中级人民法院（2012）浙嘉知终字第7号民事判决书。
浙江省诸暨市人民法院（2015）绍诸民初字第2154号民事判决书。
最高人民法院（2015）民申字第2313号民事裁定书。

（二）英美法系判例

[1993] 1 W. L. R. 909.

[1993] 2 ALL ER 833.

Case C – 145/10 Eva – Maria Painer v. Standard VerlagsGmbH and Ors,

ECLI：EU：C：2011.

Interbox Promotion Corporation v. Hippo Club，2003 FC 1254/T.

R. v Panel on Take – overs and Mergers ex p. Datafin Plc［1987］QB 815.

The House Report on the Copyright Act of 1976，H. R. REP.

Union of European Football Association v. Briscomb，2006 EWHC：UEFA，1268（C. Div. 5. 5. 2006）.

后　记

本书是司法部的课题成果，从获得项目到今天，已经6年了，从课题成果获得司法部《验收通过的通知》和《准予出版的通知》，也已经两年半了。囿于出版经费，再加上近年来出版环境的改变，本来本书出版已经不大可能，但幸得苏州大学人文社会科学处推出"苏州大学人文社科优秀学术专著出版资助计划"，感谢郭才正老师鼓励，本书进行了申报并幸运获选，才获得了必要的出版经费。感谢中国人民大学出版社黄强编辑的推荐和社会科学文献出版社高媛编辑的慧眼，使本书最终得以出版。

本项目选题是向《体育与科学》杂志主编程志理先生请教的结果；项目申报书的框架润色受到了苏州大学张鹏教授的具体指导；苏州大学瞿郑龙教授对本书第二章写作进行了悉心指导；恩师厦门大学法学院徐国栋教授、恩师东南大学法学院杨春福教授、华东政法大学胡玉鸿教授、吉林大学孙良国教授、苏州大学郭树理教授为课题成果出具了专家鉴定，特此致谢！本书初稿曾被我的硕士研究生梁尧同学全文通读，并找出若干瑕疵，随着时间推移，中国足协又出台多项新的政策，梁尧同学协助我进行了一些增补，朱永卫、范瑞旸、陈红、王涛、石璐瑶等同学协助整理了本书注释和参考文献格式，一并感谢！

本书的一些前期成果已经发表在《体育与科学》、《北京体育大学学报》、《上海体育学院学报》、《武汉体育学院学报》、《广西大学学报》（哲学社会科学版）、《苏州大学学报》（法学版）、《成都体育学院学报》，部分内容被人大复印报刊资料《体育》全文转载，感谢相关编辑、审稿和约稿专家。本书的部分内容也在国内的一些学术会议上进行过探讨，感谢相关会议组织方和对相关内容进行评议的同行。曾经在期刊上发表过的内容在收入本书时，都根据形势变动进行了更新、修改，但本书第三章第二节是首次发表。需要说明的是，由于本书首先是项目成果，一些内容在转化为公开出版的书籍时，也进行了技术化处理。

本书写作时间虽然跨度7年有余，但也只是我在繁忙教学、工作之余的一点思考。作为一项课题成果，我努力做到通过认真研究，完成自己的申报承诺，但对于一部学术著作来说，也留下了很多遗憾和不完善之处，敬请读者批评、指正、谅解。

赵 毅

2021年5月于苏州

图书在版编目(CIP)数据

私法视野下的足球行业自治与法治 / 赵毅著. -- 北京：社会科学文献出版社，2021.8
ISBN 978-7-5201-8954-5

Ⅰ.①私… Ⅱ.①赵… Ⅲ.①足球运动-体育产业-管理-中国 ②足球运动-职业体育-体育法-研究-中国 Ⅳ.①G843.92 ②D922.169

中国版本图书馆CIP数据核字（2021）第177691号

私法视野下的足球行业自治与法治

著　　者	/ 赵　毅
出 版 人	/ 王利民
责任编辑	/ 高　媛
责任印制	/ 王京美

出　　版	/ 社会科学文献出版社·政法传媒分社（010）59367156
	地址：北京市北三环中路甲29号院华龙大厦 邮编：100029
	网址：www.ssap.com.cn
发　　行	/ 市场营销中心（010）59367081　59367083
印　　装	/ 三河市龙林印务有限公司
规　　格	/ 开本：787mm×1092mm　1/16
	印张：14.75　字数：225千字
版　　次	/ 2021年8月第1版　2021年8月第1次印刷
书　　号	/ ISBN 978-7-5201-8954-5
定　　价	/ 78.00元

本书如有印装质量问题，请与读者服务中心（010-59367028）联系

▲ 版权所有 翻印必究